编委会

主　编◎李　毅　黄贝娜　杜志章

副主编◎戴则健　吴疆鄂　梁媛媛　闫　超　郑名扬

编　委◎刘　慧　郝子纯　曾为一　刘惜雨　杨一博
　　　　　邓蒨蒨　刘秋爽　王璐瑶　姜沐瑶　孙楠欣
　　　　　彭　盈　刘淑玉　罗月君　储　灿

扎根大地，拔节而生
——华中科技大学『喻竹计划』优秀报告集

华中科技大学出版社
http://press.hust.edu.cn
中国·武汉

图书在版编目（CIP）数据

扎根大地，拔节而生：华中科技大学"喻竹计划"优秀报告集 / 李毅，黄贝娜，杜志章主编. -- 武汉：华中科技大学出版社，2024. 6. -- ISBN 978-7-5680-0994-2

Ⅰ. C53

中国国家版本馆 CIP 数据核字第 2024R7S744 号

扎根大地，拔节而生
——华中科技大学"喻竹计划"优秀报告集

Zhagen Dadi　Bajie er Sheng
——Huazhong Keji Daxue "Yuzhu Jihua" Youxiu Baogaoji

李　毅　黄贝娜　杜志章　主编

策划编辑：	周晓方　杨　玲　庹北麟
责任编辑：	唐梦琦
封面设计：	廖亚萍
责任校对：	余晓亮
版式设计：	赵慧萍
责任监印：	周治超

出版发行：华中科技大学出版社（中国·武汉）　　电话：(027) 81321913
　　　　　武汉市东湖新技术开发区华工科技园　　邮编：430223

录　　排：华中科技大学出版社美编室
印　　刷：湖北恒泰印务有限公司
开　　本：710mm×1000mm　1/16
印　　张：18.5　插页：2
字　　数：296 千字
版　　次：2024 年 6 月第 1 版第 1 次印刷
定　　价：118.00 元

本书若有印装质量问题，请向出版社营销中心调换
全国免费服务热线：400-6679-118　竭诚为您服务
版权所有　侵权必究

总序
FOREWORD

自党的十八届三中全会首次提出推进国家治理体系和治理能力现代化以来，党和政府将治国理政提升到了全新的思想境界和实践高度。党的二十大报告全面总结了中国共产党治国理政的历史经验，提出了一系列治国理政的新理念、新思想、新战略，继续深入地将中国国家治理体系和治理能力现代化与中华民族伟大复兴的战略目标内在地结合起来。中国国家治理现代化的根本动力在于人民群众的社会实践，在于青年群体的火热探索。为全面深入贯彻习近平总书记对高校思想政治工作的重要讲话，学习贯彻习近平新时代中国特色社会主义思想主题教育，华中科技大学坚持"党旗领航"育人传统，坚持立德树人，通过系统谋划、统筹部署，"喻竹计划"社会实践项目应运而生，引领我校师生在"行走的思政课"中领悟中国式现代化的伟大成就，把论文写在祖国大地上。

立德树人，学思践悟。2018年，由华中科技大学党委学生工作部研究生办公室（原党委研究生工作部）指导、华中科技大学研究生会组织开展的"喻竹计划"实践项目正式开启。截至2024年6月，"喻竹计划"已组织两千余名师生奔赴全国19个省（自治区、直辖市）50余地以及意大利都灵开展实习实践，实践队成员深入基层一线开展调查研究，用专业特色赋能产业振兴，用青年视角发掘文化密码，用青春力行破解治理难题……"喻竹计划"累计完成各类高质量资政报告、调研报告800余篇，为地方高质量发展贡献青年智慧。

褪书卷气，闻泥土香。实践师生借力青春"喻竹"的"小切口"，写好实践育人的"大文章"。为响应习近平总书记关于青年工作的号召，"喻竹计划"积极探索新时代研究生实践育人的发展机制与路径，通过选派硕（博）士研究生奔赴基层党政机关、企事业单位、国际组织实习实践，以青春建功的实际行动，担当民族复兴大任，以攻坚克难的执着追求，熔铸自身德行才干，以不忘初心的深学实干，凝聚青春磅礴伟力。同时，"喻竹计划"以实践团队为载体，结合地方发展需要与学生成长需求设置实践任务，通过撰写一篇高质量调研报告，开展一次科技服务活动，参与一次校地、校企或校友座谈会等环节，引领实践队成员厚植家国情怀与锤炼过硬本领，在砥砺报国的火热实践中挺膺担当。

本书择优收录了来自"喻竹计划"各实践团队的多篇优秀调研报告，这些报告聚焦乡村振兴、产业发展、生态文明等现实问题，深入基层调研，以数据作为立论基础，坚持理论和实践相结合的原则，提出了诸多新观点和好建议。根据实践调研所聚焦的方向，本书设置"'喻竹计划'系列调查报告"和"'实践育人'工作经验总结"两个部分，其中涉及基层治理与乡村振兴、产业振兴与城市建设、卫生健康与生态文明、实践育人等板块，彰显了新时代青年人参与推进国家治理体系和治理能力现代化的过程，切实绘画出实践育人新蓝图。

千人百团，火热奔赴。"喻竹计划"成立六载，累计发布新闻稿及各类宣传作品2500余篇，相关作品登上了《人民日报》、人民网、新华社、《中国青年报》等权威媒体，整体阅读量破百万人次，形成了"校—地—全国"的宣传推广链。"喻竹计划"先后获评2023年全国大学生暑期实践团队TOP100、全国高校学生会组织的"我为同学做实事"项目交流展示活动精品项目，连续三年获评湖北省"三下乡"社会实践优秀团队或优秀项目，1篇调研报告入选2023年全国大学生"三下乡""返家乡"社会实践优秀调研报告。为进一步巩固实践育人成效，学校于2022年7月2日举办了首届"大学生论治国理政——青年马克思主义者'喻竹论坛'"。论坛采用线上、线下结合的方式，来自全国各个高校的2000余名青年学生和研究者齐聚论坛，近20位参会嘉宾围绕治国理政、青年马克思主义者的培养与发展、社会实践与新时代治国理政融合等主题做了专题报告和经验分享，线上直播吸引了 6.7 万余人次观看。"喻竹计划"已成为校内最受关注的研究生实践育人品牌，影响力逐渐辐射到在汉高校及其他地区的院校。

向下扎根，向阳生长，行万里路，知中国情。华科大青年坚定不移听党话、跟党走，怀抱梦想又脚踏实地，敢想敢为又善作善成，在实践中掌握习近平新时代中国特色社会主义思想的立场观点方法，提高理论联系实际的真本领，做出服务地方发展的真贡献。锵锵喻竹，生生不息，华科大青年将继续用脚步丈量祖国大地，用眼睛发现中国精神，用耳朵倾听人民呼声，用内心感应时代脉搏。如今"喻竹计划"历经六载，取得了丰硕的成果，未来将继续传承"喻竹计划"精神，在多年发展的基础上守正创新。希望读者可以通过阅读本书，共享"喻竹计划"的调研成果，共识实践育人的思想内涵，共思国家治理的宏伟蓝图。

2024 年 4 月

序
PREFACE

20年前我在一篇文章中提到"知识分子是社会进步的推动者和引路人",对于明日之知识分子——今日之大学生来说,"如果让他们去思考中国的现状和未来,思考自己的理想与目标,思考中国知识分子的得失,一定能净化自己的心灵,并促使他们慎重思考自己'知识分子'的身份,并准确做出自己的人生定位"。20年后的今天,青年大学生同样只有融入鲜活的社会现实,才能与时代同频共振。

新时代党和国家的事业取得历史性成就、发生历史性变革,中国国家治理体系日益完善,国家治理能力不断增强,国家治理能力现代化水平得到极大提升,中国特色社会主义制度的显著优势得到充分彰显,大学生参与国家治理也成为当前我国高等教育的一个重要方向。新时代中国特色社会主义国家治理的伟大实践为青年大学生的成长成才提供了广阔的舞台。

"宰相必起于州部,猛将必发于卒伍",习近平总书记在讲话和文章中多次引用韩非子的这句名言,体现了他的人才观。党的十八大以来,习近平总书记从执政兴国的高度,多次强调在基层与实践中培养和选拔人才的重要性,并指出干部有了丰富的基层经历,就能更好树立群众观点,知道国情,知道人民需要什么,在实践中不断积累各方面经验和专业知识,增强工作能力和才干。习近平总书记还曾以自己的知青岁月现身说法:"七年上山下乡的艰苦生活对我的锻炼很大。最大的收获有两点:一是让我懂得了什么叫实际,什么叫实事求是,什么叫群众,这是让我获益终生的东西;二是培养了我的自信心。"对于青年大学生来说,扑下身子、沉到一线,迈开步子、走出院子,到车间码头,到田间地头,到市场社区,亲身查看、亲身体验,同样意义重大。

青年大学生积极参与社会实践,一是有利于思想认识的提升。通过亲身参与社会实践,青年大学生用脚步丈量祖国的广袤大地,深入了解社会现象和问题,把握时代脉搏,增强历史使命感和责任感,真正成为具备"中国心"的时代青年。我们培养的青年大学生应该具备的"中国心",就是热爱祖国、关心国家发展、积极投身社会主义建设,同时为中国共产党治国理政服务,为实现中华民族伟大复兴的中国梦贡献力量。二是有利于促进理论联系实际,增进对中国发展实际的了解。"纸上得来终觉浅,绝知此事要躬行",只有通过亲身参与社会实践,青年大学生才能深度观察中国基层的发展情况,了解社会问题的真实面貌。这种深度学习有助于培养青年大学生理论联系实际的能力,让他们更加深刻地理解"没有调查,就没有发言权"的正确观念。同时这种理论联系实际的学习方式,有助于培养他们成为具有创新精神和实践能力的复合型人才,为国家和社会的发展做出更大贡献。三是有利于增长本领才干。通过积极参与社会实践,青年大学生能够学习掌握一些学校里学不到的知识和技能。在社会的大课堂里见风雨、长才干,把自身的专业优势与社会发展实际相结合,提高解决实际问题、报效祖国的能力本领。

正是基于此,以"喻竹计划"为代表的大学生社会实践活动应运而生。在"喻竹计划"中,大学生可以通过参与政务见习、社会调查等形式,深入基层、深入实际、深入群众,了解国家治理的实际情况,提高自己的政治意识和治国理政实战能力。同时,"喻竹计划"还通过企业调研、科研服务、医疗帮扶等方式,让大学生将所学知识应用到实践中,为我国的科技进步和社会发展做出贡献。

在我看来,以"喻竹计划"为代表的社会实践活动不仅为大学生提供了一个全面提升自身能力的平台,也为我国的国家治理体系注入了新的活力。在这个平台上,大学生们可以走出"象牙塔",提高自己的综合素质,也可以深入实际,锻炼自己的组织协调能力,培养团队合作精神。同时,随着一批又一批优秀的大学生参与到国家治理实践中来,他们带来了新的思想、新的观念和新的方法。这些新鲜血液的注入，有助于推动国家治理体系的改革和完善，增强国家治理能力，提高国家治理的效率和水平。在未来的发展中，我们期待看到更多的大学生参与到国家治理实践中来，用他们的智慧和力量推动我国的进步和发展。

2024 年 3 月

目录 CONTENTS

第一部分："喻竹计划"系列调查报告 //001

第一篇　基层治理与乡村振兴 //003

- 数字助力防返贫工作的调研报告
  ——基于防返贫预警模型的建立 //005
- 基于"蚂蚁向上"红色精神的新时代乡村振兴实施路径探寻 //026
- 党建引领，建设富强民主文明和谐美丽乡村
  ——基于通州区兴仁镇的调查研究 //039
- 关于加强重庆市荣昌区人民法院党建品牌的提炼与创建的建议 //054
- 关于源头治理背景下基层社会多元化人民调解机制完善的调查研究
  ——以湖北省S县为例 //064

第二篇　产业振兴与城市建设 //083

- 扬州市高端装备制造产业调研报告 //085
- 吴忠市葡萄酒旅游产业发展的 PEST-SWOT 分析
  ——以红寺堡产区为例 //107
- 追溯"光通信"领域科技自立自强之路 //116
- 关于东湖高新区公交候车亭品质提升项目的调查研究 //136

第三篇　卫生健康与生态文明　//155

- 以合作共建助推重庆市荣昌区医疗卫生事业发展
　　——华中科技大学赴荣昌区人民医院对口帮扶可行性分析　//157
- 新时代乡村振兴背景下医疗卫生发展现况与对策研究
　　——以贵州省铜仁市为例　//163
- 江汉"旧城"改"新居"的节能密码
　　——以武汉市江汉区北湖街道建设社区为例　//184
- 生态文明与文化传承融合发展农村人居环境整治样板
　　——基于福建省福州市仓山区的考察　//204

第二部分："实践育人"工作经验总结　//223

- 大思政视域下高校研究生实践育人模式建构论析
　　——以华中科技大学"喻竹计划"为例　//225
- 关于提升研究生社会实践活动实效性的建议　//241
- 实践育人视域下社区书记助理实践的问题研究与可行性论析
　　——以华中科技大学社区书记助理实践为例　//257
- 大学生志愿服务社区行动的时代价值和长效机制研究
　　——以华中科技大学研究生"社区书记助理"项目为例　//263

附录：老师访谈　//277

后记　//284

第一部分

「喻竹计划」系列调查报告

第一篇　基层治理与乡村振兴

党的二十大报告指出，"完成脱贫攻坚、全面建成小康社会的历史任务，实现第一个百年奋斗目标"是新时代十年对党和人民事业具有重大现实意义和深远历史意义的三件大事之一。脱贫攻坚战的全面胜利，标志着我们党在团结带领人民创造美好生活、实现共同富裕的道路上迈出了坚实的一大步。在脱贫攻坚的伟大历程中，我们党立足我国国情，把握减贫规律，出台一系列强有力的政策举措，构建了一整套行之有效的政策体系、工作体系、制度体系，走出了一条中国特色减贫道路，形成了中国特色反贫困理论。脱贫攻坚取得的丰硕的实践和理论成果，为发展中国家解决好"三农"问题开辟了路径、积累了经验。

习近平总书记指出，脱贫攻坚取得胜利后，要全面推进乡村振兴，这是"三农"工作重心的历史性转移。全面推进乡村振兴，其深度、广度、难度都不亚于脱贫攻坚，需要借鉴脱贫攻坚经验，紧密结合新形势新任务进行创造性转化和创新性发展，走好中国特色乡村振兴之路。要坚持党的全面领导、以人民为中心，把实现农民所思所想所盼作为工作出发点和落脚点；因地制宜、分类施策，将精准理念贯穿乡村振兴全过程各环节；坚持求真务实、较真碰硬，踏踏实实、扎扎实实全面推进乡村振兴。

数字助力防返贫工作的调研报告[①]
——基于防返贫预警模型的建立

数学与统计学院实践队[②]

实现巩固拓展脱贫攻坚成果同乡村振兴的有效衔接，是新时代"三农"工作的重点。本团队主要关注的是脱贫户在5年过渡期中的持续发展问题。在前期调研的基础上，本团队于2023年7月在云南省临沧市的沧源佤族自治县和临翔区及湖北省孝感市孝昌县进行调研，收集到监测户的相关数据4.5万余条，并与当地工作人员就模型的优化完善进行交流访谈。基于翔实而丰富的数据样本，团队对防返贫预警模型进行了优化完善。经过优化后的模型，预测准确率在95%左右，相较于之前的模型，预测准确率提高约5%。

本团队经过数据预处理、利用熵值法确定指标权重、计算可持续发展指数（SDI）等步骤搭建了监测对象可持续发展指标体系，并运用XGBoost、LightGBM、CatBoost等算法对所建指标的重要性进行排序。基于筛选出的重要影响指标，团队使用在当地整理出的约10万条数据训练逻辑回归模型，以实现可持续发展能力等级分类和返贫概率值预测。经检验数据得知，经学习训练后得到的逻辑回归模型，在预测监测对象返贫风险中的准确率高达95.24%。

[①] 该报告获评第十八届"挑战杯"全国大学生课外学术科技作品竞赛（红色专项）二等奖。

[②] 数学与统计学院实践队，成员包括李佳阳、赵毅炜、李亚迪、罗雅倩、杨梦茹、叶冰雨、李鹏博、宋茜。

为帮助防返贫工作人员更直观快速地识别返贫边缘户及其易返贫因素，团队根据模型计算所得出的监测户返贫概率，设置了"易返贫""边缘脱贫""一般脱贫""稳定脱贫"四类预警级别。团队结合机器运行情况简化模型，优化页面设计效果，通过 XGBoost 模型识别脱贫等级（使用不同颜色区分），通过逻辑回归模型识别返贫概率，将上述的模型封装为 Windows 平台的软件并在当地进行推广验证，实现数据的实时修改、反馈，从而更好地为乡村振兴工作提供实际帮助。

一、绪论

（一）调研背景

习近平总书记在中央农村工作会议上指出："党中央决定，脱贫攻坚任务目标完成后，对摆脱贫困的县，从脱贫之日起设立 5 年过渡期。"围绕脱贫攻坚过渡期，从中央到地方各级政府都实施了一系列措施确保政策稳定。2022 年中央一号文件专门强调：坚决守住不发生规模性返贫底线。2023 年中央一号文件将防止规模性返贫作为全面推进乡村振兴底线任务进行具体部署，各省份在过渡期内也纷纷探索适宜的举措，建立通过防返贫预警机制来巩固脱贫攻坚成果的长效机制。

基于此背景，团队在返贫预警领域进行了深入研究，通过实地调研掌握一手资料，构建出监测对象可持续发展指标体系，建立返贫概率值预测模型并进行验证，最终促成该模型的落地、使用及推广。团队期待能以数字技术降低返贫现象出现的概率，进一步巩固提升脱贫攻坚成果。

（二）调研意义

从宏观层面上，防返贫预警模型有利于监测户返贫数据的在地化生产、收集和管理，保证治理过程中返贫信息的透明性，同时还可以提高政府工作的信息化，实现对基层社会治理的合理优化。

从微观层面上，建立防返贫预警模型，改变传统的人工监测模式，提高返贫风险数据的自动化采集程度，帮助基层工作者动态追踪监测户返贫的风险和返贫类型。基于此，基层工作人员可以快速响应，针对性地开展防返贫工作，及时遏制监测户的返贫现象，提高防返贫工作的效率。

（三）调研地点

团队主要选取了湖北省孝感市孝昌县和云南省临沧市作为田野调研点。调研团队选取这两地作为实际调研点，一方面考虑到当地农户在脱贫户监测预警的范围内，另一方面基于当地农业种植业的优势，在选取指标体系搭建预警机制时能够涵盖更丰富的内容，以保证指标体系更加完备。

（四）调研方法

1. 问卷调查法

在实地调研中，团队成员使用自制的"家庭生计能力问卷"向调查对象了解信息。在前期调研和深入调研两个阶段，团队成员分组分区入户发放调研问卷，协助监测户填答并收集问卷，了解脱贫户和一般户的家计能力及影响因素，以此筛选可持续发展体系的指标。

2. 半结构式访谈法

团队在实地调研中采用半结构式访谈法作为对问卷材料的补充。半结构式访谈法的主要做法是团队成员分组分区进入监测户家中进行访谈，依照一个粗略的提纲，就监测户家庭的脱贫历程、家庭结构及家庭收支现状等主题提出问题开展访谈。除了收集普遍性的材料，团队还通过访谈对问卷所提及的问题进行深入了解。此外，团队成员还向典型人物进行访问以收集特殊材料。

（五）技术路线

此次调研的技术路线如图1所示。

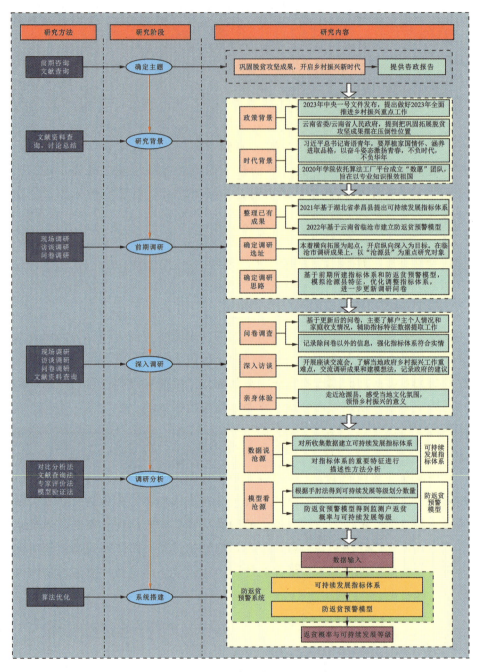

● 图1 技术路线图
（图表来源：实践队。）

二、指标体系与模型简介

(一) 指标体系

目前，有关致贫因素分析的成果颇多，已经形成了一套较为成熟的理论体系。基于前期实地调研经验，团队提出衡量脱贫户可持续发展状态的指标体系（见表1）。主要从户主个人情况及重点户的家庭收支情况来考虑返贫风险。

表1 可持续发展指标体系

	指标	指标性质	指标释义
户主个人情况	健康状况	正	1＝残疾，2＝患有大病，3＝慢性病，4＝健康
	劳动能力	正	1＝丧失劳动力，2＝弱劳动力或半劳动力，3＝普通劳动力，4＝技能劳动力
	务工时长	正	务工时长（月）
	大病保险	正	0＝否，1＝是
	致贫原因	负	1＝交通条件落后/因学/因灾，2＝缺资金/缺技术，3＝缺劳力/因残，4＝自身发展动力不足
家庭基本情况	家庭人口数	正	家庭成员人数（人）
	健康人数占比	正	家庭健康人数占总家庭人数比重
	劳动力人数	正	家庭具有劳动能力的人数（人）
	工资性收入	正	务工劳动获得的收入（万元）
	经营性收入	正	经营生意获得的收入（万元）
	财产性收入	正	财产投资获得的收入（万元）
	转移性收入	正	国家补助获得的收入（万元）
	政府补贴金	正	计划生育金＋低保金＋社会养老金＋生态补偿金（元）

续表

指标		指标性质	指标释义
家庭基本情况	其他转移性收入	正	非行政事业单位、社会团体对农户转移的社会救济和补助等（万元）
	家庭年收入	正	家庭年总收入（万元）
	家庭净收入	正	家庭年净收入（万元）
	人均净收入	正	家庭年净收入/家庭总人口数（万元）
	生产性支出	负	用于同社会生产直接有关的各项支出（万元）
	房屋类型	负	0＝不是危房，1＝是危房
	饮水、厕所、用电保障、广播电视	正	0＝否，1＝是

（注："正"和"负"分别表示该指标与可持续发展能力为正相关和负相关关系。图表来源：实践队。）

（二）模型简介

建立可持续发展指标体系后，团队立足于深度学习技术和数学概率论知识，从筛选特征原理、降维聚类分析和分类回归预测三个方向建模，通过手肘法科学确定四个发展等级，即低层次（易返贫）、边缘层次（边缘脱贫）、一般层次（一般脱贫）和高层次（稳定脱贫）及对应的返贫概率。

1. 筛选特征原理

考虑到可持续发展评估指标的数量较多，为进一步提高模型的泛化能力和稳健性，团队主要利用以下四种模型评估并取平均值后，得到特征重要性排序表（见表2）。

表 2　四种模型各自优点

算法	优点
随机森林	准确率高；能够处理高维特征；对异常值、缺失值不敏感
XGBoost	算法的效率高；可自定义损失
LightGBM	占用内存更小；运算速度更快
CatBoost	有通用性；避免过拟合

（图表来源：实践队。）

2. 降维聚类分析

（1）自编码器——浓缩信息

筛选出重要特征变量后，团队利用自编码器将原本含有多个维度特征信息的原始数据进行压缩降维，以实现基于浓缩信息低维向量的可视化分析。

（2）K-means 算法——聚类信息

利用 K-means 对特征进行聚类分析，得到可持续发展等级。运用手肘法所得的聚类数 k 即为适应于数据本身的返贫等级分类数，其计算公式为：

$$\mathrm{SSE} = \sum_{i=1}^{k} \sum_{p \in C_i} |p - m_i|^2$$

3. 分类回归预测

利用特征筛选后得到的高维特征，可以通过 XGboost 模型预测得出监测户在未来的返贫概率与可持续发展等级。

该算法的优化目标函数为：

$$\mathrm{Obj} \cong \sum_{i=1}^{n} \left[g_i f_t(x_i) + \frac{1}{2} h_i f_t^2(x_i) \right] + \Omega(f_t)$$
$$= \sum_{j=1}^{T} \left[(\sum_{i \in I_J} g_i) w_j + \frac{1}{2} (\sum_{i \in I_J} h_i + \lambda) w_j^2 \right] + \gamma T$$

三、开启调研之路，筑牢分析根基

基于前期所建的指标体系和防返贫预警模型，团队于 2023 年 7 月前往云南省临沧市沧源佤族自治县勐来乡的班列村、勐来村、曼来村,临沧市临翔区蚂蚁堆乡的蚂蚁堆村、曼毫村,南美拉祜族乡的南美村、南华村,以及章驮乡邦福村共4个乡镇下属的8个村庄开展入户抽样调查,旨在调整指标体系和防返贫预警模型。本次调研中共抽取4乡512户,回收有效问卷451份,有效率为88%。同时从沧源佤族自治县乡村振兴局整理出稳定脱贫户、边缘脱贫户、一般脱贫户及易返贫户等监测对象相关数据4.5万余条。

(一)入沧源秘境,访阿佤民情

受访农户年龄分布在27~82岁,其中,40~60岁的受访者居多,共计219人,占比65.2%(见表3)。

表3 入户调研样本年龄指标的数字特征

	样本量	均值	最小值	中位数	最大值
受访农户年龄	336	59	27	49	82

(图表来源:实践队。)

受访农户的受教育程度分布如图2所示,据图可知当前该地脱贫农户的受教育程度普遍不高。

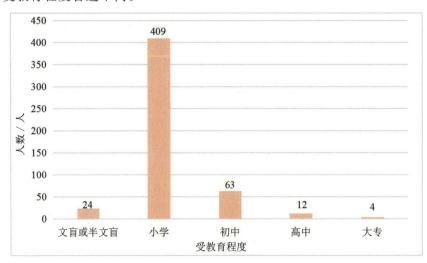

图2 受访农户受教育程度分布图

(图表来源:实践队。)

(二)下乡调研忙,入户问实情

1. 入户调研样本家庭结构情况

结合表4和图3的数据可以看出,受访农户家庭规模偏向中小型化,大规模家庭数量较少。

表4 受访农户家庭结构指标的数字特征

	样本量	均值	标准差	最小值	中位数	最大值
家庭规模	451	3.26	1.35	1	3	8

(图表来源:实践队。)

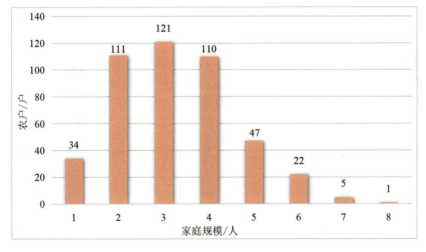

● 图3 受访农户家庭规模分布图

(图表来源:实践队。)

为了了解受访农户家庭关于扶养老人、照顾孩子这类无劳动力者的负担情况,报告中引入了"抚养比"这一概念。

$$抚养比 = \frac{家庭无劳动力人数}{家庭劳动力人数} = \frac{家庭总人口数 - 家庭劳动力人数}{家庭劳动力人数}$$

对数据进行总体分析后发现,受访农户的家庭整体抚养负担仍然较重(见表5)。

表 5　受访农户家庭抚养比指标的数字特征

不存在抚养比	家庭抚养比≤1			家庭抚养比＞1			无穷大
无压力	较小压力			压力较大			严重压力
样本量	样本量	均值	中位数	样本量	均值	中位数	样本量
115	239	0.77	1	96	2.16	2	1

（图表来源：实践队。）

2. 入户调研样本家庭成员健康状况分析

从受访农户家庭成员健康状况的统计结果来看，有病（残）成员的家庭比率较高（见图4），预防因病致贫是防返贫工作的重点，脱贫户的身体健康问题仍需关注。

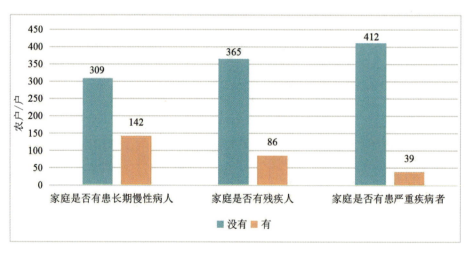

● 图 4　受访农户家庭健康状况图

（图表来源：实践队。）

3. 政府整理样本家庭结构情况

调研团队从沧源佤族自治县乡村振兴局收集到45285户家庭在人口规模、住房面积及家庭收入等方面的信息。

从农户家庭的人口规模分布上看，农户家庭规模正在向中小型化过渡（见图5）。

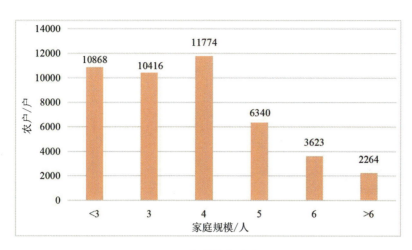

● 图 5　家庭结构分布图

（图表来源：实践队。）

对于监测户的家庭抚养压力而言，整体来看，劳动力抚养比情况较好，但两端数据差距过大（见图 6）。

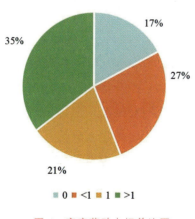

● 图 6　家庭劳动力抚养比图

（图表来源：实践队。）

4. 政府整理样本家庭健康状况

根据分析数据得知，部分监测户家庭存在因病致贫的风险（见图 7），监测健康状况是防返贫工作中不可忽略的问题。

● 图7　家庭健康状况

（图表来源：实践队。）

5. 政府整理样本家庭收入状况

从表6得知，沧源佤族自治县2023年人均可支配收入相较2022年有明显提升。在调研中，团队得知整个临翔区约有五分之一人口常年在外务工，其他人员绝大部分靠第一产业增收，第二、三产业缺乏发展。人均财产净收入较低，这表明家庭拥有的动产（如银行存款、有价证券等）和不动产（如房屋、车辆等）所获得的收入较低（见表6）。

表6　政府数据监测户收入

	均值	中位数	最大值
人均可支配收入	18241	16171	146131
人均工资性收入	8860	7750	73200
人均经营净收入	6936	5000	75943
人均财产净收入	2144	1282.5	20103
人均转移净收入	300	0	80000

（图表来源：实践队。）

（三）后方"理"数据，样本"活"现状

通过对调研结果的分析，发现受访农户存在以下四个总体特征。

① 家庭文化水平不高。在受访农户中，绝大多数受教育程度仅为小学。

② 家庭整体抚养负担较重。受访农户中，家庭抚养比普遍较大，甚至有部分家庭不具备劳动力，存在严重的抚养负担。

③ 家庭成员在向老龄化转变，部分监测户家庭成员的健康状况较差。政府提供的样本数据中，整个临翔区的人口年龄绝大部分在 40 岁以上，居民的健康状况统计是需要重视的问题，要谨防因病返贫的情况发生。

④ 居民整体收入仍处于较低水平。相对于 2022 年的数据，2023 年监测户的收入情况有明显提升。居民收入主要依靠外出务工，其他方式获得的收入较少。

四、技术赋能防返贫预警

（一）数据预处理流程

对收集的原始数据，采用如下的数据预处理流程（见图 8）：

● 图 8 预处理流程

（图片来源：实践队。）

由于原始数据中存在一些缺失值和数据异常值，团队首先对缺失值进行查补删减。对于异常值，采用拉依达准则处理（见表 7）。

表 7 主要特征

	主要特征				
	经营性收入	转移性收入	财产性收入	工资性收入	经营性支出
均值 μ	14932.44	3332.10	582.27	14605.53	4587.39

续表

	主要特征				
	经营性收入	转移性收入	财产性收入	工资性收入	经营性支出
标准差 σ	15977.47	3937.57	2379.33	17654.17	6941.36
$\mu + 3\sigma$	62864.85	15144.82	7720.26	67568.05	25411.46

（图表来源：实践队。）

由于每年数据的特征项个数不同，团队抽取其中的公共特征，并在删除一些无关特征后，得出40个有效数据特征。

（二）监测对象的可持续发展指标体系

可持续发展指标体系的建立步骤如下。

Step1：数据预处理。

团队综合采用了独热编码、标签编码、目标编码对类别特征进行数值化，便于后续模型的量化分析（见图9）。

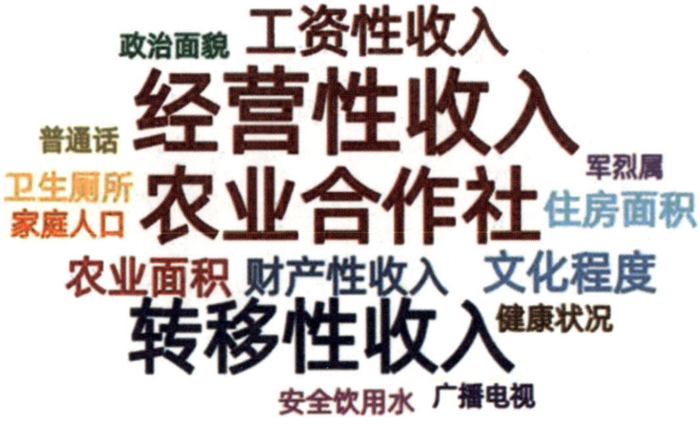

图9 返贫风险主要特征

（图片来源：实践队。）

为消除因指标量纲不同对评价结果带来的不利影响，在使用样本特征数据计算可持续发展指数之前，应对各个特征进行标准化处理。

Step2：利用熵值法确定指标权重。

为计算各个指标的熵值，首先计算每个样本下各个指标的比重 p_{ij}：

$$p_{ij} = \frac{x_{ij}}{\sum_{i=1}^{m} x_{ij}}, \ (i=1, 2, \ldots, m)$$

随后计算每项指标的熵值 e_j：

$$e_j = -\frac{1}{\ln m} \sum_{i=1}^{m} p_{ij} \ln p_{ij}, \ (j=1, 2, \ldots, n)$$

根据计算得到的指标熵值，计算每个指标的权重值 w_j：

$$w_j = \frac{1-e_j}{m - \sum_{j=1}^{n} e_j}, \ (j=1, 2, \ldots, n)$$

Step3：计算可持续发展指数。

将利用熵值法得到的各指标权重与各个脱贫户样本的对应指标数值相乘累加，得出各脱贫户样本的可持续发展指数：

$$\text{SDI} = \sum_{j=1}^{n} \sum_{i=1}^{m} W_{ij} T_{ij}$$

（三）筛选特征并预测

考虑非收入特征对脱贫户属性划分的影响，团队采用随机森林模型、XGBoost 模型、CatBoost 模型、LightGBM 模型计算每个指标特征的重要程度。为进一步提高模型的泛化能力和稳健性，将多个模型的结果进行平均，得到如下结果。从模型集成的结果看，筛选出来的 8 项指标具有较强的代表性和对可持续发展的影响力（见表 8）。

表 8　四个模型的指标特征重要性排序结果（前 8 项）

指标名称	随机森林	XGBoost	CatBoost	LightGBM	平均预测结果
劳动力人数	0.4161	0.2931	0.1480	0.0632	0.2304
农业种植面积	0.2360	0.0623	0.1150	0.3113	0.1810
健康状况	0.0753	0.2420	0.1350	0.0530	0.1263
是否加入农业合作社	0.0820	0.0103	0.1512	0.2020	0.1114
文化程度	0.0323	0.2024	0.0821	0.0402	0.0893
是否为党员	0.0305	0.0808	0.1195	0.1090	0.0849

续表

指标名称	随机森林	XGBoost	CatBoost	LightGBM	平均预测结果
家庭人口数	0.0241	0.0101	0.0694	0.0921	0.0489
住房面积	0.0189	0.0158	0.0357	0.0483	0.0297

（图表来源：实践队。）

团队将监测对象的数据按照3∶1∶1的比例随机划分为训练集、验证集和测试集，并对模型的性能进行综合评估。四种模型在测试集上的预测效果如表9所示：

表9 四种模型的预测结果

模型	准确率	精确率	召回率	F1得分
随机森林	88.63%	88.90%	88.63%	0.8874
XGBoost	91.27%	91.29%	91.27%	0.9127
CatBoost	94.68%	94.71%	94.68%	0.9469
LightGBM	89.37%	89.31%	89.37%	0.8933
平均效果	90.99%	91.06%	90.99%	0.9101

（图表来源：实践队。）

测试结果显示模型对新数据也具有较好的泛化能力和预测分类能力，达到基本准确预测监测对象可持续发展能力等级的效果。此外，将各模型输出的分类概率值作为返贫概率预测值，以此量化监测户返贫的可能性。

（四）模型成果落地

考虑实际使用的过程中，没有操作界面的模型不便于基层干部使用，本项目将上述的模型封装为Windows系统的软件。

在转化过程中，要保证软件在这些老旧机器上正常运行，必须简化模型，界面设计也需要便于理解和操作（见图10）。团队综合前期反馈意见及实现的可能性，提出以下要求。

① 以拖动的方式读取Excel文件。

② 可以在GUI（图形用户界面）上操作和修改数据，并且数据的修改可以实时反馈。

③ 通过 XGBoost 模型识别脱贫等级，通过逻辑回归模型识别返贫概率。

④ 使用不同的颜色区分脱贫等级，直观区分等级。

	脱贫等级	返贫概率	工资性收入	经营性收入	财产性收入	转移性收入	经营性支出	耕作面积	是否加入农民合作社	住房面积	家庭人口数	劳动技能	健康状况
28	1	0.00%	0	5000	0	2080	0	11	1	75	3	0.757035762566056	0.752160380063071
29	0	99.99%	19200	32240	0	9305.52	9040	8	0	100	6	0.753423431486619	0.752160380063071
30	2	0.00%	44000	9260	0	3085.64	1860	14.38	0	50	3	0.676401869158878	0.752160380063071
31	0	100.00%	9600	25300	0	17754.89	6000	18.25	0	70	6	0.718745605400084	0.752160380063071
32	2	0.00%	38400	33520	0	737.26	5120	14	0	70	5	0.753423431486619	0.752160380063071
33	0	100.00%	9600	15140	0	10936.18	3340	11.88	0	50	4	0.753423431486619	0.740336035718482
34	0	99.99%	0	0	0	17644.56	0	19.8	0	75	3	0.676401869158878	0.740336035718482
35	0	100.00%	0	6900	0	28960.38	1900	8	0	50	3	0.757035762566056	0.752160380063071
36	2	0.00%	64000	13140	0	348.82	5000	10.5	0	70	5	0.753423431486619	0.752160380063071
37	0	100.00%	0	30700	0	14195.03	7000	6	0	60	2	0.753423431486619	0.752160380063071
38	0	99.99%	0	0	0	11479.1	0	13.5	0	60	2	0.718745605400084	0.725938009787928
39	0	99.99%	0	0	0	49580.37	0	5	0	60	2	0.757035762566056	0.752160380063071
40	1	0.00%	16000	8200	0	3270.56	3680	5.5	0	50	2	0.753423431486619	0.752160380063071
41	1	0.00%											

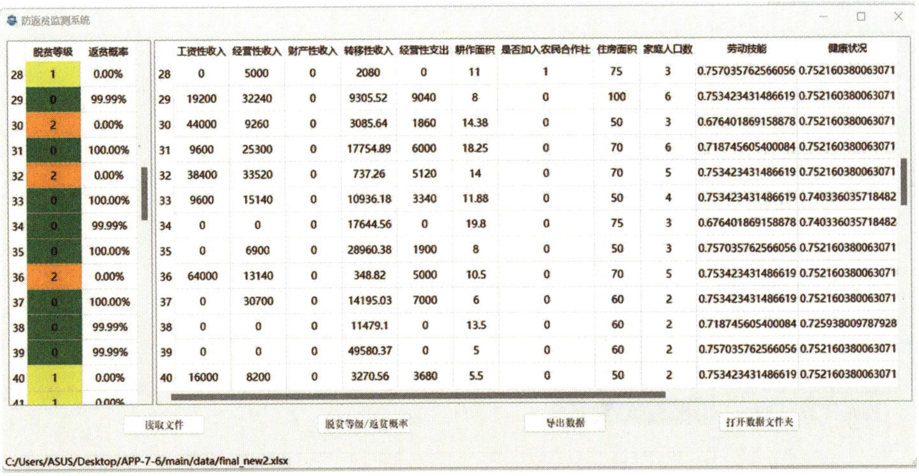

图 10 模型封装为 Windows 软件

（图片来源：实践队。）

（五）实地检验优化系统

团队再次前往云南省临沧市沧源佤族自治县验证系统的可用性。软件有两种操作模式，工作人员既可以将历年来收集到的 Excel 数据导入软件内，又可以直接在软件内录入相关数据，并且可以一键导出。此外，也能在导入 Excel 数据后，直接在软件界面内进行补充或者修改，便于直接使用。

将数据导入后，点击按钮"脱贫等级/返贫概率"，即可得到模型的预测效果，并且不同的等级用不同的颜色区分，更容易辨别。

经过一线工作人员反馈的实用性意见，团队根据实际情况去除了不合理特征，添加了一些重要指标，计算重新选择出来的特征重要性，在实现模型优化后得到如下结果（见图 11）。

根据结果所示，本文选取前 10 个重要特征，在所选特征上重新训练模型，其在测试集上的预测效果如表 10 所示。

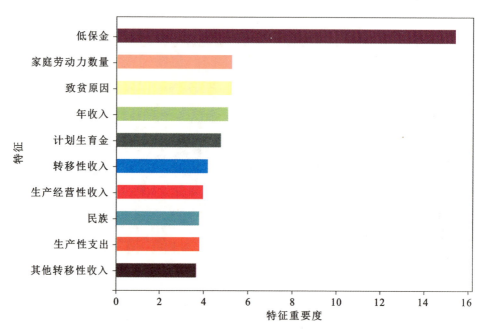

● 图 11　重新优化后的特征重要性

（图表来源：实践队。）

表 10　两种模型的预测结果

模型	准确率	精确率	召回率	F1 得分
XGBoost	93.26%	92.98%	92.89%	0.9289
CatBoost	95.78%	95.34%	95.47%	0.9546

（图表来源：实践队。）

从结果来看，预测效果均有显著提升。

五、防返贫工作建议与展望

根据调研结论和建模结构，纳入理论分析及实际需求，对防返贫工作和防返贫预警模型做出以下建议和展望。

（一）防返贫工作建议

1. 稳定落实已有脱贫政策，持续完善基础设施建设

通过微观数据分析得出，监测户易陷入贫困的因素之一是农户居住环境问题，因此，在下一阶段，需要持续加强对监测户房屋情况的评估，及时发现问题并采取补救措施。另外，交通不便也是限制监测户发展的重要因素。需要继续改善农村地区的道路交通状况，便于农户外出和农作物交易。

2. 加大力度留住青年人才，着力减轻家庭抚养负担

只有留住人口，家庭才能兴旺，产业才能发展，因此，建议采取一系列措施来促进青年创业、加大帮扶力度、丰富就业岗位、吸引产业入驻，以争取本地青年留在乡村，建设、振兴乡村。

调研结果显示，相当一部分监测户的家庭整体抚养负担较重，鉴于国家大力推进"三孩政策"的背景，政府可以考虑通过提供经济援助和福利政策来减轻监测户的抚养负担。

3. 加强重点人群健康监测，早发现早治疗重病大病

调研数据显示，农村健康问题相对突出，且老龄化趋势较为明显，因此，下一阶段保障监测对象的健康变得至关重要。建议持续推进医保入户政策，每年在定点医院对监测户进行身体检查。与此同时，与各高校医学院合作进行"下乡义务坐诊"活动，通过教育宣讲和健康知识普及，提高公众对常见疾病的认知，降低因突发疾病而导致贫困的风险。

4. 提升农村全阶段教育水平，因时因地因材因需施教

乡村振兴需要充分重视人才培养，培养高素质、高水平的农民具有重要意义。为了提高监测户的素质和技能水平，可以依托周边高校，制订切合当地特点和学员实际情况的教学计划，可以依托数字技术提供在线学习机会，使监测户能够获得更广泛丰富的教育资源。

5. 投入资金壮大农村集体,"传帮带"助推标准化技术

建议提供充足的资金和技术支持来壮大集体经济,形成符合区域特点的产业品牌,稳步提升农业生产水平效益。此外,结合市场导向的理念,可根据不同农村地区的自然条件和产业优势,制定适合当地特色的发展模式及标准化的技术路线。同时,建立农业技术推广站和农业科技示范点,组织监测户家庭的劳动力参加培训班,以提高技能水平、扩大就业机会并增加收入。

6. 三大产业助力增收,创新思路发展经济

调研结果显示,监测对象中绝大部分家庭主要靠第一产业增收,人均财产净收入较低。针对监测户致富难的问题,提倡在市场经济体制的基础上,加大对第二、三产业发展的支持,鼓励农村地区创新发展文化旅游、特色产业和农产品加工等领域。通过多元化的经济发展,逐渐形成规模扩大、致富增收的良性循环。这也将创造更多的就业机会,并为青年创业提供更好的平台和更大的支持。

(二)模型发展展望

为巩固和发展上一阶段的成果,团队不断完善返防贫预警模型,以更好地协助政府进行决策。基于相关领域专家及老师的意见,现提出模型未来的改良方向。

1. 机制构建:聚焦防返贫预警模型,探索相关机制

目前,团队实时掌握监测户家庭重点指标的变化趋势,协助有关部门准确预测其存在的返贫风险。与此同时,模型距离投入市场使用还存在改进空间,后期将从动态跟踪、信息传导、舆情监测等方面持续完善,以形成完整科学的防返贫预警机制。

2. 动态跟踪:自动调整指标权重,瞄准智能化主线

目前团队对不同地区生活水平的差异性考量不足,在选取模型指标和

调整权重方面十分依赖人工。这就要求团队在后期更加注重经验总结和案例分析，高效调整模型测算方法，以实现指标选取与权重调节的智能化，使防返贫预警机制的运行结果更稳定可靠。

3. 信息传导：互联共享大数据，守住不返贫底线

防返贫预警机制的构建离不开各部门的信息联动，而当前阶段，缺乏能够串联起防返贫工作数据的大数据平台，这就要求，在纵向上各级政府部门应积极加强信息共享，在横向上有关单位应协同建立完善的预警信息传递机制，以实现对监测户的全方位关注和精准帮扶。

4. 舆情监测：社会各界齐心聚力，织密反贫困基线

防返贫预警机制需要不断完善，因此应当重视社会参与和民主监督。可以通过开展志愿者活动、设立防返贫预警热线等方式，引导社会各界积极参与反贫困工作。与此同时，可加强对相关部门、机构和媒体的监督，以确保预警机制的公正性和透明度。

基于"蚂蚁向上"红色精神的新时代乡村振兴实施路径探寻[①]

云南临沧蚂蚁堆村实践队[②]

一、五年陪伴式服务实践概况——"蚂蚁向上"红色精神溯源

2021年,中共云南省委、云南省人民政府印发《关于全面推进乡村振兴加快农业农村现代化的实施意见》文件指出:"十三五"时期,云南省脱贫攻坚目标任务如期完成,乡村振兴实现良好开局。

2021年,华中科技大学建筑与城市规划学院通过一年的调研,为蚂蚁堆村编制了《蚂蚁堆村乡村振兴发展规划》(以下简称《发展规划》)。截止到2023年,发展规划已经实施了两年有余。

2022年至2023年,华中科技大学云南临沧蚂蚁堆村实践队连续两年利用暑期时间对蚂蚁堆村的历史、文化、风俗进行了细致的调研。实践队立足于蚂蚁堆村"蚂蚁向上"红色精神,试图探寻其乡村振兴的实施绩效及成果。

尤其是2023年暑期,实践队历时15天,发放问卷200余份,深入访谈村民10余户,获取了蚂蚁堆村历年的"一口清"数据资料。同时,利用CiteSpace软件对当前学术界有关乡村振兴的研究进行了梳理,并归纳

[①] 该报告获评第十八届"挑战杯"全国大学生课外学术科技作品竞赛(红色专项)二等奖。

[②] 云南临沧蚂蚁堆村实践队,成员包括郝子纯、杨禹村、肖稷恒、陈丽丽、王彩兰、魏怡婷、李姝锐、孟棋钰。

总结出乡村振兴的相关政策，以及对乡村振兴理论进行了溯源研究。最后基于蚂蚁堆村的相关资料数据，对该村在乡村振兴规划实施前后的乡村发展模式进行了探讨，从而归纳总结出在城市化发展动力转变的新时代，边疆地区乡村振兴模式有效的实施路径和发展模式。

二、在历史实践中不断丰富凝练——"蚂蚁向上"红色精神解析

（一）丰富内涵："蚂蚁向上"红色精神是乡村振兴精神的生动体现

伟大的实践产生伟大的精神。"蚂蚁向上"红色精神是脱贫攻坚精神在蚂蚁堆村的生动实践，主要体现在：其一，"蚂蚁向上"红色精神是人民创造的精神成果，以地域为主轴命名，具有当地的特色，是自下而上不断升华的精神成果，集中反映了蚂蚁堆村人民的奋斗轨迹和精神成果，彰显的是边疆山村群众在建设社会主义过程中所喷发出的精神伟力；其二，"蚂蚁向上"红色精神是具有与时俱进品质的精神成果，"蚂蚁向上"红色精神与中国共产党人的精神谱系一样，具有与时俱进的品质，它开始于脱贫攻坚时期，发展于乡村振兴新时代，与时俱进地贯穿于蚂蚁堆村人民开展的革命、建设和改革的全部历程之中（见图1）；其三，"蚂蚁向上"红色精神是具有内生传承性的精神成果，"蚂蚁向上"红色精神具有代际传承性，这一精神的代代相传，成为一种独特的文化现象，增加了其作为一种精神成果的独特魅力。

（二）时代价值："蚂蚁向上"红色精神具有永恒的跨时空价值

伟大的精神历久弥新。"蚂蚁向上"红色精神是中国共产党领导边疆人民形成的宝贵精神财富，具有跨时空价值，主要体现在：一是"蚂蚁向上"红色精神中的团结一致精神，蚂蚁堆村的历史就是一段坚持党的领导、齐心协力、奋发有为的历史；二是"蚂蚁向上"红色精神中包含的最宝贵的精神因素——迎难而上精神，它包含着人类面对困难的勇气和信念，包含着不畏艰难，越是艰险越是向前的决心和毅力，包含着人类社会之所以在艰难困苦的环境下战胜一个又一个障碍险阻的内在精神动力，蚂

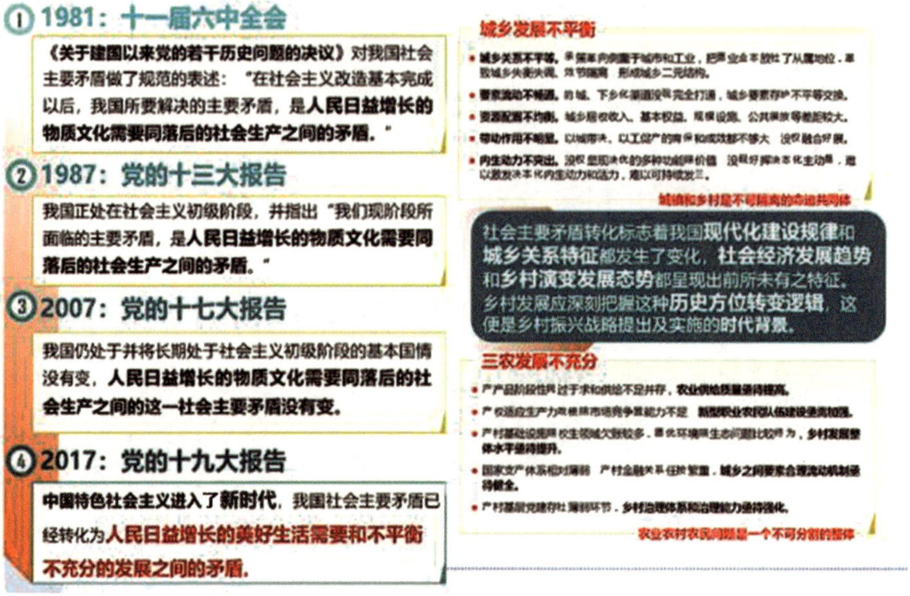

图 1　乡村振兴工作指示

(图片来源：网络。)

蚁堆村过去一直存在资金和技术短缺、内生动力不足、疾病等主要致贫原因，经过五年攻坚，已逐步克服困难；三是"蚂蚁向上"红色精神中包含的聚沙成塔的群体智慧，这是任何一个国家和社会要前进、求发展都必须有的一种精神品格，蚂蚁堆村构建了"党总支+合作社（村集体）+企业+农户"的产业发展模式，村集体经济固定资产达到790万元，每年收入稳定在20万元以上，此外，蚂蚁堆村的生态茶叶也获得了有机认证；四是"蚂蚁向上"红色精神中包含着为实现共同富裕理想奋斗的崇高精神，蚂蚁堆村建有正权茶叶种植农民专业合作社、生猪养殖专业合作社2个专业合作社，建有村电商平台，成立了全乡首个村委会独资的临沧驿亭好物农业发展有限公司，搭建了"驿亭好物"微商城，以及引进了农业产业园。蚂蚁堆村齐心协力向着共同富裕大步迈进，这种为理想奋斗的热情和精神正是跨越时空的。

(三)示范作用："蚂蚁向上"红色精神引导蚂蚁堆村成为西南地区乃至全国的乡村振兴示范样板

伟大的精神引领伟大的实践。蚂蚁堆村的党员干部群众，就像一只只"小蚂蚁"，为打赢脱贫攻坚战不断地努力冲锋：一户户做老百姓工作，一家家协调落实搬迁就业，一饼饼茶叶、一瓶瓶蜂蜜快递发货，这便是"上下同心、尽锐出战、精准务实、开拓创新、攻坚克难、不负人民"脱贫攻坚精神在蚂蚁堆村的生动实践。"蚂蚁向上"红色精神是在特定历史时期、特定地域和特定人群中形成和发展起来的精神成果，然而它不仅仅局限于特殊时期、特定地域和特定人群，更是百年党史中边疆人民奋斗史的典范样本，这一精神的形成有新中国成立后直过民族的劳作史，有脱贫攻坚时期的易地搬迁史，更有新时代乡村振兴的创新奋斗史，深究其内涵，便是党的领导伟力和民众的奋斗魅力共铸的历史合力。"蚂蚁向上"红色精神引导蚂蚁堆村以可复制、可推广、可持续性的模式成为西南地区乃至全国的乡村振兴示范样板。

三、在新时代的征程中历久弥新——"蚂蚁向上"红色精神延续

时值贯彻党的二十大精神的开局之年，实施"十四五"规划承前启后的关键一年之际，手握新时代的入场券，放眼乡村振兴的如火如荼，我们需要用发展的眼光去进一步诠释"蚂蚁向上"红色精神的时代价值，持续发挥其动力支持、价值引领的作用。

（一）时代伟力：党和国家带领直过民族下山奔小康

党的十八大以来，党和国家事业取得的一项重要成就就是完成脱贫攻坚、全面建成小康社会的历史任务。党和国家坚持精准扶贫、尽锐出战，将脱贫攻坚政策落实到边疆山村，实施易地扶贫搬迁政策，带领直过民族走出大山，打赢了边疆地区的脱贫攻坚战。云南省临沧市蚂蚁堆村便是易地扶贫搬迁的村庄之一（见图2），宽敞明亮的住宅建起来了，下山的道路

通了车，家家户户喝到了自来水。提起下山脱贫后的生活，老百姓的话语里都透露着自信和满足。

● 图2　易地扶贫搬迁安置点
（图片来源：团队自摄、村委提供。）

为了打好这场易地扶贫搬迁"组织战"，乡里按照易地搬迁、产业扶贫、就业扶贫"三个组织化"的工作思路，成立了易地扶贫搬迁工作领导小组，蚂蚁堆村全体党政班子成员"挂包"易地扶贫搬迁安置点，定期深入所"挂包"的易地扶贫搬迁安置点进行督促推动，并帮助研究解决项目推进过程中遇到的困难和问题。

为了让贫困户住上最舒心的房子，乡、村两级克服农户分散居住、动员难度大的实际情况，及时成立搬迁点党支部，充分发挥村党组织、小组理事会、驻村工作队、挂钩干部和党员的作用，通过分片、挂组、包户的方式开展动员宣传，精准锁定搬迁对象，科学合理选址，切实把最安全、最适宜居住的地块作为搬迁安置点规划建设。

干群同心，其利断金。项目建成后，在乡党委、政府的组织号召下，乡、村两级党员干部把搬迁农户当亲人，头顶阳光、脚踩泥土，主动到房前屋后引导挂钩户转变生活方式、改善庭院卫生，既做到了"扶贫扶志"，又进一步拉近了党群干群关系。

几年间，大田、大队房、功夫田、驿亭新村，蚂蚁堆村4个易地扶贫搬迁集中安置点先后落成，漂亮的房群拔地而起。据统计，2016年以来，蚂蚁堆村共实施易地扶贫搬迁项目7个，涉及搬迁户333户1320人，其中建档立卡贫困人口296户1181人，同步搬迁户37户139人。蚂蚁堆村搬迁示意图及集中安置点人口统计表如图3和表1所示。

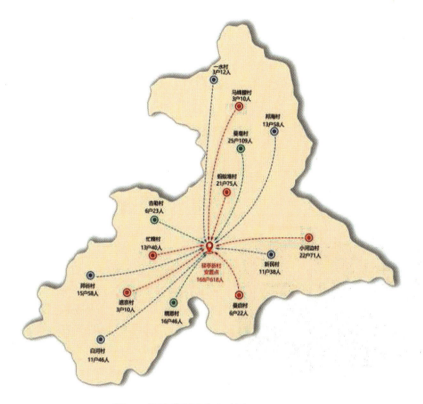

● 图3 蚂蚁堆村驿亭新村安置居民示意图
（图片来源：蚂蚁堆村村委提供，团队绘制。）

表1 蚂蚁堆村易地扶贫搬迁集中安置点人口统计表

安置点/人口	户数	人口	备注
大队房	31	135	单村安置点
大田	33	150	单村安置点
功夫田	9	41	多村安置点
驿亭新村	9	41	多村安置点

（数据来源：蚂蚁堆村村委提供。）

（二）政策扶持：高校单位定点帮扶

党的十八大以来，教育部75所直属高校、14所部省合建高校深入贯彻落实习近平总书记关于扶贫工作的重要论述，统筹人才、学科等优势资源，精准对接贫困县实际需求，举全校之力把先进的理念、人才、技术、经验等落地到贫困地区，推动各类资金、项目、管理等要素向贫困县聚集，探索形成了具有"高校品牌"的中国特色扶贫路径，并取得了显著成效。华中科技大学作为帮扶高校之一，通过派驻一线干部、提供技术帮扶等方式，有效助推云南省临沧市蚂蚁堆村脱贫攻坚，高校教师和学生在一次次赴临沧市考察调研的过程中被蚂蚁堆人的脱贫攻坚精神深深打动，前赴后继参与到定点帮扶工作中，在教育、产业、社会组织等各个维度取得了显著成效（见表2）。

表2 华中科技大学帮扶成果展示

社会学院蚂蚁堆村研究基地现有驻站教师2人、驻村博士生6人。基地自2022年8月份进驻蚂蚁堆村以来，依托学校对口帮扶资源，搭建市—区—乡—村支两委、省—市—区民政、市—区乡村振兴局、区妇联及社会组织合作框架，协助蚂蚁堆乡创建省级乡镇社会工作服务示范站

华中科技大学附属小学（以下简称华科大附小）定期组团到村开展"课堂教学诊断""线上共享课堂"，并选派2名骨干教师和15名研究生支教团成员补充蚂蚁堆中心完小的教学力量，提升了该校的教师水平，大幅增加该校师资力量。华科大附小累计投入200余万元改造蚂蚁堆中心完小操场，增添教学设备器材，帮助该校提升硬件条件，同时组织该校学生建立篮球队、足球队、乒乓球队、啦啦操队，定期开展能力训练

续表

经营性资产项目，2022年获得集体经济收益16万元。村民小组集体资产5个，2022年获得收益3.35万元。集体资源方面，下街组种植芒果28亩，忙杏组种植咖啡35亩，大树村上组、大树村下组、大田组、龙洞组种植青花椒400亩。全村16周岁以上具有劳动能力的人口有1843人，农技等各类实用技能型人才29人。依托驿亭好物电商平台，每年获得收益2万元

蚂蚁堆乡驿亭新村建设农业科技示范园项目（云南临沧云雾培现代农业先导示范区项目），依托云雾培技术，打造共享农庄，助力乡村振兴。项目建设面积4100平方米，已建成温室蔬菜大棚6个，种植茄子、辣子、黄瓜、薄荷、白菜等蔬菜茄果，有效解决了当地农户就近就地就业及增收问题，为当地巩固拓展脱贫攻坚成果与乡村振兴有效衔接提供了科技助力

（数据来源：华中科技大学官网。）

（三）产业振兴：多个维度实现产业转型变现

2021年5月，在华中科技大学召开的《临翔区蚂蚁堆乡蚂蚁堆村乡村振兴发展规划（草案）》座谈会上，会议强调，乡村振兴发展规划上承国策，下联农户，要做好"五问"（问群众、问天地、问技术、问市场、问政策），进一步对蚂蚁堆村的振兴发展号准脉、开准方，将规划做优做实。2021年7月，带着"五问"，实践队再访蚂蚁堆村，走入田间地头和农户家中，从多个维度深入了解蚂蚁堆村产业方面的脱贫攻坚成效（见图4）。实践队了解到，蚂蚁堆村在党和国家扶贫政策与华中科技大学的对口帮扶下，建起了新厂房，引进了新技术，村里的能人骨干带头尝试新产业，村民干部大胆发展亲子研学旅游业，形成了良好的产业振兴局面。

● 图4 团队成员与蚂蚁堆村龙洞组村民合影
（图片来源：团队自摄。）

蚂蚁堆村立足本地茶叶资源，坚持党建引领，持续加强政、企、农三方合作，围绕品牌化、标准化生产模式，以点带面，逐步转变茶产业发展模式，写好茶文章，做强茶产业。

采用"党组织＋公司＋合作社＋管理户"模式，引导茶农进行生态化种植管理，提高原料质量，同时提高产品附加值，让茶农增收、企业增效。以"支部＋合作社＋企业"引进临沧燕语茶叶公司运营蚂蚁堆茶厂，以多种先进设备和纯净制造车间、自动晒青毛茶加工流水线、精制筛分生产线，标准化、精细化加工制作生普和熟普。2023年上半年春茶季，蚂蚁堆茶厂以高于市场价20%左右的价格收购全村茶农的茶叶，日均收购鲜叶1吨以上，既使得集体经济收入每年增加16万元，又带动周边茶农户均增收1700元（见图5）。

● 图5 蚂蚁堆村与华中科技大学共建茶厂

（图片来源：团队自摄、村委提供。）

四、在乡村振兴的道路上接力奋斗——"蚂蚁向上"红色精神意义

（一）蚂蚁堆村乡村振兴规划实施评估

本节联系上文的文献阅读与分析，结合蚂蚁堆村的实际情况，邀请了华中科技大学相关领域的专家学者进行专家打分确定权重，最后得到蚂蚁堆村乡村振兴规划实施评估结论，并以此为后续的蚂蚁堆村乡村振兴工作提供科学合理的建议。

蚂蚁堆村位于云南省临沧市临翔区大山深处，属于边疆地区。2016年，全村农村户籍人口超过三分之一是贫困人口，属深度贫困村。村里基础设施差、水利设施落后、农户居住分散、村民受教育程度低，收入主要靠传统种植养殖或外出务工。产业发展壮大难、贫困群众增收难、村集体经济发展难，是当地面对的主要问题，资金、技术短缺、内生动力不足、疾病、教育落后等是主要致贫原因，村基层组织管理松散、村干部没有群众基础、百姓没有发展信心是制约脱贫和发展的核心症结。

基于这种特殊的区位条件和存在的现状问题，相关专家对蚂蚁堆村的乡村振兴评估指标体系的权重进行了评估，然后利用AHP层次分析法确定指标权重，将每一层级的元素进行两两之间的比较。通过对两个重要性进行标度，在MATLAB软件中输入标度完成判断矩阵后进行运行计算，可得出相应矩阵的指标权重结果。计算各矩阵最大特征值并检查矩阵的一致性，各层级结果均满足要求。最终指标权重结果如表3所示。

表3 评估指标体系权重一览表

维度	维度权重	目标	目标权重	指标	指标权重
产业兴旺	0.3211	党组织的引领作用	0.2189	新增产业个数	0.1516
				各产业产值增加量	0.0673
		社会组织的支撑作用	0.0626	蚂蚁堆村中心完小平均成绩增加值	0.0321
				考入重点中学人数	0.0305
		村民组织的认可程度	0.0396	新增本地个体户数量	0.0153
				本地企业职工增加数量	0.0243
生态宜居	0.1658	党组织的引领作用	0.0675	文旅产业新增个数	0.0329
				文旅产业产值增加量	0.0346
		社会组织的支撑作用	0.0215	百度指数	0.0112
				公众号点赞过万量	0.0103
		村民组织的认可程度	0.0768	基础设施15分钟覆盖率	0.0569
				基础设施满意度	0.0199
乡风文明	0.1856	党组织的引领作用	0.0823	"三会一课"参与度	0.0216
				红色活动年增长率	0.0607
		社会组织的支撑作用	0.0529	蚂蚁堆村文艺汇演活动增加量	0.0529
		村民组织的认可程度	0.0504	村民对文化活动的满意度	0.0321
				村民对文化活动的参与度	0.0183
治理有效	0.1923	党组织的引领作用	0.0821	GDP增长率	0.0821
		社会组织的支撑作用	0.0459	技术资本引入量	0.0203
				技术人员参与度	0.0256
		村民组织的认可程度	0.0643	村民对驻村第一书记的认可程度	0.0643

续表

维度	维度权重	目标	目标权重	指标	指标权重
生活富裕	0.1352	党组织的引领作用	0.0759	村民就业率	0.0516
				村民平均收入增加量	0.0243
		社会组织的支撑作用	0.0316	社会组织入驻增加量	0.0316
		村民组织的认可程度	0.0277	村民对收入的满意情况	0.0277

（数据来源：华中科技大学官网。）

（二）评估成效总结

1. 政策评估

蚂蚁堆村政策评估绩效很高。通过研究乡政府脱贫报告和实地调研分析，实践队认为，脱贫攻坚各项政策在蚂蚁堆村执行情况良好。截至目前，村人口全部实现脱贫，住房安全问题得到解决，就业扶贫、教育扶贫、健康扶贫和生态扶贫政策得到落实，特殊人群生活得到保障。

2. 经济发展

蚂蚁堆村经济发展评估绩效很低，不足绩效值的一半，问题主要集中在以下几方面：第一，收入情况绩效指数低，虽然村民收入已经完全高于脱贫底线标准，但是距离全国农村平均水平仍然有较大的差距；第二，产业发展绩效指数低，村庄经济收入主要源于第一产业，且第一产业缺乏竞争力；第三，集体经济绩效指数低，存在厂房闲置的现象。

3. 社会发展

蚂蚁堆村社会发展评估绩效较高。社会发展领域绩效评估数据由低到高分别是饮水、交通扶贫、公共设施、人居环境、电力扶贫、网络扶贫。其中，蚂蚁堆村饮水与交通扶贫的绩效值远远低于其他方面的绩效值。相当一部分居民以未经处理的山泉水作为生活用水，水质不稳定，水量也受到气候的影响而得不到保证。受到地形条件的影响，村民出行较为不便。其他方面发展情况较好，但依然存在部分问题，例如，村民缺少娱乐设施，村庄人畜混住现象依然存在，等等。

五、"蚂蚁向上"红色精神的意义

"一只蚂蚁的力量虽然微小，倘若汇聚同伴的齐心和努力，就会有聚沙成塔的勇气。单个家庭的兴旺只是起点，集齐全村百姓的智慧和汗水，必将开启共同富裕的大门。"

蚂蚁堆村作为较为典型的边疆直过民族贫困村，在党和国家的政策引领、定点单位的全方位帮扶，以及一线干部与村民的接力奋斗之下，已经取得了良好的脱贫攻坚成效。蚂蚁堆村在乡村振兴的路上正稳步迈进，农村人居环境得到了有效改善。2021年蚂蚁堆村获评云南省森林乡村，2022年驿亭新村获评云南省首批绿美乡村，蚂蚁堆中心完小获评临沧市第一批绿美校园建设示范点，龙洞组申报临沧市绿美乡村示范点。蚂蚁堆村的"蚂蚁向上"红色精神与脱贫攻坚经验，可以为全国范围的乡村振兴提供一定的借鉴意义，为更多的少数民族乡村提供具有民族特点的振兴方案。同时，在联合国推广全球减贫的大背景下，蚂蚁堆村的发展经验也为世界范围内的减贫行动提供了中国特色方案。

党建引领，建设富强民主文明和谐美丽乡村
——基于通州区兴仁镇的调查研究[①]

2023年"喻竹计划"江苏南通实践队[②]

实践队聚焦乡村振兴发展，结合半结构式访谈、问卷调查等方法，深入江苏省南通市通州区兴仁镇开展调研。调研发现：党建引领在乡村振兴过程中发挥着重要作用，村党组织完善体制机制建设，充分发挥领导作用，推动乡村治理体系建设，推进村企建设，推进生态环境整治，引领乡风文明培育；村民积极参与乡村振兴建设，投身乡村产业发展，参与乡村治理，配合社会保障政策。虽然通州区兴仁镇的乡村振兴取得了一定成效，但在农村养老服务和城乡统筹发展两个方面仍存在一些问题：一是农村养老服务的发展无法满足养老需求，应该积极学习城镇经验，加快推进农村养老相关制度建设，发挥农村资源优势；二是城乡统筹发展有待加强，应该推动城乡产业深度融合，激活城乡资源要素，构建发展良性机制。通过调研，团队成员对乡村振兴有了一定的了解和思考，认为在乡村振兴过程中，不仅要注重乡村的可持续发展，也要关注农民的权益和福利，注重乡村文化的传承和创新，青年人也应积极主动地投入乡村振兴的实践中。

[①] 该报告获评2023年"万名学子看南通"大学生暑期社会实践活动优秀调研报告。
[②] 2023年"喻竹计划"江苏南通实践队，于2023年赴江苏省南通市开展调研实践，成员包括简笑影、胡昱航、张瀛之、宋文恬、王朴凡、王旋、熊书颉、王怡然、林晓宇、潘双，挂职单位包括江苏省南通市商务局、教育局、人力资源和社会保障局、海事局、市委政法委、团市委、哲学社会科学界联合会、市域社会治理现代化指挥中心、公安局人民警察培训学校。

一、调研背景与方法

（一）调研背景

实施乡村振兴战略，是党的十九大作出的重大决策部署，是决胜全面建成小康社会、全面建设社会主义现代化国家的重大历史任务，是新时代"三农"工作的总抓手。2017年，习近平同志在党的十九大报告中首次提出乡村振兴战略，并指出农业农村农民问题是关系国计民生的根本性问题，必须将解决好"三农"问题作为全党工作的重中之重。推进乡村全面振兴作为新时代新征程"三农"工作的总抓手，坚持党管农村工作，坚持以农业农村优先发展，坚持农民主体地位，坚持乡村全面振兴，坚持城乡融合发展，坚持人与自然和谐共生，坚持因地制宜、循序渐进，解决农村产业发展和农民就业问题，确保当地群众长期稳定增收、安居乐业。

（二）调研样本区域

团队本次的调研样本区域为江苏省南通市通州区兴仁镇。截至2023年1月1日，兴仁镇镇域面积76.69平方千米，人口7.9万，耕地面积5.43万亩，辖16个行政村，3个社区。作为千年古镇，兴仁镇素以物阜民丰、人杰地灵、民风淳朴、文化底蕴深厚而闻名，备受世人瞩目，古人誉之为新兴福祥之地，故在清中后期称名"新地"。兴仁镇距通州区城区约20千米，西贴南通城区、东临南通机场、南依通吕运河、北通火车站，宁通、盐通、通启高速公路互通立交桥坐落镇区，金通大道、225省道、通富北路、江通公路贯通全镇，是融入上海市一小时经济圈的重要集镇之一。

兴仁镇工业集中区定位科学、规划宏伟、设施完善、优势明显，先后吸引了美国、日本、韩国、中国香港等国家和地区的客商前来投资，区内形成了食品电子、纺织服饰、机械制造、船舶钢结构、家具制造等多元化工业经济格局，以及各类专业批发市场、展销中心、物流中心、休闲度假游乐中心等配套产业，展现了兴仁镇这片投资热土的美好发展前景。得天独厚的黄金区位具备了良好的投资环境，使兴仁镇凸显出通江达海、水陆空立体交通方便快捷的地缘优势和发展优势，进而实现了经济与社会的协调发展，推进了工业产业化、农业现代化、农村城市化进程，全镇呈现出经济发达、人民富裕、环境优美、社会和谐的喜人形势，并先后获得了"江苏省科技工作先进镇""江苏省教育先进镇""江苏省体育先进镇""江苏省群众文化先进镇""江苏省交通安全镇""省级乡镇工业区"等荣誉。

（三）调研方法

团队本次的调研采用访谈与问卷调查相结合的方法，分别从村集体角度、村民走访角度、实地感知角度等，将兴仁镇相关典型示范村庄的村委会与村民作为主要调研对象。

在实地调研开始之前，团队成员通过查阅文献、资料等方法对问卷与调研提纲进行初步设计，同时在村委会负责人的带领下与村委成员进行座谈，了解兴仁镇在乡村产业发展、乡村治理体系和治理能力现代化、农村社会保障体系建设等方面的具体情况与下一步的发展规划。

因农村集体经济组织成员资格以户籍关系为基础，所以此次调研团队以"户"为单位调查户主或户主的家庭成员，来了解农户家庭的基本信息、农业生产情况、养老与医疗保障参与程度、村集体自治的参与情况及意愿、农户自主创业意愿，以及农村的基础设施建设情况、数字乡村建设情况等。同时，调研覆盖徐庄村、兴仁村、阚庵东村等在内的兴仁镇相关典型示范村庄，具体探索兴仁镇得以迅速发展的地缘优势和投资环境支持，切身走近兴仁镇加快工业产业化、农业现代化、农村城市化进程的相关配套政策。

（四）调研意义

实施乡村振兴战略的总体目标是实现农业农村的现代化，其总体原则是以农为本，产业兴旺、生态宜居、乡风文明、治理有效、生活富裕，这是包括产业、生态、文化、人才、组织的全面振兴，是统筹农村经济建设、政治建设、文化建设、社会建设、生态文明建设和党的建设的全面建设。乡村振兴战略作为国家积极应对新时代社会主要矛盾而作出的一项重大战略决策，已经成为解决新时代"三农"问题的纲领与依据。

新时代十年来，乡村振兴扎实推进，农村面貌得到明显改善，农业农村现代化迈上新台阶，在推动乡村产业发展、推进乡村治理体系和治理能力现代化、完善农村社会保障体系建设等过程中取得显著成效。华中科技大学江苏南通实践队深入南通市通州区兴仁镇进行调研，探索乡村振兴发展路径，发现乡村振兴过程中所面临的困境，通过探讨如何破解难题，进一步推动农业经济发展，完善乡村治理体系建设，让农民拥有更多的幸福感、满足感。

二、调研情况

（一）党建引领乡村振兴

南通市通州区兴仁镇徐庄村，坐倚通城东首，毗邻南通机场，金通大道横贯东西，宁启铁路穿村而过，沪陕高速兴仁互通立交坐落村中。截至2023年1月，徐庄村村域面积4.62平方千米，辖29个村民小组，户籍人口3340人，中共党员111人，党总支下设2个二级支部，10个党小组。徐庄村以党建为引领，以"家和"文化推动乡村治理各项工作，先后获得"全国文明村""全国民主法治示范村""全国乡村治理示范村""江苏省农村人居环境整治省级综合示范村""江苏省和谐社区建设示范村"等荣誉称号。

随着我国新型工业化、信息化、城镇化、农业现代化的深入推进，经济发展带来的征地、拆迁等工作情况十分复杂，面临的矛盾和纠纷也比较多，给乡村治理带来了难度。为解决好这些问题，徐庄村加强党的领导，实现共管共治，走出了一条乡村治理新路子。

1. 加强党的领导，提供坚强保障

建立"村党总支—党支部—党小组—党员中心户（示范户）"为主体的"金字塔式"组织架构，优化"一委一村一站一办"设置，实行扁平化管理和网格化服务，分片包干，设岗定责，责任到人，管理到户。构建纵向到户头、横向全覆盖、体内大循环的城乡"五位一体"党建惠民大联动工作体系：每个小组有一名信息员，确保民需有人问；每个困难家庭有帮扶档案，确保民困有人帮；每一户都有联系卡，确保民事有人管。强化党员干部团结意识、服务意识、实干意识、创新意识，提高工作能力，引领乡村治理示范创建工作。党员干部开展工作时，不拎包、不拿茶杯、不开汽车、不穿高跟鞋、不涂口红、不玩手机，真正把群众当"家人"，把群众事当"家事"，随叫随到、认真办事是对群众服务的第一承诺。

2. 共建共治，实现和谐稳定

设立议事室，鼓励村民说热点事、谈烦心事、议民生事。推行党员志愿者和村民小组长轮值制，架起干部和群众的连心桥。干部经常和老百姓接触，熟悉全村900户农户位置，掌握邻里关系、婆媳关系、夫妻俩谁说了算等民情，便于开展工作。推行"1＋2＋N"社区巡察制度，宣传政策、掌握民情、收集民意、帮民解忧。成立了"知心大伯调解室"，利用身边的老干部、党小组长，用真情实感做工作，处理事务时公正公平，讲政策、讲道理，用事实解决矛盾。成立了法官驻村工作室，每周五兴仁镇法官来村倾听村民诉求，讲法律、讲规矩，开展法律咨询服务，引导村民懂法守法用法。规范管理村务各项工作，推行村务公开制度。执行财经纪律、财务制度，定期公布财务收支状况，让村民了解村里的工作动态与家底，提高村民参与村建设的积极性、认同度、支持度。

3. 村企共建，实现强村富民

充分发挥党组织领导作用，不忘初心、牢记使命，利用贴近群众、联系群众的优势，做好"强村富民"这篇大文章。一是为企业提供"物业式"管理，降低企业营运成本，增加村集体收入。二是做好推荐群众就业和扶持创业，为群众创造收入，使就业率达到100%，实现人人有事做、户户有收入、家家奔小康的生动局面，全村900户家庭中小汽车达到750辆。三是创效富民的同时抓好惠民，村集体富了，就要为老百姓谋福利，如70岁以上老人免费理发、65岁以上老人免费体检等政策要落实到位。

4. 优化环境，实现生态宜居

村党组织充分发挥基层党员干部示范作用，关键要做到三个勤：腿勤，多跑多发现问题；嘴勤，多问多宣传政策；手勤，多带头干事。按照环境优美的工业区、舒心宜居的生活区、功能完善的服务区的要求推进生态整治。近几年，徐庄村根据"263"（两减六治三提升）整治要求投资1200万元，建设了生态绿化公园、河道景观台和景观带，对5000米河道进行整治，达到河畅水清、岸绿景美，建成了省级水美乡村。徐庄村加大基础设施投入，实现了人居环境生态化、安全防范科技化、村庄路灯全亮化、农民健身普遍化，打造了美丽的生态环境、营造了安全的生活环境、塑造了健康的娱乐环境，为乡风文明建设提供了优良的外部条件。

5. 务实创新，实现乡风文明

徐庄村突出强阵地、正风俗，以文化熏陶培育乡风文明：创设了《徐庄人》月报、"徐庄人"微信公众号等村级媒体，常态化开展"徐庄文化"创作活动，编写了《徐庄村史》，创作了展现徐庄精神风貌的《徐庄之歌》《相约徐庄》等作品；每年利用节日开展歌舞比赛、知识竞赛、包粽子等活动，引导广大村民走到健康活力的舞台上；树典型、扬正气，以正反案例引领乡风文明；坚持"贴近实际、贴近群众、贴近生活"的原则，时时弘扬"微事迹"，人人争做"微模范"，定期开展"十佳好婆媳""最美人物""最美夫妻""最美家庭"等评比活动，并涌现出一批好邻居、好子女、好媳妇、好妯娌、好婆婆；陆续组建健康保健志愿队、护林爱绿志愿队、助老志愿队、巾帼志愿队等8支志愿队伍，共400余人参与，每年开展志愿活动30余次，覆盖村民活动的方方面面，有效填补了村委服务的空缺，激发了全体村民共建家园的主人翁意识。

（二）村民参与乡村建设

1. 推动乡村产业发展

乡村产业发展是实现农村全面振兴的重要组成部分，也是保障农民收入、促进农村经济增长的关键。本次的调研地兴仁镇主要以工业为产业发展中心，通过建设工业产业园，加快推进当地工业产业化、农村城市化的进程。在对徐庄村、兴仁村的入户调研中，队员们通过询问村民的家庭主要收入来源、农业生产收入、农业生产补贴、个人及子女的工作类别等问题，发现村民目前以在村内工业产业园工作或在外务工为主要收入来源，村民自有农业耕种用地的产出主要用作家庭食用，政府对退耕农田也给予了相应补贴。

徐庄村始终以产业兴旺为龙头，牢牢坚守"产业活村"的发展理念，充分发挥毗邻南通市主城区的区位优势，创设了通州区第一家村级工业集中区，共吸引54家工业企业入驻，其中，规模以上工业企业（以下简称规上企业）6家，工业产值超20亿元。兴仁村地处兴仁镇中心位置，多条高速公路交互贯通，交通十分便利，结合当地区位优势发展的特色产业蒸蒸日上。在工业产业园蓬勃发展的同时，村庄还利用自身生态环境优势大力发展郊野休闲观光农业，实现了第二、三产业带动第一产业的有机联动。

2. 推进乡村治理体系和治理能力现代化

乡村振兴旨在实现农业农村现代化，提高农民的生活质量和幸福感。基础设施建设作为支持乡村振兴的重要方面，对于改善农村交通、水电供应、信息通信等方面的条件具有重要意义。走进村庄，团队成员就注意到脚下笔直平坦的水泥路、路旁整洁美观的村民庭院和分布有序的公共设施。通过实地走访，团队成员了解到目前乡村交通条件得到极大改善，水电供应能力亦实现全方位升级。村内还建有生态绿化公园、健身步道、居民图书室等多个休闲场所，极大地丰富了村民的业余生活。

随着移动互联网的普及，乡村的信息通信也基本实现全覆盖，数字乡村建设成为推动乡村振兴的重要手段之一。在走访中团队成员了解到目前乡村的信息化水平显著提升，部分地区已经实现了基础设施信息化、公共服务数字化等方面的突破，村民在手机上就可以缴纳水电费和燃气费、参与村务治理、行使村民监督的权利等。村里的物流变得十分便捷，在村口就有快递驿站；受访村民中65岁以下人群基本都使用过网上支付、网上转账、网上购物等服务。电子商务在农村地区也发挥着重要作用，促进了农产品销售和农民增收，带动整体经济发展的效果显著，不断提升老百姓的幸福指数。

乡村治理参与也是推动乡村振兴的重要手段之一。通过广泛吸纳农民和社会各界参与乡村治理，来提高农民的自治能力和参与度，实现乡村治理的民主化、科学化和法治化。调研结果显示，受访村民在最近5年基本都以现场投票的方式参与了村委会选举，91％的人对选举程序非常满意并认为村里重大事项的决策可以代表大多数村民的意愿。随着乡村振兴战略的推进，农民对个人事务的管理和决策参与意识有所提高，合作社、村委会等社会组织在乡村治理中发挥着重要作用，将人民当家作主的制度体系落在了实处。

3. 完善农村社会保障体系建设

农村社会保障体系建设是实现乡村振兴战略的重要内容之一。当前，我国农村地区面临着人口老龄化加剧、就业结构转型、医疗保障不足等问题，需要加强农村社会保障体系建设，提高农民的社会保障水平和生活质量。完善农村社会保障体系能够在养老、医疗、失业等方面提供更好的社会保障服务，增强农民的获得感和幸福感。目前新农合医保在没有职工基本医疗保险的村民中的覆盖率约达到96％，村民薛奶奶为团队成员讲解2023年新农合政策，即最低缴费标准提升至350元，同时国家也同步提升了政府补贴标准，每人每年不低于610元。健全的社会保障体系可以减轻农民在风险面前的负担，鼓励他们更加积极地参与经济活动，推动农村经济可持续发展。开展调研所在的村庄都设有医务室，日常在村医务室量血压、开药十分方便。需要看病时，村民会根据自身具体的身体情况选择不同级别的医疗机构进行问诊。

（三）青年感知乡村发展

作为青年大学生，我们应该如何看待乡村振兴，如何参与其中，为乡村注入新的活力和希望，这是我们此次调研的内生动力。

乡村振兴不仅仅是经济的发展，更是民生的改善和社会的进步。通过推动乡村产业升级，改善农民的生活条件，提高农业生产效率，可以实现农村与城市的互补发展，缩小城乡差距。同时，乡村振兴也是保护和传承优秀的乡村文化和传统的重要途径。乡村的美丽风景和独特的民俗风情，是我国民族的瑰宝，也是我们青年人心中的乡愁。

乡村振兴是一项长期而艰巨的任务，需要全社会的共同努力和支持。青年人应当勇敢迈出步伐，去真正地了解乡村振兴并为乡村振兴贡献自己的力量。

1. 行走在田野乡间，用青年脚步丈量土地

习近平总书记在党的二十大报告中指出，要加快建设农业强国，扎实推动乡村产业、人才、文化、生态、组织振兴。为深入学习贯彻党的二十大精神，持续推进实践育人、乡村振兴育人，引导大学生们走出校园，深入社会、服务社会，在社会调查中了解国家支农惠农、乡村振兴等政策的初步成效，实践队成员全体前往乡镇、村庄开展调研。

行走在兴仁镇这一方土地上，首先映入眼帘的是整洁美观的村民庭院和分布有序的公共设施；道路两侧绿树成荫，虽在炎炎夏日仍感到一阵凉爽。成员们走进村委会，向工作人员详细询问村庄的基本情况。在交流中成员们了解到：徐庄村充分发挥其毗邻南通市主城区的区位优势，创办了通州区第一家村级工业集中区。兴仁村则地处兴仁镇中心位置，多条高速公路交互贯通，交通十分便利，结合当地区位优势发展的特色产业蒸蒸日上。

2. 问道于当地村户，用青年热忱体会民情

在村口大路旁，矗立的一个个大红色宣传牌让人眼前一亮。作为文明建设示范村的徐家村，在做实乡村产业的同时，着力打造"家和徐庄"这一文化品牌，以"家和"文化推动乡村治理。村民们对"家和文化"的建设感到十分自豪：村民徐阿姨热情地为队员们讲述徐家庄"以和为贵"的家风传统；张阿姨聊起她的孩子们满脸笑意，"儿孙们个个有出息又孝顺，我每天早上散散步、晚上跳跳舞，这就是我的好日子"。兴仁村内建有生态绿化公园、健身步道、居民图书室等多个休闲场所；同时还定期举办诗词赏析、合唱比赛等丰富的娱乐活动，让更多居民走出家门走上"舞台"。

时代发展的沧桑变化虽给村民们带来了生活上的诸多便利，但也产生了一些新的烦恼。虽然有很多青年人选择了就近就业，但也有相当一部分青年人在外打拼，剩下年迈的老人留守乡村。还有一些村民有想法尝试着进入城市生活，却因无力承受房价等方面的压力而感到失落。从村民们对于"出村镇、到城区频次"的回复表明，大多数老人还是一直生活在村庄里，很少去其他村镇或者城区，老人们对于新时代下数字经济的接受度也不太高。

整体而言，党的十八大以来，多项支农惠农政策出台落地，全面保障了农村居民的生活水平。"村里这条路是村委会出钱修的，路修好了出门可方便了"，村民刘叔叔骑着电三轮正准备去镇上采购；"从前用水不方便甚至常常停水断电，这种日子再也不会有了，现在家家都是自来水、天然气"，村民韩奶奶高兴地说道，"现在村里的物流十分便捷，在村口就有快递驿站"；村民们基本上都办理了新农合医保，日常在村医务室量血压、开药十分方便。当被问到给自己现在的生活幸福程度打分时，大家都露出发自内心的笑容，不少村民给出了8、9分的高分。

3. 整合起多方资料，用青年锐气思考破局

当下，乡村振兴已然成为我国发展的重要战略，也是广大人民群众的集体共识。作为青年人，我们应该以青年的锐气去思考乡村振兴的破局之道。乡村振兴不仅仅是经济发展的问题，更是涉及生态环境、社会文化、农民生活等多个方面的综合性问题，我们需要关注以下几个方面。

首先，要注重乡村的可持续发展。乡村振兴不能仅仅追求经济增长，而应该注重生态环境的保护和资源的合理利用。其次，要关注农民的权益和福利，我们应该保护农民的权益，为他们提供更好的教育、医疗、养老等方面的公共服务，让农民真正共享到乡村振兴的成果；同时，要提高农民的农业生产技能和管理水平，让他们能够适应市场需求的变化，提高所生产农产品的质量和竞争力。此外，要注重乡村文化的传承和创新，可以举办各种文化活动，打造乡村文化品牌，吸引更多的游客和投资者，为乡村振兴注入新的活力和动力。最后，要加强青年人的参与和引领。青年是乡村振兴的生力军，鼓励青年人积极参与到乡村振兴的实践中来，青年人可以通过创业、创新等方式，为乡村振兴注入新的活力和希望。

三、问题分析与对策建议

（一）农村养老服务发展不平衡不充分

江苏省南通市一直以来有"长寿之乡"的美名，在一体两面的视角下，这也意味着南通市的老龄化程度相对较高。根据"七普"数据，南通60周岁及以上人口为231.86万人，占30.01%。其中，65岁及以上人口为175.13万人，占22.67%；百岁以上老人1236人，占全省的13.6%。据《南通市"十四五"养老服务发展规划》估计，"十四五"时期，特别从2022年开始，南通人口老龄化程度将持续加深，到2025年老年人口约达到272万，净增长约36万人，年均增长率约2.8%。

人口老龄化持续加深，养老需求日益增长，而农村养老服务发展仍存在不平衡不充分的问题。经过团队调研发现，兴仁镇的养老问题主要体现在以下几点。

第一，乡村医疗队伍建设不足，从医人员专业化水平相对较低。在实地调研中实践队发现：一是村医年龄结构偏大，老龄化现象普遍；二是村医的待遇较低，造成年富力强的村医流失；三是工作强度大，大中专医学院校毕业生不愿意进入村卫生室工作；四是学历偏低，村医中专及以下学历的比例过半，整体素质不高。此外，乡村卫生所、医疗室缺乏必要而精密的医疗器械，诊疗能力有限，难以解决村民健康问题。

第二，养老护理体系不完善，护理人才流失。在消费升级的经济大环境下，老年人的消费支付能力不断增强，并对发展多层次、个性化、品质化、精准化的养老服务供给和保障体系提出了更高要求，传统家庭护理已无法完全满足老年人大幅提升的护理服务需求，以江苏省为例，全省失能老年人总数约为135万，如按照1∶6的配备比例，需要专业养老护理员17.5万人，缺口超过12万。

第三，养老服务设施和公共服务资源配置不足，文化养老供给紧张。生育率下降和寿命延长导致乡村少子化、长寿化现象日益显现。少子化使传统家庭养老服务功能急剧弱化，长寿化则带来了更加多样化的养老服务需求，尤其是对养老服务设施的需求。兴仁镇当地的敬老院、幸福院、老年文化中心等互助养老设施不足，且缺乏财务可持续性；在精神文化养老层面，缺乏老年兴趣爱好组织，老年文化活动内容较为单一。

《南通市"十四五"养老服务发展规划》指出，要立足实施积极应对人口老龄化国家战略的历史机遇及南通经济社会快速发展的有利条件，聚焦满足老年人多样化、多层次养老服务需求，着力解决养老服务发展不平衡不充分问题，以推动养老服务高质量发展为主题，以推进供给侧结构性改革为主线，健全完善服务体系，持续优化供给结构，不断提升服务品质，积极构建更加优质更加充分更加均衡的养老服务体系，努力提升广大老年人的获得感、幸福感、满意度。

近年来，南通市居家社区养老服务工作总体呈现出老有所养、服务高效、保障有力的发展态势。为响应"十四五"养老服务发展规划，结合实地调研与文献资料，实践队针对兴仁镇徐庄村的养老问题提出以下五点建议。

第一，借鉴城市的经验，充分发挥农村的优势资源，推进医疗与养老合并项目在农村地区的实践；根据农村的情况，设计特色老年护理方案，为老年人提供更多元的选择。为了满足农村老年人的医疗保健需求，必须推动农村的信息化建设，利用大数据实现精准定向，整合互联网技术与医疗养老产业，最终使之成为推动产业发展的核心动力。

第二，利用农村丰富的自然资源和优良环境，发展当地旅游业，以此来增加收益并留存一部分资产归于农村的医疗保健基金。同时大力招商引资，打造一个以农户为中心，政府、公益组织和个人长期共同参与的医疗保障网络。

第三，在宏观层面上，首先对农村的护理制度进行规范和建设，使农村老年人的生命和健康权益得到保障。其次，推进老年护理领域的立法工作，以法律的形式设定从业人员的准入标准，同时保护从业人员的合法权益。最后，在老年护理领域现有的基础上进行持续改进，引入更多的参与者，推动护理系统多样化、层次化。

第四，对医疗与养老相结合的养老机构的医护人员职称评价体系进行深度完善，尤其需要关注养老护理员的薪资待遇、职位补贴的发放及职业尊严等方面。让更多的年轻人在进入养老护理行业后，看到这一领域的职业前景，感受到价值感和成就感，在其中施展抱负。希望国家机关能够制定相应的政策，为相关职业的发展提供通途，科学地设立医养结合机构医护人员的职务评定标准，继续完善医护专业技术人员的薪资激励体系，做到从宏观层面强化对养老服务人才的培养。

第五，以关注老年人身体健康与心理健康为基础，创新文化养老服务供给方式。支持老年人参与多样化的社交活动、文化活动，做好政策保障工作，推进文化养老体系建设，营造文化养老社会氛围。建议以农业旅游项目发展为契机，将文化养老与农旅产业相结合，依托兴仁镇当地的优势，打造文化养老田园旅游品牌。

（二）城乡融合发展有待加强

自20世纪改革开放以来，我国在统筹城乡发展及推进新型城镇化方面取得了显著成果。然而，城乡要素流动的障碍和公共资源配置的不合理性仍然明显，制约了城乡融合发展的进程。目前，尚未根本消除影响城乡融合发展的体制机制障碍。进入21世纪后，我国政府针对这些问题，相继推出了多项宏观战略举措，从统筹城乡发展战略，到脱贫攻坚战略、乡村振兴战略，再到健全城乡融合发展体制机制，目标均在于破解城乡二元结构矛盾，为新时代我国城乡关系的创新发展提供战略方向和新的推动力。

在我国的现代化建设道路上，农业现代化一直是亟待加强的环节。作为拥有14亿多人口的大国，必须在发挥工业化驱动作用和把握城镇化发展趋势的同时，注重农业现代化的基础地位。通过建立健全城乡融合发展体制机制，能够夯实农业现代化的根基，促进其与工业化、城镇化、信息化和绿色化的协同发展。这一并联式的发展过程将有助于我国在现代化建设的道路上取得更加显著的成就，为全面建成社会主义现代化强国奠定坚实的基础。

兴仁镇徐庄村在经济发展方面采取了有效的策略，通过创办工厂和发展电商业务，加强了与外界的连接和交流，使得经济情形呈现出良好的增长势头。这一发展模式具有借鉴意义，值得推广。通过建立新型农村电商综合服务平台，为城市与农村的双向互通打造绿色通道，推动着城乡产业经济圈协同发展。

此外，推动城乡融合发展还有以下路径。

首先，全面加强城乡产业深度融合。在城乡产业链中，城市应着重拓展技术密集型和资金密集型领域，提升产业竞争力。同时，农村地区应着力推进"农业＋"发展模式，促进农业与农产品精深加工、生态旅游、电子商务等新产业的深度融合。农村作为重要的生态产品供给地，还可以建立健全生态产品供需对接机制和生态资源权益交易机制，充分实现生态产品价值。

其次，着力构建城乡要素激活机制。解决农村资源闲置和低水平利用的问题是推进城乡融合的关键环节，应以农村土地制度改革为突破口，构建农村资源资产价值实现机制和城乡要素自由流动机制。在此基础上，应充分显化农村产权价值，建立完善的市场化机制，引导城市要素与乡村资源有机结合。通过优化城乡要素配置，促进城乡要素由相互争利向共同创造和分享转变，从而打造乡村新的经济增长点。

参考文献

[1] 中共中央、国务院印发《乡村振兴战略规划（2018—2022年）》[N]．人民日报，2018-09-27（1）．

[2] 汪立峰．准确把握新时代实施乡村振兴战略的总体要求[N]．光明日报，2018-05-10（6）．

[3] 南通市统计局，国家统计局南通调查队．南通统计年鉴2022[M]．北京：中国统计出版社，2022．

[4] 陶韬．南通市农村专业技术协会：发挥组织优势赋能乡村振兴[N]．江苏科技报，2023-06-28（A16）．

[5] 廖彩荣，陈美球．乡村振兴战略的理论逻辑、科学内涵与实现路径[J]．农林经济管理学报，2017，16（6）：795-802．

[6] 刘培林，钱滔，黄先海，等．共同富裕的内涵、实现路径与测度方法[J]．管理世界，2021，37（8）：117-129．

[7] 徐勇. 由能人到法治：中国农村基层治理模式转换——以若干个案为例兼析能人政治现象[J]. 华中师范大学学报（哲学社会科学版），1996（4）：1-8.

[8] 刘彦随. 中国新时代城乡融合与乡村振兴[J]. 地理学报，2018，73（4）：637-650.

[9] 车静. 积极老龄化视角下农村社区老年人文化养老服务供给研究——以泸州市通滩镇为例[D]. 昆明：云南财经大学，2023.

关于加强重庆市荣昌区人民法院党建品牌的提炼与创建的建议

唐 娜[①]

一、研究背景

党的十九届六中全会通过的《中共中央关于党的百年奋斗重大成就和历史经验的决议》（以下简称《决议》）提出："全党必须铭记生于忧患、死于安乐，常怀远虑、居安思危，继续推进新时代党的建设新的伟大工程。"习近平总书记强调："伟大斗争，伟大工程，伟大事业，伟大梦想"；"其中起决定性作用的是党的建设新的伟大工程"。《决议》统揽"四个伟大"，明确提出这一重大任务，并把党的建设上升为习近平新时代中国特色社会主义思想的重要内容予以专门强调，赋予新时代党的建设崇高历史使命和重大全局意义。

当前，世界百年未有之大变局加速演进，不稳定性不确定性明显加剧。我国发展不平衡不充分问题仍然突出，前进道路上仍然存在可以预料和难以预料的各种风险挑战，甚至会遇到难以想象的惊涛骇浪。复兴征程千难万险，前途命运全系于党。继续推进新时代党的建设新的伟大工程，就是要不断提高党的执政能力和领导水平，使全党大力弘扬伟大建党精神，

---

① 唐娜，公共管理学院 2021 级硕士研究生，2022 年"喻竹计划"重庆荣昌实践队成员，挂职于重庆市荣昌区人民法院。

第一部分 "喻竹计划"系列调查报告

常怀远虑、居安思危，敢战能胜、勇毅前行，做到难不住、压不垮，推动中国特色社会主义事业航船劈波斩浪、一往无前。

坚持和加强党的领导，必须从党的基层组织抓起。基础不牢，地动山摇。要树立大抓基层的鲜明导向，下力气把基层党组织打造成为让党中央放心、让人民群众满意的战斗堡垒。坚持有形覆盖与有效覆盖相统一，以提升组织力为重点，突出政治功能，分类推动各领域基层党组织建设，让农村党建更贴心、城市党建更精彩、国企党建更扎实、机关党建更奋进，努力绘制政治引领、各具特色、培基铸魂的基层党建生动画卷。

中共荣昌区委对标对表党中央决策、重庆市委部署，将2022年确定为"党建全面从严落实年"，全面发挥党建"定盘星"作用，为荣昌区经济社会高质量发展提供坚强政治保障。2022年5月18日，全区"党建全面从严落实年"主题活动推进会召开。会议强调，要坚持开门搞活动，广泛听取和收集群众意见建议，把群众对干部的良好口碑作为主题活动的第一目标和根本追求。要加强督促指导，严格实行问责追究机制，确保按时按要求高标准完成各项工作任务。要持续营造浓厚的舆论氛围，充分利用好报刊、电视、广播、"两微一端"等新闻载体，用好"小院+"平台，开展全方位、多角度、立体化的宣传推介，持续营造良好的社会氛围。要用创建品牌的形式，把主题活动的好经验、好做法总结下来、固化下来，争取打造在全国、全市拿得出手、叫得响亮、有荣昌特色的党建品牌。

"党建"和"品牌"是两个不同领域的概念。品牌是商业用语，把品牌引入党建工作，形成示范带动作用，是近年来各级党组织抓基层、强基础、创新基层党建工作的重要手段和基本经验。所谓党建品牌，是指党组织在根据党的建设的要求，以完成中心工作和中心任务、服务党的事业发展为目标，以加强党的长期执政能力建设、先进性和纯洁性建设为主线，运用品牌管理的理念，结合基层党建工作的实际和特点，凝练提升党建工作的亮点、特色、成果、经验和规律等，探索符合新时代特点的党建工作新办法、服务中心工作的新路径、党支部战斗堡垒作用发挥的新模式、党员发挥先锋模范作用的新领域等，形成具有一定导向示范价值和辐射价值的基层党建标志性工作和精品工程。党建品牌属于政党文化范畴，实质上是党建文化的培育和传播。基层党建品牌化建设，不是党建政绩的营销策略，而是提升基层党组织建设质量的内在要求。

二、其他经验

重庆市渝中区人民法院始终坚持把抓实党建作为最大政绩，把提升组织力作为重要抓手，把抓强队伍建设作为重要工作，更加注重系统观念、法治思维、强基导向，深入开展"走在前、显一流、做模范"活动，创新"1347"党建工作法，各项工作取得明显成效。明确盯准"一个"目标，人民群众认可度满意度切实提升，法院工作报告赞成率连续3年屡创新高。紧紧围绕习近平总书记对司法机关提出的"努力让人民群众在每一个司法案件中感受到公平正义"这一目标，实现把"一个一个案件办好"。2021年，渝中区人民法院被最高人民法院表彰为人民法院党建工作先进集体，渝中区人民法院机关党委被中共重庆市委表彰为重庆市先进基层党组织。

渝中区人民法院推动党建工作与审执工作双轮驱动，着力打造"更好最好的诉讼服务""更好最好的审判效益""更好最好的执行兑现"三大党建品牌，创先争优特质融入中心工作，2016年以来，各项工作获得市级以上表彰奖励106次。

党建引领诉讼服务更优。以"人民法院老马工作室"为牵引，渝中区人民法院做优做实诉讼服务、诉调对接、速裁快审三个平台建设，努力让便民服务"有品质、有形象、有温度"，让纠纷解决"不费时、不麻烦、少花钱"，让诉讼过程"更高效、更便捷、更省心"，因此获评全国法院一站式多元解纷诉讼服务体系建设先进单位。

党建推动审判效益更高。切实发挥基层党组织把方向、管大局、保落实的作用，牢牢把握司法的政治属性和社会属性，持续强化对审判工作的组织领导。2016年以来，渝中区人民法院共审执结案件279023件，连续3年法官人均结案率居全国法院前列，连续5年获评全市审判工作先进法院。

党建助力执行兑现更好。渝中区人民法院鲜明提出"一个执行团队就是一面旗帜",在 8 个执行团队中建立党小组,在决胜决战"基本解决执行难"中攻坚在前、冲锋在前,4 项"基本解决执行难"第三方评估验收核心指标全部达标,受到最高法院司法巡查组肯定,连续 5 年获评全市执行工作先进法院;突出抓好"四化"建设,政法队伍政治能力全面强化,获评全国法院党建创新案例。

三、荣昌区人民法院党建现状

(一)荣昌区人民法院党建工作成效

荣昌区人民法院认真贯彻落实党中央决策部署和市委、区委工作要求,深入贯彻机关党的建设工作会议精神,围绕"六项行动"核心要义,深化法院党建工作,充分发挥 6 个党支部的战斗堡垒作用和党员先锋模范作用,坚持抓党建带队建促审判,在乡村振兴、基层治理等方面工作上取得良好成效。

一是做实乡村振兴工作。为推动脱贫攻坚与乡村振兴有效衔接,按照区委要求,选派政治素养高、业务本领强、群众基础好的党员扶贫干部 1 人到重庆市荣昌区远觉镇蔡家坪村任法院驻村工作队队长,了解、协调、解决工作队在驻村工作中遇到的困难,进一步提升工作实效;组织为远觉镇提供帮扶物资、资金共计 3 万元,为蔡家坪村提供帮扶物资、资金共计 4 万余元,同时在"832 平台"(即脱贫地区农副产品网络销售平台)上购买农产品 20 余万元,为乡村振兴工作添砖加瓦。

二是做新基层治理工作。围绕服务国家高新区设立"园区法庭",抽调模范党员担任法庭工作人员,充分发挥先锋模范作用,建立了集综调、立案、审判、执行及回访等于一体的商事纠纷解决中心。同时在全市率先申请设立重庆知识产权法庭巡回审判站,经重庆市高级人民法院批复同意,设立重庆知识产权法庭荣昌巡回审判站,着力服务高新技术企业和产业创新发展,为荣昌区构建"一城一区五中心"创新格局提供司法保障。

三是做优"我为群众办实事"实践活动。主动深入14户规上工业企业逐一开展法律服务,为企业纾困解难,保障企业复工复产。组织制定《"百名法官进小院"活动实施意见》,深度推广强基导向"六项工作"到"新风小院",开展"百名法官进小院"活动数十次,有效解决了农村群众学法难、懂法难、用法难问题。

四是做好巡察整改工作。坚决扛起巡察整改第一责任人责任,针对区委巡察组反馈的问题,端正态度、高度重视,按照"整改不力是失职,不抓整改是渎职"的工作理念,对反馈的问题逐一梳理研究,组织召开院党组会及时讨论,通过了反馈问题整改方案及问题责任清单,制定了15条整改措施,有序推进各项整改工作。

(二)荣昌区人民法院党建品牌创建存在的不足

1. 创建党建品牌的政治站位不够高

关于"党建品牌是什么?""它有什么政治功能?""创牌怎么做?"这些问题的认识,不论是党支部书记,还是支部委员,抑或普通的党员干部,都或多或少存在政治站位不高的情况,主要表现为:对党建品牌是什么没有清晰的概念;对党建品牌有什么政治功能、如何发挥一知半解;对党建品牌融入中心工作的方式方法和步骤不甚了解;对创建党建品牌没有独立的思考,只是人云亦云、模棱两可。这些表现都说明一个问题,即党员干部没有站在全面从严治党的大背景下去思考党建品牌和创牌工作的政治价值、政治意义,思想不统一,不认为创牌是一项政治任务、政治工作,只将其理解为一项普通的工作。这种认识上的偏差导致党员干部的政治站位较低,视野和思路比较狭隘,创牌的思路不够清晰、方案不够有规划性和针对性、步骤不够严谨、措施不够具体。

2. 创建党建品牌的工作开展缺乏创新性

党建工作的开展过程中,受到各种社会价值观念的冲击和开展环境条件的影响,党建工作存在重重困难,不能有效地凸显党建品牌构建的效率和优势。因此,在基层党建工作开展的过程中,固化的思维模式和工作方法，若不能有效保障党建品牌的深入发展，对于品牌价值的构建也就无从谈起。

3. 创建党建品牌缺乏制度化的有效引导

在建设基层党建品牌的过程中，科学指导制度的保障和约束，能够有效地提升党建工作的规范化和科学化，从而最大化地发挥党建品牌的价值。若党建工作的开展缺乏制度保障，不具备良好的保障性和执行性，会导致始终无法建立起规范化的党建品牌。

4. 党建品牌的作用发挥不充分

党建的最终目的是统一思想、凝聚共识，形成推动经济社会行稳致远的强大合力。创牌是机关党建的重要内容，创牌的过程就是凝聚人心、形成强大合力的过程，各类党建品牌就是服务中心、建设队伍的抓手和平台，或者说，是一种体现了"围绕中心、建设队伍、服务群众"工作思路、对经济的发展和人民群众生活满意度的提升有积极促进作用的具体工作方法。但是目前存在的问题是，基层党组织的创牌过程并没有发挥其应有的政治动员力和政治引导力。不论是作为一个平台、一种创新的工作机制，还是一种具体的工作方法，党建品牌的使用范围都十分有限，作用发挥的空间亦有限。

四、意见建议

党建品牌是衡量一个基层党组织党建质量水平的重要标志。党建品牌的建设促使基层党组织党建工作更具特色，实践载体更加丰富，辐射效力更广。具体而言，荣昌区人民法院创建党建品牌可从以下几个方面发力。

（一）严格落实党建工作责任制，树立党建品牌意识

从调研情况来看，党建品牌是指引党建工作不断发展，使党建工作不断释放出活力、不断展现出激情、不断迸发出生机的重要元素。只有在党

建工作的开展中，不断提高党建品牌的正面影响力，提高党建工作的有效性，才能够充分转化并彰显出党建工作的实际效果。荣昌区人民法院应定期加强党建品牌意识教育，使党员们从思想上增强党建品牌意识，尽力提升维护党建品牌的自觉性、主动性和积极性。通过相关思想政治教育，督促个体自觉将党建品牌意识贯穿到党建工作的全过程，融入党组织的日常工作中，下沉到服务工作的每一个环节，自觉地将党建品牌与党建工作及其他各项工作有机地联系在一起，提升党建品牌的影响力，使党建品牌不仅仅停留在口头上、表面上，而且要深入党建工作及其他各项工作的内部。

创建党建品牌的意义可以用八个字来概括：内聚人心，外塑形象。一是内聚人心，即实现党建工作从零散到系统、从无序到有序、从特点到特色的转变，使广大党员干部干有方向、行有参照。二是外塑形象，即实现外界对党组织形象的清晰认知，树立党组织的良好形象，从而产生口碑效应。创建党建品牌不仅可以提高外界对党组织的认知度、忠诚度和美誉度，而且可以促进党建工作与中心工作的有机融合，对于点燃红色引擎、激发内生动力具有重要意义。

荣昌区人民法院应严格落实党建工作责任制，增强党建工作的责任感和使命感，认真履行党建"第一责任人"职责，切实把基层党建工作扛牢扛实，坚持每季度召开一次党建工作推进会，每半年总结一次党建工作开展情况，进一步增强"四个意识"，坚定"四个自信"，做到"两个维护"；以提升领导班子和党支部能力水平、建设服务型党组织为目标，开展法院特色党建品牌创建活动；按照"发挥特色优势，培育党建品牌，服务法治建设"的工作理念，通过创建党建品牌，积极发挥党建品牌的示范带动作用，引导全院立足岗位、敬业奉献，涵养"忠诚、干净、担当"的民本情怀，推进"为群众办实事示范法院"创建活动全面开展；持续加强党员教育，坚持把学习贯彻习近平新时代中国特色社会主义思想、习近平总书记最新重要讲话和重要指示批示精神、党的十九届六中全会和党的二十大精神，作为党组会、党组理论学习中心组、党支部集体学习的"第一议题"，同时可以充分利用周五学习日、专题党课、学习强国App等形式实现学习教育全覆盖，有效夯实党员的思想基础。

(二)加强创建党建品牌工作中的谋篇布局

创牌是机关党建的重要内容,要站在法院党建工作全局角度思考创牌的政治意义,既要考虑创牌对经济社会发展的能动作用,又要重视创牌在党的自身建设方面产生的积极作用,坚持把创牌融入党建的各个环节,以创牌为契机,引导各级机关党组织加强自我革命,不断自我净化、自我完善、自我革新、自我提高。创牌是一项系统工程,包含策划、实施、检查指导和督促落实等多个环节,各个环节相互渗透、联系紧密,缺失任何一环,都会对创牌整体工作造成负面影响。基层党组织及党员干部既是创牌工作参与者,又是创牌工作责任方,要在各个环节密切配合,形成合力,以高质量的创牌工作打造高品质的党建品牌,为经济社会发展注入强大的政治动能。

(三)加强创建党建品牌工作中的沟通协调

有效沟通是解决各种问题的先决条件,法院各党支部之间要加强创牌工作中的有效沟通。党组(党委)、领导班子要以身作则、积极宣传、层层动员,调动党员干部的主观能动性和工作激情,引导党员干部踊跃参与创牌,在机关内掀起创牌高潮。党组(党委)书记、"一把手"要履行机关党建第一责任人职责,可以通过召开"三会一课""主题党日"活动等形式认真开展创牌大调研大讨论,组织党员干部运用行动学习法各抒己见,为创牌工作集思广益凝聚智慧,使创牌工作成为各级党组织的集体事业。机关党组织要组织协调各级党支部认真落实反映集体智慧成果的创牌工作计划,做好各类工作信息的收集,遇到问题应主动向上级党组织寻求支援,以推动创牌工作扎实开展。各级党支部是创牌工作的主战场、第一线,要在党组(党委)和机关党组织的指挥下,组织全体党员干部踊跃实践、积极创牌,认真贯彻落实各项工作措施,发现问题不拖不等也不靠,第一时间研究、第一时间解决、第一时间反馈,不断总结经验教训,用真抓实干推动创牌工作落地生效,在实践中不断提升党性,为经济社会发展和人民群众的幸福生活撸起袖子加油干。

◻ （四）找准创建党建品牌工作和中心工作的结合点，充分发挥党建品牌的政治功能

习近平总书记多次强调，解决机关党建"两张皮"问题，关键是找准结合点。结合点的选择应当坚持两个"最"：最有利于基层党组织发挥战斗堡垒作用，凝聚社会力量共克时艰，推动各项工作向前发展；最有利于党员发挥先锋模范作用，在惠民生上当表率，提高人民群众满意度。创牌工作要在选好结合点上下功夫：一是在服务群众最直接的地方设立党建品牌，例如采取设立"党员先锋岗""示范点"等形式，引导、鼓励党员干部在工作一线热情服务人民群众，让广大群众感受到党的温暖，彰显党员干部的先进性；二是在重大工作任务中设立党建品牌，例如采取建立党员突击队、攻坚组的形式，教育、引导党员干部在急难险重岗位做奉献，充分发挥党员先锋模范作用；三是在日常工作中积极开展创牌工作，围绕传承党的优良传统和工作作风，着眼推动中心业务，教育和引导党员扎实工作、无私奉献，打造团结奋进、积极担当作为的政治生态。

◻ （五）发挥好创建党建品牌工作中的创新优势

荣昌区人民法院党建品牌建设工作的开展，要做到以实际建设效果为基本的工作导向和出发点。在进行党建工作的过程中，可以通过改变工作形式和方法，保障各项工作内容的有效落实。在思想上大胆创新，改变守旧的思维形式，在符合科学价值观的要求下，创新工作模式，提出各种卓有成效的工作方法。要进一步发挥党组织和党员作用，致力于党建工作方式再创新、内容再丰富、质效再提升，通过多种多样、丰富多彩的有效载体，整合党建资源，形成工作合力，把党的先进理念转化为鲜活实践，提升工作实践。在建立商事纠纷解决中心、运行重庆知识产权法庭荣昌巡回审判站、深化成渝地区双城经济圈司法协作等工作中，做到与党建工作目标同订、任务同下、责任同查。在深入实施强基导向"六项工作"与"百

名法官进小院"的过程中,荣昌区人民法院可持续运用"党建+"思维,充分发挥党建引领作用和党员先锋模范作用,推动审判执行业务工作走深走实。在打造党建品牌建设的过程中,荣昌区人民法院可以充分发挥创新工作方法的优势,深入贯彻执行党建工作的价值理念。

关于源头治理背景下基层社会多元化人民调解机制完善的调查研究[①]
——以湖北省 S 县为例

赵国栋[②]

当前，面对基层社会矛盾纠纷日益增长的现实，党中央提出了加强诉源治理、推动矛盾纠纷源头化解、完善多元化纠纷解决体系的要求。通过对湖北省 S 县的实地调研，我们发现对于基层矛盾纠纷的化解，不仅要基于矛盾纠纷的性质对其进行抽象的分类总结，更要将其嵌入矛盾纠纷发生的社会环境中进行考察。在此基础上，多元化人民调解机制通过采取社会、法治与行政手段相结合的方式，实现了自治、法治与德治的有机融合。但与此同时，多元化人民调解机制仍然面临着社会自治能力疲弱、人民调解泛化、多元规则冲突的困境。基于此，我们提出了发挥党政力量引导作用、培育基层组织力量以及推进法治化的人民调解等优化措施，以期推进多元化人民调解机制逐步完善，发展新时代的"枫桥经验"，从而实现社会善治。

一、导言

2020 年，中共中央颁发《法治社会建设实施纲要（2020—2025 年）》

[①] 该报告入选 2023 年全国大学生"三下乡""返家乡"社会实践优秀调研报告。
[②] 赵国栋，法学院 2021 级博士研究生，2023 年"喻竹计划"武汉经开区博士实践队成员，挂职于武汉市经开区信访局。

（以下简称《实施纲要》）明确提出推进社会治理法治化，完善社会矛盾纠纷多元预防调处化解综合机制，努力将矛盾纠纷化解在基层。2021年2月，中央全面深化改革委员会第十八次会议审议通过的《关于加强诉源治理推动矛盾纠纷源头化解的意见》强调法治建设既要抓末端、治已病，更要抓前端、治未病。要坚持和发展新时代"枫桥经验"，把非诉讼纠纷解决机制挺在前面，推动更多法治力量向引导和疏导端用力，加强矛盾纠纷源头预防、前端化解、关口把控，完善预防性法律制度，从源头上减少诉讼增量。当前，基层矛盾纠纷的日益增长，造成了政府治理压力的增加，以及法院诉讼案件量的暴增。但现实情况是，远离矛盾中心点的行政与司法力量，对纠纷的复杂性缺乏了解，所有的纠纷不可能都通过诉讼的渠道解决，司法调解和行政调解等其他非诉讼纠纷化解机制也无法应对复杂的社会纠纷，因而推动矛盾纠纷的源头化解被逐渐提上日程。人民调解作为一种社会自我化解矛盾的方式，在纠纷的源头化解中发挥着重要的作用。与其他的纠纷化解机制相比，人民调解具有无可比拟的优势：其非讼性，有利于纠纷主体通过协商的方式化解矛盾；其灵活性，有利于通过社会自发调整整合国家法律与社会自治规则；其人民性，有利于逐步引导社会共治性的达成。实际上，人民调解机制为实现基层"自治、法治、德治"的有机融合提供了可能性。自土地革命时期人民调解制度的萌芽，到我国宪法对其法律地位的确立，再到《中华人民共和国人民调解法》（以下简称《人民调解法》）的通过，以及人民调解制度的规范化、制度化和后续研究与实践的推动，人民调解制度的建设已经经过了漫长的探索。截至2023年10月，司法部最新公布的数据显示，目前全国共有人民调解委员会69.3万个，人民调解员317.6万人，人民调解委员会和人民调解员基本实现了对乡村、社区的全覆盖。但与此相悖的是，人民调解在基层矛盾纠纷调解实践中却没能很好地发挥其功能。虽然该制度起到了一定化解矛盾的效果，但是仍旧有大量的矛盾纠纷通过诉讼或者司法调解、行政调解等非诉讼方式解决，给社会治理造成了巨大的压力。因此，想要发扬"枫桥经验"，实现将矛盾纠纷化解在基层，达到"小事不出村、大事不出镇、矛盾不上交"的社会善治目的，必须注重人民调解制度功能的发挥。

围绕人民调解制度的理论、文本与实践，学界展开了热烈的研究，大体可以分为以下几个方面。

一是人民调解制度的规范化研究，如侯怀霞、张少华、范愉等人开展的关于人民调解性质及人民调解协议效力的研究。有学者把人民调解制度概括为我国现行调解制度的一个组成部分，是人民群众进行自我教育、自我管理、自我服务的一种自治活动，属于公民运用私权解决纠纷的范畴，是社会治理的一种重要形式，具有群众性、自治性、准司法性的基本特征。范愉教授也认为《人民调解法》维持了我国宪法的既有框架，使其向民间性、群众性、自治性回归，因为人民调解协议具有法律效力，经法院确认或特定纠纷中经公证机关公证后具有强制执行力等特点，所以人民调解具有准司法的性质。有的学者认为，死守人民调解自治性的特点不放，不利于人民调解制度的有效开展，因此他们主张人民调解已是一项公共产品，应该按照公共产品的定位来配置人民调解的各项制度，并展开各项建设活动。王亚新教授通过对《人民调解法》进行分析，认为人民调解协议的"法律约束力"应当被理解为区别于并高于、强于民事合同的法律效力，同时其仍未具备与法院的判决书或调解书及仲裁裁决等同样的强制执行力。在司法审判实践中，随着对人民调解协议反悔的案件出现，有的学者进一步表示，人民调解协议的法律效力应该被明确。如李喜莲教授认为法官在确定因反悔人民调解协议致诉案件的审理对象时，应结合人民调解协议乃解决纠纷过程中所生概念之本质，遵循当事人的诉讼请求决定法院审理范围的基本法理。

二是对人民调解制度功能的研究。不同于规范化研究中对《人民调解法》本身的研究，这一类研究主要关注人民调解制度在实际运作中的功能定位及发挥。有的学者认为，人民调解制度从其制度发展演变的历史来看，具有浓厚的政治功能色彩。通过对人民调解制度历史演进的梳理，王丹丹发现人民调解制度在早期承担着政治宣传、动员和行政功能，而且时至今日，人民调解制度的政治功能仍然显要。在讨论人民调解的主流话语系统中，人民调解常常被称作维护社会稳定的"第一道防线"。范愉教授指出，人民调解制度除了有纠纷解决功能之外，还有社会治理、传承文化与道德等社会功能和政治功能。

三是对人民调解制度实践机制的研究。对人民调解实践机制的研究，构成了人民调解制度的另一个进路。这一类型的研究将关注的重点放在了人民调解制度在实践中的具体运作，关注诸如人民调解工作模式、人民调解技巧、专业性人民调解、人民调解员队伍建设等主题，希望通过调整或完善人民调解制度在实践中的运作来促进人民调解的发展。

综上，学界对人民调解制度的研究主要集中于人民调解制度的规范化研究、人民调解制度功能的研究与人民调解制度实践机制的研究。人民调解制度的规范化研究侧重于厘清人民调解的性质、人民调解协议的效力及人民调解形式与其他解纷模式，尤其是其与诉讼之间的关系。学者们试图通过建构起足够完善的结构设计来规范人民调解制度，并使其在现实中发挥出应有的作用。制度功能的研究，侧重于关注人民调解制度在现实运作中多面向的功能呈现。人民调解制度实践机制的研究体现出人民调解现实运作的复杂性，其具体的调解经验对于调解的开展也有一定的借鉴意义。但是，这三种研究路径都有一定的局限性，缺乏人民调解制度功能发挥对法治社会建设的作用的整体性考察，相对局限于对人民调解制度本身的建设。因此，本研究基于湖北省S县的调研过程对人民调解制度进行实证研究，探讨这一制度在法治社会建设进程中的意义。实质上，通过人民调解制度，我们不仅要达到化解社会矛盾、促进社会和谐的目的，而且要实现对社会存在和社会发展各要素的有机整合。

二、研究对象与研究方法

（一）研究对象

本调研报告属于质性研究，拟采用个案实证分析的方法，通过某一地区人民调解制度实践机制的呈现，分析其运作的背景、机制、特点、功能、后果及可能的优化路径。作为个案，只要能集中体现某一类别，那么不论这个类别的覆盖范围有多大，该个案就具备了典型性，而个案研究就是对这种典型性的分析本文选择一个合适的研究对象，旨在通过该研究对象来阐明人民调解制度的一般性问题。

1. 湖北省 S 县情况简介

本次调研地点为湖北省 S 县，该县位于大城市郊区，属于城郊县。该县下辖 7 个街道，共包括 52 个社区、53 个行政村，共有人口 62 万人左右。该县产业类型多样、产业链条完整，既有高端科技研发产业，又有完整的加工制造业，更有丰富的服务业及扎实的农业基础。基于当地产业链布局完整、职业群体多样化的特点，该县居民的聚居形成了多元化的社区布局。在该县域内既存在商品房社区、职工型社区、租赁型社区、还建社区、老旧社区这几种典型的城市社区类型，又仍旧保留着乡土特色的农村社区，属于典型的城郊社会。该县既有城市社会要素，又有典型的乡土社会要素，因为该县处于城市扩张的边缘地区，所以其集中体现了社会转型的特点，因此该县域内关于人民调解的实践经验，较为全面地涵盖了我国人民调解制度的一般特点。

2. 调查对象

为更加全面深刻地了解湖北省 S 县人民调解的制度实践，充分保证被调查主体的全面性，本次调查对象涵盖了县政府有关部门、街道办事处内设机构、社会机构、基层群众性自治组织、当地居民等多方面主体，主要包括县委政法委、县司法局、县信访局、县专业性人民调解委员会、县人民法院、镇政府、镇综治中心、镇司法所、乡镇人民法庭的政府工作人员及居委会（村委会）成员等。

（二）研究方法

1. 深度访谈

本次调查研究，主要采用非结构式访谈的方法，对县域范围内的各个治理主体进行深度访谈。在一个月左右的时间里，调查者基于当地基层治理网络和治理层级，选取了具有代表性的研究对象进行全面、深度的自由交谈。为收集到更为翔实的信息，调查者对每个调查对象的访谈时间都保证在 2 小时以上。通过这种全面且深入的访谈，调查者对当地的社会背景、社会结构、纠纷类型、人民调解机制等情况进行了较为系统的了解。

2. 参与式观察

在调研过程中，调查者通过参与实践单位的具体业务工作和活动，如参与各部门联席会议、接待矛盾纠纷当事人、化解具体矛盾纠纷等，了解相关工作的运转情况。通过这种参与式观察体验，调查者也更为直观地感受到人民调解制度的运作特点及其不足之处。

三、S 县基层矛盾纠纷的类型与多元化的人民调解机制

（一）城郊社会基层矛盾纠纷的类型

当前学界对矛盾纠纷类型的划分，主要依据矛盾纠纷的性质进行分类，通过对矛盾纠纷的类型化，抽象出每类矛盾纠纷的共性，以便对其进行一般化的处理。但是，这种对矛盾纠纷的类型化也遮盖了其背后复杂的社会因素。现实中，纠纷往往因不能得到就地解决，而使得纠纷主体之间的矛盾激化，从而对社会治理造成巨大的压力。

从矛盾纠纷的性质来看，S 县的基层矛盾纠纷类型包括婚姻家庭类纠纷、邻里纠纷、物业管理类纠纷、金融纠纷、就业纠纷、校园纠纷、医疗纠纷、环保纠纷、劳资纠纷、交通事故纠纷、债务纠纷、土地山林纠纷、消费纠纷、社区管理纠纷、人身损害赔偿纠纷、非正常死亡纠纷、房地产纠纷、征地拆迁纠纷等。可以说，当地既有传统的家庭、邻里纠纷，又有现代化商业、专业性纠纷，还有随着社会发展过程中新问题的出现而引发的时代性纠纷。S 县基层矛盾纠纷的类型基本涵盖了我国当前大部分地区的矛盾纠纷类型，因此以该地区为例，对我国的基层矛盾纠纷进行研究，具有充分的典型性。但是关于如何通过人民调解将矛盾纠纷有效地化解在基层，就要求我们不仅要根据矛盾纠纷的性质对其进行类型化、一般化的划分，还需要对矛盾纠纷发生的社会环境有深刻的理解，即将矛盾纠纷嵌入其发生的社会环境中去考察。

对社会关系与社会环境的考察，形成了我们观察基层矛盾纠纷的另一种视角。在不同的职业群体与不同的社会环境中，所产生的矛盾纠纷具有完全不同的特点。这种矛盾纠纷的不同特点首先反映在市民社会与乡土社会的差别上，具体又体现为不同类型的社区内部矛盾纠纷的差别。

1. 市民型社区的矛盾纠纷

市民型社区是一种由不同的职业群体共同组成的社区，根据职业群体的稳定性及社区环境的不同，基本上可以分为职工型社区、商品房社区、租赁型社区。不同的社区，其内部矛盾纠纷呈现出不同的样态。

（1）职工型社区的矛盾纠纷

职工型社区的内部矛盾主要由房屋老化等问题引发，矛盾纠纷主要体现为邻里矛盾与物业管理矛盾。

> A书记：本小区居民主要为原来某国企的职工，其住房为国企的福利房。小区于20世纪90年代及至2012年分批建成，小区内部的居民特点表现为"三高一无"，即高素质、高学历、高要求、无低保户。社区内的主要矛盾纠纷在于房屋老化所引发的房屋漏水、噪声扰民、隔音效果不好等问题。这样，纠纷发生的类型主要是邻里纠纷与物业管理类的纠纷。

（2）商品房社区的矛盾纠纷

商品房社区中的矛盾纠纷主要由业主对房屋质量及社区建设不满引起，矛盾纠纷主要体现为业主与物业、开发商之间的矛盾。

> B书记：商品房社区的入住群体较为年轻化，职业群体复杂。有的小区不同楼栋的建成时间跨度比较大，这样，小区楼栋及其配套设施建设就因不同时期不同的建设要求而呈现出差别。小区内部矛盾主要是同小区内部建设规划与城市建设规划的对接、小区房屋质量、地下车库办证、小区监控、延期交房等问题相关的矛盾。矛盾纠纷主要表现为业主与开发商和物业之间的矛盾。

（3）租赁型社区的矛盾纠纷

租赁型社区存在着人口流动性比较大、人员构成复杂等客观情况，因此矛盾纠纷主要表现为因各职业群体生活工作方式不同而引发的矛盾。

> C主任：在××社区，社区居民基本上以租户为主，社区人口2万余人，人口流动性很大，很多房间甚至一年能换12个租户，住户对于社区根本没有归属感。而且，租户的职业结构也比较复杂，有工厂工人、电商主播等，各种职业之间的关联性较弱，基本没有往来。各个职业之间的生活节奏也不一样，如工人有的三班倒，主播则在晚上直播等。社区内居住环境拥挤，一层楼有50多个住户，社区楼下多商店和饭馆。这样的社区，内部难以实现有效整合，不同职业群体因生活方式和工作模式不同，产生的矛盾也较多。

2. 城镇型社区的矛盾纠纷

城镇型社区是随着城镇的发展而形成的一类社区，随着时代的变迁，城镇住房逐渐变为老旧社区。这类社区内部主要的矛盾纠纷则是由居民要求改善居住环境及养老等问题而引发的。

> D书记：××社区是一个乡镇社区，其所在地是一个有着数百年历史的老集镇。新中国成立后，该集镇一直是镇政府驻地，集镇内也开办了一些乡镇企业。后来随着商业中心的转移、镇政府的迁出、企业改制，该集镇逐渐衰落。因为其历史久远，集镇住房建设没有统一的规划，随着时代的发展，该社区居民对改善居住环境的需求成为引发矛盾纠纷的主要原因，主要问题包括自来水改造、排水改造、集中供气等。此外，由于企业改制所引发的养老保险的问题也是当地主要的矛盾类型。

3. 农村社区的矛盾纠纷

农村社区的矛盾纠纷主要以传统的家庭、邻里纠纷为主，但是随着人口的流出，当地原本以农业生产生活为基础的村落共同体逐渐解体，使得此类矛盾纠纷逐渐减少。在新型城镇化不断推进的背景下，当地大部分的农村被纳入城市，农村社区改造成还建社区。居住环境的变化，导致新型矛盾纠纷类型的出现。

> E书记：村民们由独院居住变成上楼居住，人口密度变大，许多新的矛盾也因此产生。由于还建社区是原本几个村子的村民混住在一起，楼房中存在的隔音、漏水等问题还导致邻里关系变得恶化。前期的拆迁赔偿等问题，也使得社区出现了因财产分配不公而引发的家庭内部养老纠纷。

（二）多元化的人民调解机制

按照矛盾纠纷的性质对其进行划分，构成了矛盾纠纷化解的法治化基础，而依据社会关系与社会环境对矛盾纠纷进行分类，则有利于对矛盾纠纷进行就地调解。根据矛盾纠纷类型的不同，S县形成了多元化的人民调解机制。

1. 基于社会关系的人民调解

邻人之间是一种重复博弈的社会关系，以社会关系为基础对纠纷进行人民调解，是基于重复博弈的考量。在具有熟人社会色彩的职工型社区、还建社区及农村社区中，人民调解主要基于熟人社会关系网络的基础来进行，社区积极动员在社区之中具有一定威望的人员加入矛盾纠纷调解的队伍，依靠熟人关系对矛盾纠纷进行调解。在商品房社区中，社区会通过推动业委会成立、开展社区活动等方式积极"创熟"。

> A书记：在本职工型社区中，二楼一户业主因为赶工期装修，严重影响了楼下一对老年业主的休息，楼下业主多次找楼上业主反映问题，楼上都没有改正，两家因此产生了矛盾。但是不久后，楼上业主家中下水管道突然堵塞，疏通下水管道需要工人到一楼业主家里入户维修。基于前期积压的矛盾，楼下业主断然拒绝楼上业主的请求。该问题反映到物业后，物业上门帮助协商，但楼下业主依

旧不买账。之后，该问题又反映到了社区，社区了解到两户业主都是某国企原职工。在我们社区的人民调解员中，其中一位是该国企原人事部门主任，正好和两人都认识。通过该人民调解员居中调解，楼上住户向楼下住户主动道歉，该纠纷得到成功的化解。

由此案例可见，邻人之间确实形成了一种重复博弈的社会关系。尽管楼上楼下业主相互之间并不属于传统的熟人社会，但是两者之间因为相邻而产生了生活上的交集。而职工型社区的基础则为这种重复博弈的继续进行提供了可能。与此相似，在其他类型的社区之中，也有采取借用社会关系的方式开展人民调解的案例。很多社区将以往的老支书、退休职工，以及其他具有社会威望的人吸纳到人民调解员队伍之中，有的社区甚至形成了品牌式的人民调解员队伍，如金牌调解员、金牌调解队伍、老马调解室等。

2. 专业性人民调解

社区内部发生的纠纷可以依靠社会关系的动员得到化解，但是一些跨出社区范围及专业性较强的纠纷，则需要专业性的人民调解组织介入。根据基层矛盾纠纷的性质，S县设立了一些关于重点领域矛盾纠纷的专业性人民调解委员会，分别为医疗纠纷人民调解委员会、劳动争议纠纷人民调解委员会、道路交通事故民事赔偿纠纷人民调解委员会、征地拆迁纠纷人民调解委员会、食品安全纠纷人民调解委员会、妇女儿童权益保护人民调解委员会、知识产权纠纷人民调解委员会等。与社区层面的调解相比，这些专业性人民调解委员会在调解过程中更加注重程序化与法治化。人民调解员的专业素质也比较高，基本上每个人民调解委员会的组成人员中都有相关政府职能部门的工作人员。因此，一些专业性较强、金额较大、事件情况较为复杂的矛盾纠纷会通过专业性人民调解委员会来进行。此外，在诉源治理要求与万人成讼率考核的压力下，法院也通过聘请律师、相关领域退休人员等方式，开展人民调解。

在调研过程中，专业性人民调解委员会的F主任就向我们介绍了专业性人民调解的过程及案例。专业性人民调解有具体的程序和材料，调解案例要制作人民调解卷宗。人民调解卷宗包括封面、目录、人民调解申请书、人民调解受理登记表、人民调解调查记录、人民调解证据材料、人民调解记录、人民调解协议书、人民调解回访记录、卷宗情况说明等。根据有关文件，各个部分都有明确的格式要求。

3. 半行政化的人民调解

除了基于社会关系的人民调解与专业性人民调解外，半行政化的人民调解构成了 S 县人民调解的另一个面向，其具体体现在两个方面：一是政府的行政动员；二是行政力量参与到人民调解的过程中来。

通过行政动员的方式，政府一方面向律所购买服务，组织律师入驻社区和相应的政府部门，使得人民调解机制更加法治化、专业化，增强基层人民调解的法治力量。另一方面，政府积极推动社区成立业委会，增强社区自治能力。除了政府的行政动员，行政力量对人民调解的参与也体现出其半行政化的特点。在调解矛盾纠纷的过程中，政府相关人员与政府职能部门往往参与其中。比如，专业性人民调解委员会的组成人员中有相关政府职能部门的工作人员。在涉及复杂的纠纷案件时，人民调解委员会会联合多个政府职能部门共同对纠纷进行调解。

通过对县一级人民调解机制的观察可以看到，在纵向上 S 县成立了从社区人民调解委员会到乡镇司法所再到县专业性人民调解委员会的体系，在横向上 S 县成立了各重点领域矛盾纠纷的专业性人民调解委员会及人民调解的联合机制。S 县的人民调解同时具备了社会性、专业性及半行政化的色彩，实质上是在县域范围内形成了一套多元化的人民调解机制。

四、多元化人民调解机制的困境

多元化的人民调解机制组成了一张严密的网络，通过社会性、专业性、半行政化手段的结合，强化了基层矛盾纠纷人民调解的能力。但是这种多元化的人民调解机制在运作过程中仍旧面临着一些问题。

（一）社会自治能力的疲弱

从人民调解的性质来讲，其作为一种居民自我治理、自我解决矛盾纠纷的机制，具有自治性、群众性的特点，但不容忽视的现实却是，基层社会自治能力的疲弱。在农村社会，这种疲弱表现在青壮年人口的大量流出与传统的以生产生活为基础的村落共同体的解体。

> G书记：我们村的户籍人口有1100人，但常住人口只有600人左右，村庄人口大量流出，留守村庄的大都是妇女、儿童和老人。有些村民只是房子在当地，本家人长年在外生活居住，根本不会回来。

> E书记：村民"上楼"以后，人际交往变得少了，矛盾变得多了。现在年轻人很多成了产业工人，四五十岁的中年人也大都在各种公益岗位上工作，（村里）和一般商品房社区基本没什么两样。

由此可见，随着共同生产生活的基础被打破，传统的乡村社会失去了其组织基础。在城市化进程的带动下，传统农村家族逐渐演变为原子化的家庭，同质化的农业生产变为多样化的职业岗位，人与人之间社会互动的强度被弱化。这一点，在城市社区体现得更为明显。在职工型社区中，社区依靠原来的职工群体的社会关系基础，具备一定的组织和动员能力，但是在其他没有共同的社会关系基础的社区，社区的组织能力被严重削弱。

> C主任：如国企职工小区或者其他一些工薪阶层小区，大家的职业关联性较强、生活节奏相似，社会关系相对紧密，比较容易被组织起来。但是像××社区这种租赁型社区，就很难把群众组织起来，也基本上无法通过选举产生业委会。人民调解进行的基础首先是有一个能够被组织起来的社会关系基础，但在这类社区恰恰没有这样的社会关系基础。

与此类似，在一些商品房社区，政府正在通过行政引导的方式，指导小区成立业委会，其目的就是通过培育基层群众的自治能力，来有效化解矛盾纠纷，但也存在因各种原因而未能成功落地的现实情况。

(二)人民调解的泛化

在诉源治理的要求与万人成讼率考核的压力下,地方政府在积极推动矛盾纠纷调解的同时,不可避免地造成了人民调解的泛化。这种泛化体现在司法系统中,主要造成了以下几个方面的影响。

1. 干扰正常司法程序

出于最大化地使案件通过人民调解得到解决的考量,基层法院设置了长达一个月的人民调解工作程序,使得民事纠纷必须先经过人民调解方可立案。人民调解的基础是遵循当事人双方自愿的原则,但在最大化地使案件通过人民调解得到解决的考量下,民事双方当事人的矛盾纠纷调解具有了半强制性的特点。民事诉讼的正常程序在这样的机制下受到了一定程度的干扰。

> 某律师:现在民事案件到法院进行起诉,必须先经过一个月的调解后才可以立案,如果当事人不愿意调解,那么一个月后再进行立案。调解的过程中,为了纠纷能够得到调解解决,律师有时也要和自己的当事人进行沟通,以至于让其做出一些让步。

2. 削弱了司治的权威

从一定程度上来讲,人民调解确实有利于矛盾纠纷的化解,也能有效帮助纠纷当事人降低诉讼成本,但是,并非所有的案件都适合通过人民调解来解决。在人民调解的过程中,受侵害当事人的权益也可能因为妥协而得不到最大限度的保护。而且对纠纷的当事人来说,他们会认为这种调解的结果就是依据法律判决的结果,因为在大多数当事人的认知中,有行政力量参与或者是在法院进行的人民调解,或许和司法判决并没有多大的区别。在这种情形下,人民调解的结果有时会被曲解成依法判决的结果,司法的权威也因此在某种程度上被削弱。

3. 增加了社会治理成本

在正常的民事诉讼中，民事诉讼的成本由双方当事人自行承担，但是通过人民调解解决的民事纠纷，纠纷化解的成本则转由国家承担。尤其在当前强化源头治理的背景下，基层法院为了减少诉讼案件数量，未对民事纠纷调解的必要性做细致区分，便将原本可通过诉讼解决的纠纷变为由调解解决，这样，不可避免地增加了社会治理成本。

（三）多元规则的冲突

人民调解的过程往往伴随着多元规则的选择，纠纷中的当事人，尤其是看起来处在弱势地位的当事人，往往会以自己权益受到侵害为由，选择对自己最有利的规则。

> 如在一起小区居民与物业和开发商的纠纷中，业主要求物业和开发商在小区内建设电动车充电车棚，但是电动车停车位并不在小区的建设规划之中，居民的购房合同上也没有物业和开发商需要提供电动车充电车棚这一条款。如果现在在小区内建设电动车充电车棚，则需要占用小区的绿化面积和消防通道，因此业主们的这一诉求没办法实现。但是，在纠纷调解的过程中，业主们自知理亏，遂将矛头指向了政府。小区业主们通过信访要求政府解决民众需求，给政府治理造成了压力。在后期的纠纷调解中，业主们要求政府划拨小区外的一片公共绿化用地来修建小区电动车充电车棚。

在这个案例中，看似弱势的业主在明知自己的诉求不合理的情况下，却充分利用对自己有利的规则来达成目的。开发商、物业与政府在这样的纠纷中反而成为弱势的一方。

这种现象也在其他类型的案件中体现出来，比如在一些医疗纠纷、工伤纠纷中，权益受损当事人清楚地知道同法院判决相比，调解的结果往往对自己更为有利，因此当事人有时会刻意选择通过调解的方式来谋取更多的利益。这种纠纷调解的多元规则的存在，一方面造成了工具主义思维的泛滥，另一方面也造成了法治权威的消解。

五、多元化人民调解机制的完善

在当前基层矛盾纠纷日益增多、诉讼案件量暴增的背景下,多元化人民调解机制的建立,为有效化解基层矛盾、实现矛盾纠纷源头治理提供了切实可行的方案,也为实现"小事不出村、大事不出镇、矛盾不上交"的"枫桥经验"治理目标提供了可能。因此,应当继续发挥人民的主体性,在法治化的路径上完善多元化人民调解机制。

(一)发挥党政力量的引导作用

我国是一个后发国家的事实决定了我国的社会组织能力与法治化进程很难通过社会自我推动。一方面,基于传统的社会生产生活方式而形成的共同体解体以后,新型的社会共同体的建立需要政府的引导;另一方面,非内生性的法治也需要在政府的主导下向社会层面推进。所以,政府应当在推动人民调解机制建立的过程中发挥好引导作用。政府不仅要主动引导人民群众通过法治途径解决矛盾纠纷,也要承担起来自群众希望通过非法治途径解决矛盾纠纷的压力。同时,政府也应当注意对多元化人民调解机制实践经验进行总结,通过实践经验的反馈,优化调整人民调解制度。

(二)培育基层组织力量

1. 留守村民再组织化

乡村振兴的基础在于村民的组织化,同样,乡村社会能否实现有效治理的基础也在于村民的组织程度。随着传统的村落格局被打破,村民逐渐融入全国劳动力大市场。乡村人口的流出,使得村落共同体逐渐解体,村民的组织化程度降低。在乡村内部,村民逐步丧失社会交往的基础,村民之间交往的频次下降,村庄由原来的熟人社会逐步向半熟人社会过渡。想要实现村民的再组织化,必须提供使村民得以组织起来的生产生活基础。S县通过乡村振兴的具体产业,将村民纳入相关产业中来,以此实现村民的再组织化。

G书记：我们村基于村庄人口大量流出的客观事实，整合因村民流出而闲置的土地与民房，以合作社作为承接单位，同村民签订土地流转协议及房屋租赁协议。我们村发挥自身位于城郊的区位优势，结合村庄既有产业特色，积极探索乡村旅游的发展。一方面，村里合作基于流转的160多亩地开展樱桃园种植，另一方面通过举办樱桃园采摘节，推动休闲农业和乡村旅游的发展。在樱桃园采摘节期间，同时推动小吃街建设、手工工艺品推广及乡村民宿的发展。村级产业的发展，为村民的再组织化提供了一个新的路径。通过合作社、小吃产业、手工艺产业的发展，村民由原本基于村落共同体的整合变为对不同职业的群体进行的整合，村民被再次组织化。

2. 社区居民的组织化

城市社区因为人际关系的陌生化、职业群体的多样性等特点，居民原子化程度比较高，自我组织化能力较弱。居民之间的矛盾纠纷无法通过社会自我解决，其诉求也不能得到集中表达。当社区的矛盾集中反映到政府层面，会造成政府治理压力的增加，因此，政府和社区可以通过开展社区活动、推动居民成立业委会等方式推动社区自治能力的提升，从而为社区矛盾纠纷能够通过社会有效自我化解、居民诉求能够集中表达提供社会基础。

（三）推进法治化的人民调解

法与社会规则的融贯性是法治社会建设的特质，因此多元化人民调解机制中"多元"的内涵，应该是指人民调解手段和方式的多元化，而不是调解规则的多元化。当前，人民调解的过程中存在着调解规则工具化的倾向，矛盾纠纷当事人在调解过程中往往选择对自己最有利的规则。这种倾向，不可避免地导致法治权威的下降。尽管从短期来看，矛盾纠纷得到了一定的化解，但是从长期来看，却不利于法治社会的建设。因此，在之后的人民调解过程中，应注重依法对矛盾纠纷进行调解，以此来阻断矛盾纠纷当事人在人民调解过程中的投机行为，维护群众对法治的信仰。

结语

当前，我国社会仍处在转型之中，转型期因社会巨变产生的大量矛盾纠纷对基层社会治理造成了巨大挑战。因社会转型而发生的社会规则的新旧交替促使社会矛盾纠纷无法依照某种单一的规则进行化解。然而无论如何，我们都已经告别了传统的乡土社会，以传统社会为基础的伦理秩序也正因失去其生长的根基而逐渐解体。现代社会秩序的建立，要求民众必须营造相互尊重的社会氛围，培养自己的公共性。这就要求，现代社会中民众的行为必须在法治的轨道内运行。但同时我们也必须意识到，法律意识并没有在社会层面建立起来，矛盾纠纷也不可能完全以法治的手段进行化解。

从这个意义上讲，多元化人民调解机制的建立，对于实现社会共治、有效化解基层矛盾纠纷具有重大意义。可以说，多元化的人民调解机制，是我国当下处在社会转型期实现基层矛盾纠纷调解的必然选择。在多元化人民调解机制中，以法治为基础，推动自治、法治与德治的有机融合，不仅有利于推动社会法治化进程，也有利于实现社会善治。

— 参考文献 —

[1] 棚濑孝雄. 纠纷的解决与审判制度 [M]. 王亚新，译. 北京：中国政法大学出版社，2004.

[2] 罗伯特·C. 埃里克森. 无需法律的秩序——邻人如何解决纠纷 [M]. 苏力，译. 北京：中国政法大学出版社，2003.

[3] 汪世荣，等. 人民调解的"福田模式"研究 [M]. 北京：北京大学出版社，2017.

[4] 左卫民，等. 中国基层纠纷解决研究 [M]. 北京：人民出版社，2010.

[5] 侯怀霞，张少华. 人民调解导论 [M]. 北京：法律出版社，2018.

[6] 彭芙蓉，冯学智．反思与重构：人民调解制度研究［M］．北京：中国政法大学出版社，2013．

[7] 江必新，王红霞．法治社会建设论纲［J］．中国社会科学，2014，217（1）：140-157，207-208．

[8] 熊易寒．人民调解的社会化与再组织对上海市杨伯寿工作室的个案分析［J］．社会，2006（6）：95-116，210-211．

[9] 吴元元．人民调解制度的技艺实践考［J］．法学，2022（9）：3-15．

[10] 顾培东．国家治理视野下多元解纷机制的调整与重塑［J］．法学研究，2023，45（3）：92-111．

[11] 范愉．当代世界多元化纠纷解决机制的发展与启示［J］．中国应用法学，2017（3）：48-64．

[12] 吴元元．人民调解员的制度角色考［J］．中国法学，2021（4）：267-287．

[13] 何永军．论人民调解的公共产品属性［J］．昆明理工大学学报（社会科学版），2012，12（4）：28-34．

[14] 钱大军．组织与权威：人民调解的兴衰、重振和未来发展逻辑［J］．法制与社会发展，2022，28（2）：28-42．

[15] 郭松．人民调解解纷数量为何下降？——超越已有理路的新论说［J］．清华法学，2010，4（3）：154-163．

[16] 陈柏峰．当代中国乡村司法的功能与现状［J］．学习与探索，2012（11）：45-53．

[17] 张进德．论人民调解的复兴与转型［J］．中国海洋大学学报（社会科学版），2018（5）：103-109．

[18] 侯欣一．陕甘宁边区人民调解制度研究［J］．中国法学，2007（4）：104-116．

[19] 车俊．建立健全调解机制有效化解矛盾纠纷［J］．求是，2006（17）：26-27．

[20] 潘剑锋．民诉法修订背景下对"诉调对接"机制的思考［J］．当代法学，2013，27（3）：102-111．

[21] 王亚新.《民事诉讼法》修改与调解协议的司法审查[J]. 清华法学，2011，5（3）：17-27.

[22] 李喜莲. 反悔人民调解协议致诉案件起诉对象与审理范围之厘定[J]. 法律科学（西北政法大学学报），2021，39（3）：191-201.

[23] 孙萍，何阳. 创新发展人民调解的合作化之道[J]. 理论学刊，2016（5）：121-125.

[24] 王丹丹. 法律制度的功能及其异化——人民调解制度演变史[J]. 政法论坛，2016，34（6）：126-135.

[25] 何阳，娄成武，汤志伟. 从异化到回归：乡村振兴中人民调解复兴的挑战与应对[J]. 广西大学学报（哲学社会科学版），2019，41（3）：116-126.

第二篇 产业振兴与城市建设

产业振兴是乡村振兴的重中之重，乡村振兴，关键是产业要振兴。建设体现中国特色的农业强国，要立足我国国情，立足人多地少的资源禀赋、农耕文明的历史底蕴、人与自然和谐共生的时代要求。党的二十大报告强调，加快建设农业强国，扎实推动乡村产业、人才、文化、生态、组织振兴。抓住乡村产业振兴这一关键点，才算是夯实了农业强国建设的根基；乡村产业能否振兴，直接关系到我国农业强国建设成败。总的来说，推动乡村产业振兴是构建城乡融合新发展格局的必然要求，是农民增收致富、走向共同富裕的必经之路，是巩固拓展脱贫攻坚成果、增强农业农村农民内生发展动力的源泉。

城市基础设施是保障城市正常运行和健康发展的物质基础，也是实现经济转型的重要支撑、改善民生的重要抓手、防范安全风险的重要保障。构建系统完备、高效实用、智能绿色、安全可靠的现代化基础设施体系，对更好地推进以人为核心的城镇化，畅通国内大循环、促进国内国际双循环，扩大内需，推动高质量发展具有重大意义，是确保"十四五"时期城市社会经济全面、协调、可持续发展开好局起好步的重要基础。

扬州市高端装备制造产业调研报告[①]

"喻竹计划"江苏扬州实践队[②]

一、扬州市高端装备制造产业发展基本情况

（一）扬州市高端装备制造产业介绍

高端装备制造产业一直是我国制造业的关键组成部分。

2010年10月国务院下发了《国务院关于加快培育和发展战略性新兴产业的决定》，明确了战略性新兴产业主要包括节能环保、新一代信息技术、生物、高端装备制造、新能源、新材料、新能源汽车七大新兴产业。随后，工信部在2012年5月印发了《高端装备制造业"十二五"发展规划》，明确了高端装备制造业的发展重点和领域，主要包括航空装备、卫星及应用、轨道交通装备、海洋工程装备、智能制造装备领域。后我国政府陆续印发了《工业转型升级规划（2011—2015年）》《中国制造2025》《高端智能再制造行动计划（2018—2020年）》《"十三五"国家战略性新兴产业发展规划》等文件，从政策层面推动高端装备制造产业的发展。在2021年发布的"十四五"规划纲要中，明确提出发展战略性新兴产业，加快壮大新一代信息技术、生物技术、新能源、新材料、高端装备、新能源汽车、绿色环保、航空航天、海洋装备等产业。

[①] 该报告被扬州市江都区人民政府采纳，并获感谢信一封。
[②] "喻竹计划"江苏扬州实践队，于2023年暑期赴江苏省扬州市开展调研实践，成员包括黄爽、刘曈、曾为一、陆云鹏、向晓芳、马学梅、李想、陈晨。

高端装备制造产业作为现代制造业的核心，其"高端"特性主要体现在技术含量高、处于价值链高端以及在产业链中占据核心位置等方面。扬州市作为江苏省的核心城市，拥有雄厚的工业基础，其高端装备制造产业更是传统的优势产业，产业规模超过千亿元。

扬州市的高端装备制造产业拥有多个国家火炬计划特色产业基地和省级新型工业化产业示范基地，形成了数控机床及工业机器人、食品（饲料）机械、工程机械、节能环保装备、其他专用装备等特色产业，特别是数控成形机床领域具有完整的产品线。扬力集团股份有限公司（以下简称扬力集团）、江苏亚威机床股份有限公司（以下简称亚威机床）、金方圆数控机床有限公司（以下简称金方圆数控）、扬州锻压机床股份有限公司（以下简称扬锻机床）等企业跻身全国数控成形机床行业前十强。

扬州市在高端装备制造产业领域具备深厚的积累和丰富的经验，早在2013年就荣获江苏省高端装备制造业示范产业基地的称号，随后于2015年，广陵经济开发区和维扬经济开发区也成功跻身江苏省第二批高端装备制造业示范产业基地的名单。未来，扬州市将以国家高端装备制造业标准化试点建设为契机，坚定不移地朝着数字化、智能化、高端化的方向迈进，推动高端装备产业集群的快速发展。

扬州市人民政府始终致力于发展高端装备制造产业，2017年连续进行了四次高端装备制造产业评议会议，发布了《扬州市推进智能制造及高端装备产业发展行动计划（2017—2020年）》和《关于公布2017年扬州市高端装备重点培育企业名单的通知》，明确了按照《中国制造2025》的指导方向，聚焦于九大细分行业。

2023年3月，扬州市高端装备制造产业集群成功跻身"2023中国百强产业集群"名单，这是继海工装备和高技术船舶产业集群联合入选国家先进制造业集群后，扬州市在产业集群培育方面收获的又一殊荣。

从发展高端装备制造产业的政策来看，扬州市一直走在全国前列。

2020年7月，扬州市委书记在全市制造业重点项目观摩推进会上提出"323+1"产业集群："3"是指高端装备、汽车及零部件、新型电力装备3个千亿级集群；"2"是指微电子及软件和信息服务业、高端纺织和服装2个五百亿级集群；"3"是指高技术船舶与海工装备、食品、生物医药和新型医疗器械 3 个百亿级集群；"1"是指航空产业集群。

2023 年 9 月，扬州市政府先后发布了《加快建设制造强市行动方案》（以下简称《行动方案》）和作为《行动方案》重要补充的《扬州市六大主导产业集群高质量发展实施方案（2023—2025 年）》（以下简称《实施方案》），《实施方案》围绕《行动方案》中"613"产业体系中 6 个主导产业集群尤其是 13 条新兴产业链的个性化发展需求，"一群一策"明确总量型、质态型发展目标，细化重点举措、个性化保障措施等内容，形成了分产业推进的任务书和路线图。其中，"6"是指 6 大主导产业集群：高端装备、新能源、新材料、新一代信息技术、汽车及零部件、生命健康。"13"是指 13 条新兴产业链：航空、工业母机及机器人、高技术船舶与海工装备、智能电网、晶硅光伏、储能、氢能、高性能合成材料、集成电路、人工智能、新能源及智能网联汽车、生物医药、新型食品。

关于高端装备方面，《实施方案》中要求，到 2025 年开票超 1500 亿元，打造全国领先的数控成形机床产业基地，培育长三角有影响力的航空研发制造基地，建设世界级高技术船舶与海工装备产业集群扬州板块。围绕确定的目标，实施方案明晰了发展重点，细化了 5 个方面共 14 条重点举措，明确了加强统筹推进、开展专题服务、强化"三招三引"、深化政企互动等 4 个方面保障措施。

"613"产业体系是"323+1"的升级版，产业集群结构更优化，体现了扬州市前瞻创新和高质量转型的决心。这一产业体系更注重个性需求和细分领域的发展策略，确保各产业充分发展，强调质态型发展。《实施方案》明确目标，制定重点举措和个性化保障措施，为产业发展指明方向，助力扬州市经济持续增长和提升。总之，"613"产业体系政策转变将推动扬州市经济的持续发展，不断提升其经济实力和影响力。

如图 1 所示，从"323+1"到"613"产业体系政策的转变中，高端装备制造产业的范围不断扩大，其重要性也日益凸显。在"613"产业体系的高端装备制造产业集群中，除了包含"323+1"中的千亿级产业"高端装备"外，还纳入了千亿级产业"新型电力装备"、百亿级产业"高技术船舶与海工装备"，以及一个重点培育的航空产业等。

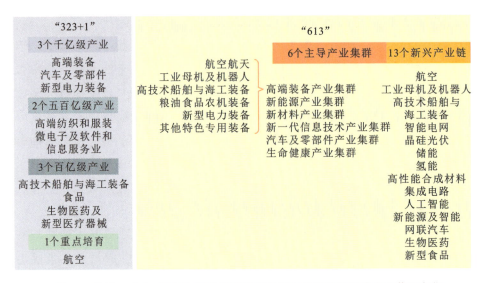

● 图 1 "323＋1"与"613"两个发展阶段扬州市高端装备制造产业范围变化
（图片来源：实践队提供。）

（二）扬州市高端装备制造产业发展现状

扬州市的工业门类十分齐全，涵盖了 41 个工业大类中的 31 类，其中以中小企业和中间产品为主。全市拥有规模以上工业企业（以下简称规上企业）共计 3889 家，其中大、中、小、微型企业数量占比约为 2%、14%、82%、2%，开票销售的占比约为 38%、26%、35%、1%。在规上企业中，原材料、中间产品、终端产品生产企业的数量占比约为 2%、66%、32%，开票销售占比约为 10%、60%、30%。

高端装备制造产业作为扬州市的传统优势产业，在扬州工业的组成中占据了很大比例。扬州市高端产业包含规上企业超过 600 家，2022 年实现开票销售约 1059.2 亿元，约占全市规上企业开票总额的 16.7%，形成了包括航空航天、工业母机及机器人、高技术船舶与海工装备、粮油食品农机装备、新型电力装备及其他特色专用装备等领域的高端装备制造产业集群。

扬州市在航空航天领域拥有航空航天产业重点实验室与校企联合创新中心等平台，依托平台加强航空航天产业与中航工业深度合作，积极融入国内航空航天产业布局，以航空航天研发为主，带动其他衍生产业的发展，形成航空航天产业链与创新链的双向互促。

在工业母机及机器人领域,扬州市的代表企业有扬力集团、亚威机床、扬锻机床、金方圆数控等,均为国内数控成形机床行业前十强。其中亚威机床作为中国锻压机床行业首家上市公司和国内领先的数字化、柔性化、自动化、智能化金属板材加工解决方案供应商,规模效益在中国锻压机床行业稳居前三,并围绕核心业务开展了一体化整合,基于优质产品不断向国际一流企业进发。

在高技术船舶与海工装备领域,依据特色优势,扬州市的海工装备和高技术船舶产业集群入选国家先进制造业集群,并聚集了扬州中远海运重工有限公司、新大洋造船有限公司、招商局金陵鼎衡船舶(扬州)有限公司等一批龙头企业。其中扬州中远海运重工有限公司主要从事中大型船舶、水上浮动装置、海洋工程装备制造,具备三大主力船型的船舶设计、制造和软件研发能力,还积极推进信息化系统建设,支撑产业统一精细化管理,在智能制造方面,逐步实施了自动化、智能化升级改造,助力企业提高生产效率,缩短制造周期。

在粮油食品农机装备领域,扬州市的代表企业有江苏丰尚智能科技有限公司(以下简称丰尚公司)、迈安德集团有限公司等。丰尚公司位列农牧加工装备行业亚洲第一、世界第二。迈安德集团有限公司的油脂设备与成套工程的市场占有率已做到国内第一、世界第二。近年来,丰尚公司加大研发投入,开发智能化系统,提升产品效益和质量控制,同时依托信息技术自主开发制造运营管理系统,成功评为国家新一代信息技术与制造业融合发展试点示范企业。同时,面向世界,丰尚公司的产品行销至140多个国家和地区。

新型电力装备领域是扬州市的传统优势产业,涵盖电线电缆、智能变配电、高电压实验装备、新能源等方面。高邮特种电缆产业基地为国家火炬计划特色产业基地,扬州智能电网产业基地和宝应输变电装备产业基地为省新型工业化产业示范基地,武坚镇获批省智能高压电气小镇,生态科技新城国网智慧能源双创科技园为国家电网在全国首个双创科技园。

在其他特色专用装备领域,代表企业有海信容声(扬州)冰箱有限公司、茵梦达电机(中国)有限公司(原西门子电机(中国)有限公司)和江苏庆峰工程集团有限公司。海信容声(扬州)冰箱有限公司专注于制造各类型冰箱，以满足国内外客户的需求，其制造的冰箱各项性能指标均达到国际领先水平。而茵梦达电机（中国）有限公司则致力于研发和生产中小型低压三相异步电机。江苏庆峰工程集团有限公司一直致力于硫酸装置、石油化工、有色冶炼、焦化化产回收、烟气治理、压力容器和玻璃钢防腐设备的设计研究及开发工作。

在这些产业基础上，扬州市高端装备制造产业集群态势初步形成。截至 2023 年 5 月，其中，数控成形机床全国市场占有率约 25%，饲料粮油机械产量居全球第二、亚洲第一，自卸车液压系统产量约占全国 30%、全球 20%。截至 2022 年，拥有省级以上专精特新"小巨人"企业 22 家，制定修订国际标准 7 项、国家及行业标准 74 项。扬州市高端装备制造产业集群跻身全国产业集群百强。

扬州市高端装备制造产业集群虽然取得了一定成绩，但龙头骨干企业缺乏、技术链价值链总体偏中低端也制约了产业集群的发展。当前，扬州市正以"数字化、智能化、高端化"为方向，围绕产业转型升级中的痛点堵点，全力做大存量，聚力培育一批优秀骨干企业；突出补链强链，大力招引增量，精准实施一批高端装备项目；同时，聚焦"数智"赋能，狠抓技术改造，加速推进装备企业转型升级。只要锚定千亿级产业发展目标不放松，扬州高端装备制造产业必将未来可期。

（三）扬州市高端装备制造产业发展方向

根据资料，扬州市高端装备制造产业规上企业按行业领域进行划分的结果如图 2 所示。

高端装备制造产业中，扬州市的其他特色专用装备企业数量占比约 58%，其中节能环保装备重点发展新型脱硫脱硝设备、余热余压回收成套装备、污水及污泥处理装备、油污染防治成套装备等。针对产值不高、附加值也比较低的中小企业，未来的发展要持续专注工艺技术优化，推动产品质量和性能迭代升级，以专业化分工、服务式外包、订单代生产等方式与行业龙头企业加强协作，提高装备自主配套能力，形成产业链上下游配套协作、合作共赢的协作关系，提升产业链供应链的稳定性和竞争力。扬州市充分引导中小企业对标"隐形冠军"，力争培育更多省级以上高端装备专精特新企业。

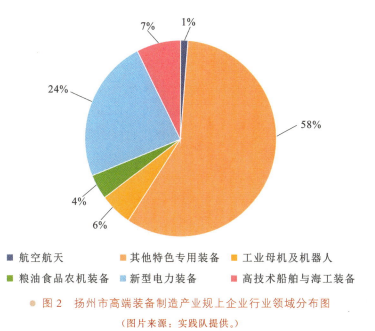

图 2　扬州市高端装备制造产业规上企业行业领域分布图
（图片来源：实践队提供。）

新型电力装备企业在整个高端装备制造产业中占比约 24%。这类企业未来的发展方向主要在"发输变配用"，即发电、输电、变电、配电、用电五个方面。发电领域重点发展新型火力发电装备及可再生能源发电设备。输电领域重点发展特高压、超高压电线电缆和细分市场高端特种电缆，以及各种适配的输电设备。变配电领域重点发展高电压等级真空开关设备、大功率电力电子器件，以及保护与控制配电技术装备。用电领域重点发展智能用电信息采集、智能用电管理等系统设备，强化重点用能设备系统匹配性节能改造和运行控制优化。扬州市的高技术船舶与海工装备产业占据了约 7% 的份额，这一产业依托于国家先进制造业集群，并构成了扬州市高端装备制造产业的重要部分。高技术船舶方面，当地推动三大主力船型（散货船、集装箱船、油船）升级换代，以及双燃料船、纯电动船舶和各种功能型船型的研发制造；海工装备及船舶配套方面，结合扬州本土企业优势做专做精各种船用电缆，重点发展海洋油气资源开发装备，以及各种船用关键装备及系统。

工业母机及机器人产业是扬州市传统且优势很大的高端装备制造产业，占比为 6% 左右。在数控成型机床领域，扬力集团、亚威机床等骨干企业和扬州哈工科创机器人研究院有限公司等创新平台将重点突破一批"卡脖子"的关键技术，在产品精度、装备可靠性、生产效率等核心质量指标上，对标赶超国际先进企业，创新研发一批国内领先、国际先进的高端数控装备。这一产业主要突出伺服化、重型化、高速化、高精化、专机化的发展方向，工业母机方面聚焦发展整机、自动化生产线、关键功能部件和数控系统，机器人方面则大力发展智能装配、重载物流、智能协作等工业机器人。

粮油食品农机装备产业在整个高端装备制造产业中的占比约为 4%。该产业是扬州市非常有特色的产业，重点发展具有储存、中转、加工等功能的饲料和农产品成套装备、大型成套油脂加工装备、粮食清理烘干装备、粮食仓储物流机械、粮食检测仪器等方面。

航空航天产业对一座城市的发展具有深刻的影响。扬州市在航空航天产业方面也取得了重要的进展，2019 年 3 月，扬州市政府与航空工业沈阳所签订一系列项目合作协议，共同建立了中航工业沈阳飞机设计研究所扬州协同创新研究院。目前扬州市的航空航天产业以研发为主，并激发产业集聚效应，从而带动创新链与产业链双向互促。要实现航空航天产业的规模化发展，打入其产业链至关重要。扬州市以飞机整机组装及零部件生产为核心，针对"材料—零部件—组件—系统件—整机"的航空制造产业链，健全航空制造能力，构建航空飞行器制造、总装一体化产业链。

在这些产业基础上，扬州市积极申报省部级、国家级产业基地，先后建成 3 个国家火炬计划特色产业基地（邗江数控金属板材加工设备、江都建材机械、邗江硫资源利用），3 个省级新型工业化产业示范基地（高新区数控成形机床、高邮智能电网、江都机械制造）、4 个省级高端装备示范和特色基地（高新区数控成形机床、广陵精密液压、邗江硫资源利用、江都节能环保），扬州市高新区获批国家标准委、工信部国家高端装备制造业标准化试点项目。经过积极申报省部级、国家级产业基地后，扬州市高端装备制造产业获得了诸多好处，这些好处包括但不限于品牌效应、技术创新、资源整合、完善产业链、提高市场竞争力及技术支持等，为高端装备制造产业的高速、高质量发展提供了有力支撑。

二、扬州市高端装备制造产业人才发展基本情况

（一）扬州市人才引进政策概述

"千秋基业，人才为本。"在高端装备制造产业领域，扬州市政府非常重视对人才的培养，为了吸引和留住人才，近5年来不断加强人才队伍的建设，制定和出台了一系列人才引进政策。扬州市着眼于产业发展整体，制定人才工作要点、"一把手"项目、招才引智重点活动和人才培训项目等4个指导性文件，首次立项89个社科研究重点课题（人才专项），加强人才引领战略研究和理论指导。

2021年，扬州发布《扬州市国民经济和社会发展第十四个五年规划和二〇三五年远景目标纲要》，明确提出要突出"人才兴市"战略的主体地位，强化"好地方"的智力支撑。该政策强调了人才在全市经济高质量发展中的重要性，并提出了"绿扬金凤"计划。扬州市实施的"绿扬金凤"计划是一项重要的人才引进和培养计划，该计划主要为顶尖人才、双创团队、领军人才、优秀博士这4类人才群体提供资金支持。为了更好地落实"绿扬金凤"计划，扬州市近几年持续、积极举办"绿扬金凤"高层次人才创新创业大赛，以赛引才聚才。据扬州市政府介绍，截至2023年4月，"绿扬金凤"计划历年累计资助"双创团队"20个、领军人才957名、优秀博士人才1646名。仅2022年"绿扬金凤"发放的人才金融卡就完成授信4.8亿元。天使梦想基金资助15个项目，共700万元。扬州不断丰富金融产品类型，陆续推出"人才贷""人才投"等金融产品，形成人才、资本、产业充分活跃的发展生态。可以说"绿扬金凤"计划对高端装备制造产业的人才具有很强的吸引力，能够为高端装备制造产业的发展奠定坚实的人才基础。

2022年，为进一步打造更具比较优势的人才政策体系、更具区域影响力的尊才爱才品牌、更有温度的人才服务环境，大力集聚创新创业人才和高校毕业生，扬州市发布了《关于提升人才创新创业环境加强"产业科创名城"人才支撑的15条举措》，从大力引进产业急需人才、加快本土人才培养、建强引才育才载体、优化人才服务体系这4个方面，结合扬州市的

实际，制定覆盖科创、教育、卫生、技能、文化、乡土、青年、航空、数字等9个大类人才群体16部实施细则，构建扬州"人才政策3.0"体系，为扬州市高端装备制造产业发展提供更强大的智力人才支撑。近些年，扬州市在出台诸多福利政策的同时，还把人才公寓建设作为重要抓手。据扬州市政府介绍，2022年人才公寓新启动建设6286套、37.76万平方米，新投入使用2302套、18.16万平方米，累计存量9538套、71.91万平方米。

2023年，按照"定3年、谋8年、展望13年"思路，扬州市聚焦"613"产业体系出台《行动方案》，提出未来一个时期推动制造强市的目标，制定了高端装备制造产业的发展规划，进一步强化高端装备制造产业人才支撑。扬州市委人才办主任单位也主动牵头联系服务18个重大项目和人才集聚企业，进一步推动人才工作下沉、人才服务前移。

扬州市政府围绕高端装备制造产业，开展了大量的人才品牌项目，出台了多个重量级的政策，不断地优化人才服务保障制度，建立了完善的人才政策体系，为扬州市高端装备制造产业的发展奠定了坚实的人才政策基础。

（二）扬州市高端装备制造产业人才发展现状及特点

近年来，扬州市在高端装备制造产业人才招引方面取得了显著的成效，通过设立引才工作站、扶持科研项目、奖励创新人才等方式，不断为本市的高端装备制造产业发展注入新的活力。截至2024年4月，扬州市组织部人才办已经走访企业500家以上，征集发布人才、技术需求5000项以上，对接企业需求解决方案500项以上，促成了技术转移转化、人才引进100项，成效斐然。

尽管人才招引力度大、项目多、涵盖全面，但是扬州市的高端装备制造产业所具备的技术密集、知识密集、资本密集的自身特点，也给人才的引进和培养带来了挑战。目前扬州市高端装备制造产业人才发展现状和特点可总结如下。

一线的技术工人占比较高，技术研发人员占比较低。结合2020年的相关统计数据，扬州市生产制造企业的一线技术工人约88990人，其中高端装备制造企业的一线技术工人约26480人，占比约29.76%。扬州市生产制造企业有技术研发人员共23511人，其中高端装备企业技术的研发人员约有 1164 人，占比约 4.95％。可以看出，高端装备制造产业的技术研发人员相较于一线技术工人在整个生产制造业的占比较低，这与高端装备企业的业务大多仍主要集中于工厂流水线生产有一定关联。

创新科研类高学历人才稀缺。对于扬州市高端装备制造产业来讲，对新兴产业的布局和高技术项目的招引，使得人才引育上产业人才供给不足，高技能高层次人才短缺的短板逐渐显现。以扬州市的省级高新区江都区的高端装备企业 2019—2022 年人才引进数据为例，目前共有本科及以上学历者 645 人，其中本科学历 591 人，硕士研究生学历 54 人，硕士研究生占比仅 8.3％。

高端装备企业间人才分布不均。头部大企业与一般企业的人才分布差距较大。以工业母机头部企业亚威机床为例，截至 2023 年，总部研发人员近 300 人，占总员工比例达 23％，远超平均水平，其员工有硕士学位的约 200 人。粮油食品农机装备头部企业丰尚公司有员工 3000 余人，其中技术人员和工程师人数占比约 30％，拥有硕士学位的员工近 200 人，拥有博士学位的员工 7 人。但对于一般的高端装备企业来讲，员工学历以大专为主，本科及以上学历占比低，拥有研究生学历的研发人员人数较少，拥有研究生学历的员工中几乎没有博士学位者。高端人才分布总体向各领域的头部企业聚集。

扬州市在高端装备制造产业人才方面虽然取得了一定的成果，但仍面临着许多挑战。政府和企业需要进一步加大人才引进和培养力度，向着特色化、体系化的人才引进探索机制前进；同时优化产业结构，引进更多的高学历人才，推动产业升级，以更好地满足市场需求，促进高端装备制造产业的健康发展。

（三）扬州市高端装备制造产业人才引进需求分析

通过梳理扬州市近年来高端装备制造产业的人才发展现状、分析重点人才情况，可以清晰地看到扬州市高端装备制造产业的相关人才主要集中于产业的制造和加工环节，属于技术技能型人才，这类人才大部分为大专学历，学历层次总体不高。扬州市未来在高端装备制造产业方面的人才需求主要包括以下三类。

1. 卓越工匠人才

2022 年，习近平总书记在"致首届大国工匠创新交流大会的贺信"中讲到："技术工人队伍是支撑中国制造、中国创造的重要力量。我国工人阶级和广大劳动群众要大力弘扬劳模精神、劳动精神、工匠精神，适应当今世界科技革命和产业变革的需要，勤学苦练、深入钻研，勇于创新、敢为人先，不断提高技术技能水平，为推动高质量发展、实施制造强国战略、全面建设社会主义现代化国家贡献智慧和力量。"高端装备制造产业因在装备制造业产业链中居于核心地位，具有知识技术密集和高附加值的特点，故需要卓越的工匠人才。高端装备制造产业对卓越工匠人才的能力、个人素质的要求主要表现在以下几个方面。

（1）具备复合知识和技能

高端装备制造产业涉及多个学科领域，如机械工程、电子工程、计算机科学、物理学等。卓越工匠人才需要具备跨学科的知识背景，能够理解和应用不同领域的技术和理论，同时要具有智能设备操作技能、高档机床操作技能、信息技术应用技能等，具备多领域的工作经验，能够将不同领域的知识和技能应用于实际工作中。

（2）具有敬业精神，德技兼修

卓越工匠人才需要有吃苦耐劳的敬业精神，对高端装备制造产业具有较高的产业认同度以及对工匠人才的身份认同度，更加契合高端装备制造产业发展所提倡的"工匠精神"。

（3）具备国际竞争力

卓越工匠人才需要掌握先进的生产技术，能够适应国际竞争环境，在全球范围内发挥自身才能，并在相关领域做出自己的贡献。

2. 经营管理人才

经营管理人才在高端装备制造产业的发展中具有不可替代的作用，他们能够引领企业进行战略规划、市场营销、技术创新、团队建设和财务管理等多方面的管理和决策，为企业的高效运转和可持续发展提供重要的支持和帮助。高端装备制造产业对经营管理人才的能力、个人素质的要求主要表现在以下几个方面。

(1) 具有先进的管理理念和领导力

经营管理人才能够制定科学合理的战略规划和组织架构，推动高端装备制造产业的持续发展和创新。

(2) 具备市场洞察力和品牌管理经验

经营管理人才能够准确把握市场的机遇和风险，制定合适的营销策略和品牌规划，提升企业的市场占有率和品牌价值。

(3) 具备团队建设和人才培养能力

经营管理人才能够搭建高效的管理团队和人才梯队，为企业培养更多的优秀人才和管理精英，从而提高企业的整体素质和竞争力。

3. 创新研发人才

高端装备制造产业是技术密集型产业，需要创新研发人才来推动技术创新、产业升级、人才培养引进以及完善产业链等方面的发展。只有拥有高素质的创新研发人才，才能不断提高企业的技术水平和核心竞争力。高端装备制造产业对创新研发人才的能力、个人素质的要求主要表现在以下几个方面。

(1) 具备创新思维和创新能力

创新研发人才需要具备独特的创新思维和创新能力，能够独立思考，勇于突破传统思维模式，不断探索新技术、新工艺、新材料等，以此推动产业技术的不断进步。

(2) 具备丰富的实践经验和解决问题的能力

创新研发人才需要具备丰富的实践经验和解决问题的能力，能够针对具体的技术难题进行研究和攻关，并提出切实可行的解决方案。

三、存在的主要问题

（一）高端装备制造产业存在的主要问题

1. 产业整体规模不大，龙头企业引领作用发挥得不够

扬州市高端装备制造产业 532 家规上企业 2022 年完成开票销售

761.2亿元，在全国各类城市中处于中等偏上水平，与上海、青岛、宁波等高端装备制造产业强市在整体规模上仍有一定差距，扬州市高端装备制造产业仍有长足的发展空间。就具体产业而言，扬州市的航空航天、粮油食品农机装备、电力装备等产业缺乏超大型龙头企业的引领，品牌知名度高、影响力强的企业数量不够多，产业聚集效应不明显，仍以年开票金额10亿元、5亿元或者1亿元以下的中小企业为主。龙头企业引领、中小企业协同发展的局面尚未形成。

2. 产业聚集效应不明显，产业链配套较为薄弱

作为扬州市重点培育的先进制造业集群之一，高端装备制造产业目前已经形成了工业母机及机器人、粮油食品农机装备、高技术船舶与海工装备、新型电力装备等特色板块，高端装备制造产业集群态势初步形成，但是仍有超过50%的企业属于其他相关装备产业，整体来看高端装备制造产业聚集效应尚不明显，细分领域的企业间协作不够高效。此外，在各个细分板块，同质化竞争的企业较多，供应链上下游的配套企业数量不足，多数企业的产品线关键核心部件依赖从外省购买或外国进口，自主配套率不高。

3. 创新能力有待提升，整体研发投入偏低

科技创新能力是高端装备制造产业发展的核心动力之一。截至2022年，扬州市高端装备制造产业拥有省级以上专精特新"小巨人"企业22家、制定修订国际标准7项，创新能力已初现端倪。但是在国家级及以上科创成果和首台（套）重大装备创制数量上，扬州市与上海、青岛、宁波等高端装备制造产业第一梯队城市仍有一定差距，产业整体科技创新能力还有很大的提升空间。产业内大部分企业的研究与试验发展（R&D）经费投入偏低，平均投入占总营业收入2%左右，低于第一梯队城市3%～5%的平均水平。

（二）高端装备制造产业人才发展存在的主要问题

1. 人才数量达不到行业需求

一是高端技术人才、复合型人才缺乏。扬州市高端装备制造产业中，如航空航天、高技术船舶与海工装备等技术密集程度较高的部门内，高端技术人才和复合型人才的占比偏低，文化程度和技术等级偏低的技术工人占比较高。二是低端熟练技术工人易招难留。在外卖、快递等新业态对低技能劳动力的吸引下，部分青年劳动力选择放弃工厂内的生产制造岗位工作而选择"灵活就业"，导致低端熟练技术工人的供给数量难以满足高端装备制造产业的需求。三是劳动力区域分布导致人才增量有限。高校毕业生大多向北京、上海、广州等大城市汇集，同时，在南京等其他周边城市的虹吸效应下，扬州市的高技能劳动力增量相对有限。

2. 人才技能与岗位实际需求不匹配

一方面，技能需求变化快速。高端装备制造产业的产品迭代速度快，行业发展动向、趋势发生转变，行业新技术、新工艺、新规范、新标准不断涌现，在产业规模相对较大的前提下，容易出现人才与岗位间的技能错配。另一方面，教育培养与产业需求脱节、专业设置与实训基地结合不紧密等关键问题的广泛存在对人才与岗位间的适用性匹配形成了障碍。部分高校的产教融合实训基地建设仅仅流于形式，在企业人才需求、产业技术创新、学校课程资源开发等方面研究不够深入，致使教学与生产未能充分结合，教学过程与企业真实生产环节脱节，导致劳动力与岗位间的技能错配。

3. 人才招引存在短板

一是引育精细化不足。现有人才引进政策基本上属于同质性、模糊性、笼统性引进，未明确高端装备制造产业内各细分领域的人才需求，缺乏针对各行业技能需求形成的人才目录。虽然强调为高端装备制造产业发展提供支撑，但未明确产业发展真正需要的是什么，因此加大了精准引进人才的难度。二是重"引"重"留"不重"培"。现有的人才引进政策，更多注重"引才"和"留才"，而对"培才"的关注度不够，对人才引进后的人才培养和成长激励等方面的关注不足。三是引进政策缺少"组合拳"。现有高端装备制造产业的人才政策缺乏针对性，且更多以高端装备制造产业发展规划的补充而存在，呈现出零散性、时点性的特征，缺乏连续性、长效性的统筹政策，因而削弱了产业人才引进政策的吸引力。

4. 产学研一体化程度有限

一是产业对"学研"的牵引作用有限。产业人才和科研发展既与招引培育有关，又与产业内企业的吸引力、向心力有关。当前，扬州市高端装备制造产业的企业整体规模偏小，仍未能形成集聚效应，导致本地产业对当地高校和研究机构的科研及教学工作的牵引作用有限。二是本地高校和研究机构的科教能力有待提升。扬州市本地缺乏从事高端装备技术和工艺研发的高校或研究院，导致"学研"对培养高端装备制造产业人才和技术创新的支撑力度不足，最终表现为劳动力和创新资源分散错配和企业技术创新能力相对不足。

四、下一步工作

（一）扬州市高端装备制造产业发展建议

1. 以点带面，建设融通发展的企业梯队

壮大龙头引领企业。在航空航天、工业母机及机器人、高技术船舶与海工装备、粮油食品农机装备、新型电力装备五大领域，集中资源扶植技术优势明显、市场份额高的龙头企业，实施"一企一策"动态精准培育。支持这类龙头企业获取优质研发资源、打造优势品牌、建立营销网络等，发挥其产业辐射和示范引领作用。积极对接多层次资本市场，引导更多优质龙头企业在海内外资本市场上市、挂牌，通过"强点"来提高整体产业规模。

培育专精特新型企业。围绕五大领域的龙头企业群，加速推进中小企业集群建设。推动创新型初创企业和竞争力强的中小企业走专精特新发展模式，在行业龙头的引领下，进一步深耕细分市场，占据"小"领域的领先地位。鼓励龙头企业建立创新平台，向中小企业提供科技创新服务支持，降低中小企业的创新成本。增强中小企业协作配套能力，鼓励中小企业通过专业化分工、服务外包、订单生产等方式与行业龙头企业建立稳定的研发生产与产业协同配套关系，提升产业链供应链的稳定性和竞争力。

2. 推动产业聚集，健全产业链条

依托"链主"加快产业聚集。在航空航天、工业母机及机器人、高技术船舶与海工装备、粮油食品农机装备、新型电力装备五大领域，发挥龙头企业的吸引作用，引导它们成为"链主"，促进它们在供应链管理、质量管理、创新管理等领域与上下游企业的合作，提高整个产业的协同水平，以此来吸引更多平行企业和配套企业聚集，壮大产业规模，实现规模效应，互利共赢。

推进"强链补链"工程。对产业供应链查漏补缺，大力招引供应链上下游所缺失环节的企业，提高产业链供应链的本土化程度，以此来降低原材料和生产设备的成本，提高整个产业链的稳定性，从而促进产业的进一步发展。

3. 健全协同高效的研发创新体系

促进企业自主研发创新能力的提高。政府通过出台相应政策，鼓励企业通过自主研发、技术转让、研发外包和产学研合作等模式进行科技创新，引导企业加大研发投入，健全高端装备制造产业的协同研发体系。对于在相关领域有重大科技突破的企业，应给予相关奖励或者政策倾斜，树立企业科技创新的"排头兵"。

打造联合研发创新平台。当地可以由政府有关部门牵头，通过各类人才项目，针对国内外相关高校及科研院所，引进一批高层次科研技术人才，并结合高端装备制造产业各个领域的龙头企业本身所具备的研发创新资源，建立校企联合的专家库与创新基地。以此为基础来打造一个高效运行的、连接企业需求与高校科研资源的联合研发创新平台，深化产学研合作，从而提高整个产业的研发创新能力。

（二）扬州市高端装备制造产业人才发展的目标和对策建议

1. 发展目标

一是提升高端技术人才和复合型人才的占比。通过人才招引，打造一支强有力支撑扬州市高端装备制造产业发展的人才队伍。二是缓解企业岗位需求与劳动力技能间的不匹配，明确企业岗位的技能需求和人才供给情况。通过人才招引、人才培育等，减少企业与劳动力间的技能错配。三是从"政策引育"向"项目引育""产业引育"转变。激发扬州市的产业优势对人力资源的集聚效应，凝聚高端装备制造产业对人才的内生吸引力、向心力。四是完善国际高端科技人才引进机制，革除各类阻碍海外人才参与高端装备制造产业技术攻关的障碍，助力海外人才充分施展才华。五是深化产学研一体化合作，建立健全产学研密切结合的专业技能人才培养模式。同时，通过共享技术和成果，提升服务科技创新决策的能力，推动高端装备制造产业的科技进步、人才发展和产业升级。

2. 对策建议

（1）精准引才育才

一是建立健全人才供需对接机制。由组织部人才工作领导小组办公室牵头，建立高端装备制造产业人才招引工作站，围绕高端装备制造企业的人才需求和求职者的期望待遇为企业人才招引提供一站式服务。以人才招引工作站为基础，打造校企一体人才数据库，摸清人才需求底数，细化工作口径，做到精准引育。二是建立人才流失预警机制，及时发现并解决人才流失问题。围绕产业发展需求，积极引育"高精尖缺"人才、大学生人才、技术技能人才等产业急需人才，支持重点企业申报高技能人才培育项目。三是制定系统性统筹政策。由市级层面出台具有系统性、统筹性的高端装备制造产业人才招引政策，协调各区县联动落实人才引进政策。四是制定具有区域比较优势的"高精尖缺"人才引进政策。以市级政策为引领，鼓励各县区根据当地高端装备制造企业的特征和结构，编制高端装备制造产业人才招引培育专项政策。按照"一区一策"的原则，分区域、分行业量身定制人才引进办法，为"高精尖缺"人才开通人才引进"直通车"，加快引进或培养一批高端技术人才和复合型人才。

（2）动态引才育才

一是建立健全动态人才招引机制。以高端装备制造产业人才招引工作站为基础，建立"企业—工作站—人才"间的动态信息反馈机制。通过建立信息集成平台和反馈中枢平台，企业可以及时向工作站反馈动态变化的新技术、新工艺、新规范、新标准，从需求侧为人社部门人才招引明确工作导向，同时也为求职者提升自身竞争力提供方向依据。基于信息集成平台的动态信息传输、匹配机制，减少企业与劳动力间的技能错配。二是完善存量人才培养机制。根据行业和岗位技能的需求制订对现有劳动力的培训计划，确保培训内容与新技术、新工艺等当前实际需求紧密结合，充分发挥"干中学"效应，鼓励企业员工自我提升和学习新技能。三是鼓励高校和研究机构根据产业需求来调整人才培养计划。高校和研究机构要加强与企业的合作和交流，建立产学研密切结合的专业技能人才培养模式，鼓励企业与高校开展"订单式"人才培养、现代学徒制试点计划。四是以质量和创新为导向，落实人才评价激励。增加应用型人才认定标准，丰富细化人才评价指标，扩大人才认定领域，不断健全完善人才的认定、评价和考核体系，构建充分体现知识、技术等创新要素价值的收益分配机制。以完善的激励机制驱动人才不断革新自身知识技能，以事业激励人才，以人才成就事业。

(3) 产业引才育才

一是以产业发展形成人才集聚效应。推动高端装备制造产业高质量可持续发展，孵化一批专精特新企业，充分发挥其科技创新动能和对技术人才的吸引力。擦亮扬州市"制造强市"的城市名牌，发挥高端装备制造产业作为优势产业对人力资源的集聚作用。二是以"研究型招商"牵引人才流动。立足扬州市"613"产业体系定位，明确招商引资方向，围绕13条新兴产业链建设，加大招商项目谋划力度，聚焦"我要招什么"。科学研判调度，以企业和项目的招引牵引专业人才招引，实现项目和人才的精准招引，充分发挥龙头企业对供应链资源和人才的牵引作用。

(4) 畅通国际高端科技人才引进

一是畅通海外引才用才渠道。为国内外顶尖高端装备研发团队开通人才引进通道，鼓励其承担企业重点科技攻关任务和关键岗位。打破国籍、身份、人事关系等制约，促进国内外先进人才资源的合理流动和有效配置。二是建立符合国际惯例的激励机制。在项目经费支配、成果使用、研发团队组建等方面给国际高端科技人才更大的自主权，制定外籍专家领衔企业重点科技项目的办法，助力引进人才充分施展个人才华。三是实现重点引进国际高端科技人才与支持本地优秀人才海外培训双循环。积极开展留学工程，成立高校联盟，以共建尖端实验室为核心，建立以孵化器和加速器为主的创新体系，吸引全球顶尖科技人才。四是强化软环境建设。强化关于外籍人员子女教育、医疗保障和社区建设等方面的软环境建设，着力解决国际高端科技人才在工作和生活中的痛点和难点问题。

（5）深化产学研一体化合作

一是建立产学研一体化平台。通过搭建高端装备制造产业与高校和研究机构的合作平台，促进信息共享和资源整合。这一合作平台包括技术转移、人才培养、市场推广等多个板块，为产业发展提供全方位的支持。二是加强技术研发和创新，鼓励企业加大研发投入，加强与高校和研究机构间的合作。支持企业与高校和研究机构共建一批高端装备领域重点实验室、技术创新中心、前沿科学中心等，搭建科技成果转化平台，培育高端智库，提升服务科技创新决策的能力。企业与高校和研究机构通过共享技术和成果，推动高端装备制造产业的科技进步和产业升级。三是强化政策引导和支持，有关部门可以出台相关政策，鼓励和支持企业与高校和研究机构进行合作。例如，通过提供财政支持、税收优惠等政策措施，来推动高端装备制造产业的产学研一体化发展。

（三）扬州市高端装备制造产业人才发展的具体举措

1. 建立高端装备制造产业企业级人才数据信息系统

由政府有关部门牵头，对所有高端装备制造企业进行实地调研或问卷调查，建立企业级人才数据库。摸清整个高端装备制造产业所有企业目前员工的分布态势，即一线工人、技术研发人员、行政管理人员的占比，企业员工的整体学历分布，以及企业目前拥有的"高精尖"人才的相关信息，如其熟悉的专业领域与特长等。通过企业级的人才数据库，既可以汇总数据分析行业宏观的人才情况，把握整个行业人才招引的大方向，又可以分析行业具体领域以及单个企业的特色需求，真正实现"一企一策"，精准引才。

2. 打造连接企业需求与高校科研资源的产学研一体化平台

由政府有关部门牵头，搭建一个高端装备制造产业产学研项目信息公示与招投标平台，具体可通过线上门户网站的形式开展，可以在网页中建立企业需求发布板块、高校科研团队展示板块、招投标流程板块等。积极引导企业梳理"卡脖子"关键技术，明晰自身对于科技创新研发的需求，然后以项目形式在板块发布。同时可以借助政府资源与国内外相关高校和科研机构进行接触，并邀请科研团队入驻门户网站的团队展示板块，通过介绍团队的科研领域与过往项目经历，使之更加方便与企业需求进行匹配。围绕门户网站，开展多形式的"校—企—政"交流会，实现企业研发需求和高校科研资源的匹配，由政府部门提供扶持政策与相关保障，继而推动整个高端装备制造产业产学研项目的签约与落地。

3. 建立完善的具体行业存量人才培养制度

为避免出现一线技术人员和部分高端研发人才"易招难留"的情况，人才引进后的人才培养制度也需要进一步规范和完善。在高端装备制造产业的几个具体领域，如工业母机及机器人、高技术船舶与海工装备等，由政府有关部门牵头，选取其中的龙头企业和部分专精特新中小企业联合制定行业内现有劳动力培训的标准规范。在行业标准规范的框架下，业内企业再结合自身技术、制造工艺等实际情况，联合出台更加健全的人才培养制度。鼓励高校和研究机构根据产业需求调整人才培养计划，加强与企业的合作和交流。建立产学研密切结合的专业技能人才培养模式，鼓励企业与高校开展"订单式"人才培养、现代学徒制试点计划。

4. 建立多样化、立体式的高端装备制造产业人才招引宣传矩阵

整合政府和高端装备企业的宣传资源，通过线上线下宣传结合的多样化方式打造高端装备制造产业人才招引的宣传矩阵。线下要"招进来，走出去"，既要"招进来"，如通过组织"百名博士扬州实践"等活动吸引相关高校和行业人才来扬调研，邀请他们走进高端装备制造产业的相关企业，了解一线情况，又要"走出去"，可以组织企业宣传团队进入全国各

大高校开展高端装备制造产业联合宣讲会,通过汇集各个行业龙头企业及中小专精特新企业的优势与资源,最终达到宣传整个产业的效果。线上宣传要利用好各大新媒体平台,如建立关于扬州市高端装备制造产业人才招引的微信公众号、抖音视频号等,大力宣传扬州市高端装备制造产业的明星企业、知名品牌及人才招引的相关政策,通过打响扬州市高端装备制造产业集群的名号,来提高扬州市高端装备制造产业对于全国各层次人才的吸引力。

吴忠市葡萄酒旅游产业发展的 PEST-SWOT 分析
——以红寺堡产区为例

"喻竹计划"宁夏吴忠实践队[①]

本文基于吴忠市红寺堡区葡萄酒产区（以下简称红寺堡产区）两个酒庄的葡萄酒旅游产业发展 PEST-SWOT 分析，通过剖析红寺堡产区葡萄酒旅游产业发展的内部优势和劣势，以及所面临的外部发展机会和威胁，对产区和政府分别提出了相应的建议。针对红寺堡产区，实践队提出了成长型战略、加强型战略、多元型战略、防御型战略等葡萄酒旅游产业发展策略；针对吴忠市，实践队提出了细化葡萄酒旅游产业发展政策措施、建设葡萄酒旅游文化展示中心、搭建葡萄酒旅游专线交通系统等建议，助力吴忠市葡萄酒产业全面升级。

一、红寺堡产区的酒庄简介

吴忠市红寺堡产区主要包括两个酒庄，分别是宁夏红寺堡酒庄有限公司（简称红寺堡酒庄）和宁夏东方裕兴酒庄有限公司（简称东方裕兴酒庄）。

红寺堡酒庄于 2014 年注册成立，项目占地 8730 亩，其中葡萄园占地 5500 亩，葡萄酒文化产业园占地 133 亩，葡萄主题文化观光园占地

[①] "喻竹计划"宁夏吴忠实践队，于 2021 年暑期赴宁夏回族自治区吴忠市开展政务见习，成员包括马小勇、罗钦凯、高天、李欣樾、刘雨彤、陈甜、罗棋、贺晓芳、张坤，挂职单位包括吴忠市委宣传部、网信办、发改委、住房和城乡建设局、交通运输局、水务局、统计局、金融工作局、国资委。

3097亩。其中，葡萄酒文化产业园已建成14000平方米的产品会展、商务中心，3000平方米的地下酒窖，6000平方米的酒庄发酵生产、灌装车间。红寺堡酒庄是一家集葡萄种植、葡萄酒加工和销售、葡萄酒展示展览、旅游观光、休闲会所及世界葡萄酒文化交流为一体的现代化综合开发公司。

东方裕兴酒庄成立于2014年，酒庄生产及多功能区域建筑面积约6800平方米，自有葡萄园600亩，年生产能力约360吨。酒庄酿造的"戈蕊红"品牌葡萄酒于2017年、2018年、2021年获得比利时布鲁塞尔国际葡萄酒大赛最高奖项"大金奖"，以及2018"一带一路"（宁夏银川）国际葡萄酒大赛金奖。截至2023年底，"戈蕊红"品牌葡萄酒还斩获其他国际国内各种奖项148项。

二、红寺堡产区葡萄酒旅游产业发展的 PEST-SWOT 分析

（一）内部优势（S）

1. 自然地理条件优越

红寺堡产区地处宁夏回族自治区中部干旱带，属于典型的大陆性气候，干旱少雨，昼夜温差大，光照充足，全年日照时间长，土壤多为沙壤，土质疏松，土壤透气性好，境内无污染源，非常适合葡萄的种植与生长，因当地产出的葡萄含糖量高、含酸量适中，色素形成良好，着色饱满，香气发育完全，葡萄的纯天然糖度达22%～24%，包含了300多种营养元素，抗癌单宁成分能排在全国葡萄种植区前列。

2. 区域政策环境良好

《中国（宁夏）贺兰山东麓葡萄产业文化长廊发展总体规划》提出以葡萄文化为导向，形成融入产业、文化、休闲、度假、娱乐、旅游等元素为一体的综合型主题城，致力于打造具有中国特色的国际葡萄酒文化城。2019年发布的《吴忠市红寺堡区国民经济和社会发展第十三个五年规划纲要修订本》提出，通过文化打造、生态引领、产业推动，加快形成以国际

红酒交易中心、葡萄酒文化城、葡萄产业示范园、葡萄小镇等与酒庄集群多元发展的葡萄文化长廊明星产区，大力促进红寺堡区葡萄酒相关产业的发展。红寺堡区政府抓住自治区推进贺兰山东麓葡萄产业及文化长廊建设机遇，围绕"一城两镇"产业规划，加快形成葡萄种植、加工销售、文化示范及配套服务为一体的全产业链。以葡萄酒庄、万亩葡萄园为核心，积极探索发展葡萄采摘、庄园观赏、酒庄体验等生态旅游项目，促进特色葡萄产业与生态旅游的融合发展。

3. 葡萄种植与酒庄建设初具规模

红寺堡产区坐落在拥有"东方波尔多"之称的贺兰山东麓产区。截至 2020 年底，红寺堡产区累计葡萄种植面积达 10.6 万亩，注册葡萄酒企业 28 家，产值达 4 亿元；当地已建设投产葡萄酿酒企业及酒庄多家，培育形成 40 多个葡萄酒品牌；红寺堡产区的葡萄酒先后在国内外各大葡萄酒赛事中获得 275 个奖项。葡萄酒产业已成为当地一张亮丽的"紫色名片"。

（二）内部劣势（W）

1. 经营状况较差，产业转型困难

实践队在调研中发现，当前红寺堡产区葡萄酒旅游产业的发展还处于萌芽阶段，仅有部分发展较好的酒庄正在规划建设葡萄酒旅游产业相关项目。部分酒庄尚未发展甚至暂无意愿发展葡萄酒旅游产业，原因是葡萄酒的销售状况较差，库存量大，酒庄资金周转困难，无法扩大生产规模和延长产业链，以致影响葡萄酒产业转型。

2. 葡萄酒旅游产业开发缺乏人才

葡萄酒旅游作为一种新兴的旅游项目，加之红寺堡产区是一个新兴的葡萄产区，因此很多有关葡萄酒旅游项目的挖掘、研究、开发都停留在浅层次上，直接制约着红寺堡产区葡萄酒旅游产业的发展。按照相关产业规划，红寺堡产区在葡萄酒旅游产业的开发上有很大的人才缺口。

3. 葡萄酒旅游产业开发特色不明显

红寺堡产区虽已具备一定的葡萄酒旅游产业资源，但对该产业的开发却仍处在初级阶段，在开发过程中并没有将葡萄酒文化、当地历史文化与旅游产业巧妙地结合，对文化底蕴的挖掘不深，未能打出葡萄酒旅游特色品牌，因此对游客来说，红寺堡产区的葡萄酒旅游产业目前缺乏足够的吸引力。葡萄酒文化是发展葡萄酒旅游产业的核心骨，只有抓住葡萄酒文化的精髓，才能更好地将其融入葡萄酒旅游产业的发展中。

4. 地方旅游产业发展欠佳

红寺堡产区整体的旅游发展仍处于比较滞后的状态。现有的移民文化旅游、罗山生态旅游以及航空旅游都没能得到较好的开发与利用，因此旅游业发展得并不顺畅，总体表现为旅游资源丰富但发展情况较差。受发展整体欠佳的旅游产业的影响，红寺堡地区葡萄酒旅游的发展乏善可陈。

（三）外部发展机会（O）

1. 政治环境

红寺堡区是全国最大的生态移民扶贫集中安置区。2007年，红寺堡区开始发展葡萄产业，当前，葡萄产业已发展成为当地第一大支柱产业，助力移民脱贫致富。2021年5月印发的《吴忠市红寺堡区国民经济和社会发展第十四个五年规划和二〇三五年远景目标纲要》中明确指出区自治区将推进黄河黑山峡河段开发、陕甘宁革命老区供水工程、银昆高速、太中银铁路扩能改造等重大项目建设，支持红寺堡区创建全国易地搬迁移民致富提升示范区。

2. 社会环境

在2015年成都春季糖酒会上，红寺堡镇被中国商业企业管理协会授予

"中国葡萄酒第一镇"的荣誉称号后,极大地提高了红寺堡产区在全国的知名度。近年来,红寺堡产区的汉森、紫尚、罗山等40余款葡萄酒陆续在贺兰山东麓国际葡萄酒大奖赛、法国巴黎品醇客葡萄酒挑战赛、德国柏林葡萄酒大奖赛上斩获大奖,使得红寺堡产区的葡萄酒在国内外声名远扬。目前红寺堡产区出产的葡萄酒已得到国内外葡萄酒专家的普遍认可,当地葡萄酒的品牌影响力正在逐步提升。

(四)外部发展威胁(T)

1. 政治环境

红寺堡产区葡萄酒产业的政策重点更多集中在解决产区库存问题上,对发展葡萄酒旅游产业的支持和宣传力度不足;葡萄酒产业协会的作用单一,主要作用在于进行展会宣传,产区暂未搭建其他的葡萄酒宣传和销售渠道;在融资门槛较高、限制较多的情况下,产区暂时没有解决酒庄融资困难的有效方法。

2. 经济环境

流行性传染病的肆虐不仅会对国内的实体经济产业造成很大的影响,也会影响葡萄酒的对外销路。同时,流行性传染病的反复也会影响到人们的出行游玩计划,有不少原本打算参观葡萄酒庄的游客因此搁置计划。

3. 社会环境

一是红寺堡产区的热门旅游资源较少,旅游产业基础薄弱,葡萄酒旅游项目也未能与产区内已有的旅游资源进行有效的融合发展。二是我国粮食酒的饮用历史悠久且产业发展较为成熟,国内葡萄酒还处于逐步打开市场的阶段。针对大多数国民的消费习惯而言,葡萄酒并不占优势,想要达到民众广泛饮用葡萄酒的局面还需要相当长的历程。

红寺堡产区葡萄酒旅游产业发展的PEST-SWOT分析如表1所示。

表1 红寺堡产区葡萄酒旅游产业发展的 PEST-SWOT 分析

内部环境	外部环境			
	P（政治环境）	E（经济环境）	S（社会环境）	T（技术环境）
S（优势） 1. 自然地理条件优越； 2. 区域政策环境良好； 3. 葡萄种植与酒庄建设初具规模	O（机会）政策大力支持红寺堡区创建全国易地搬迁移民致富提升示范区	—	红寺堡产区葡萄酒的品牌知名度逐步提升	—
W（劣势） 1. 经营状况较差，产业转型困难； 2. 葡萄酒旅游产业开发缺乏人才； 3. 葡萄酒旅游产业开发特色不明显； 4. 地方旅游产业发展欠佳	T（威胁）葡萄酒旅游产业的支持和宣传力度不足以及融资政策欠缺	流行性传染病的肆虐影响葡萄酒的销售和葡萄酒旅游产业的发展	红寺堡产区的热门旅游资源较少，葡萄酒旅游项目未能与产区内已有的旅游资源进行有效的融合发展；粮食酒饮用历史悠久且产业发展较为成熟，国内葡萄酒还处于逐步打开市场的阶段	—

三、关于吴忠市葡萄酒旅游产业发展的建议

（一）对产区的建议

根据红寺堡产区葡萄酒旅游产业发展的 PEST-SWOT 模型，实践队对红寺堡产区提出了以下建议。

1. 成长型战略（SO 战略）

大力发展葡萄酒产业，加快产区基础设施建设。红寺堡产区要充分利用当地优越的自然地理条件的内部优势和政府政策支持的外部发展机会，大力扶持产区酒庄的发展，帮助葡萄酒企业做大做强，奠定坚实的产业融合基础。结合目前红寺堡区创建全国易地搬迁移民致富提升示范区的工作重点，红寺堡产区应加快包括交通、灌溉、景区、餐饮、住宿等方面在内的基础设施建设。

2. 加强型战略（WO 战略）

加强产区葡萄酒推介，帮助酒庄改善经营状况。政府和行业协会要大力开展产区葡萄酒推介活动，加强市场营销，拓展销售渠道。红寺堡产区多数葡萄酒品牌的知名度较低，且品牌特色不够突出，还需要继续加强葡萄酒品牌建设，增强品牌知名度，继而拓展新的销售市场。

3. 多元型战略（ST 战略）

帮助酒庄找准风格定位，转变经营理念，进行差异化发展。在建筑景观的打造上，要体现出产区的特色或酒庄的特点，改造独具个性的酒堡建筑，并在建筑周边打造优美的景观环境。在葡萄种植园中，可以划出特定种植区域作为游客参观区，在这一区域内杂植不同品种、外观的葡萄，主要强调旅游观赏效果，增强游客游览的体验感。

4. 防御型战略（WT 战略）

整合产区资源，实施差异化的扶持方案。对当前经营不善的酒庄，可

以帮助其先解决现实问题，如进行酒庄合并或转卖，整合产区资源，尽可能降低损失。在确保酒庄健康发展的基础上，具体分析各个酒庄发展葡萄酒旅游项目的客观条件和可行性，引导经营状况良好的酒庄实现向"葡萄酒＋旅游"的转型。加大对葡萄酒旅游产业的金融扶持力度，拓宽酒庄融资渠道，依托乡村振兴战略和吴忠市相关旅游规划和税收优惠政策，可支持一批酒庄进行旅游产业基础设施建设，并优先培育一批产业融合示范酒庄。

（二）对吴忠市政府的建议

1. 细化葡萄酒旅游产业发展政策措施，助力葡萄酒产业转型升级

当前，市政府有关部门关于支持葡萄酒旅游产业发展的具体措施还不够系统完善，可以让农业农村局、文化旅游体育广电局等部门牵头，制定葡萄酒旅游产业发展规划和实施方案，其他有关部门如组织部、发改委、自然资源局、金融工作局等按照各部门职责制定人才引进、土地资源利用、项目规划建设、融资、基础设施建设等方面的具体可行的政策，并做好政策的试点和研判，将助推葡萄酒旅游产业发展的各项政策落到实处、抓到重点，切实帮助解决酒庄的发展及转型升级等难点问题。

2. 建设葡萄酒旅游文化展示中心，营造市域葡萄酒旅游氛围

在吴忠市市区建设集葡萄酒品鉴、葡萄酒及酒庄宣传、会议展览、打卡拍照、游客集散等于一体的葡萄酒旅游文化展示中心，让市区的游客体验有趣的葡萄酒文化，并吸引这部分对葡萄酒文化感兴趣的游客至红寺堡产区葡萄酒庄进行深度游览。将葡萄酒旅游文化展示中心建设成为连接游客和葡萄酒庄的特色桥梁、宣传吴忠市葡萄酒及旅游产业的强大窗口，以及吴忠市文旅产业发展的地标式景点。

3. 搭建葡萄酒旅游专线交通系统，打通旅游地域交通限制

依托地缘优势，联合吴忠市公交公司、旅游服务公司及汽车俱乐部等，有效整合当地交通资源，推出便捷、优质、智慧化的旅游交通专线，

完善当地自驾游车辆租赁系统,为商务旅游群体、葡萄酒爱好者及其他游客提供个性化且便利的交通条件。此外,政府还应在增加各大城市往返吴忠市的高铁线路和班次,以及增加吴忠市往返银川河东国际机场的交通专线等方面发力。

追溯"光通信"领域科技自立自强之路

"喻竹计划"武汉东湖高新区实践队[①]

一、调研背景

（一）立足历史背景

我们党高度重视科技事业，始终坚持走具有中国特色的自主创新道路，从吹响"向科学进军"的号角，到提出"科学技术是第一生产力"的论断，再到"科技是国家强盛之基，创新是民族进步之魂"，"科技兴则民族兴，科技强则国家强"。在百年历史征程中，中国始终坚持创新精神，实现了从站起来、富起来到强起来的伟大飞跃。党的二十大报告中强调，教育、科技、人才是全面建设社会主义现代化国家的基础性、战略性支撑，要"深入实施科教兴国战略、人才强国战略、创新驱动发展战略"。

站在新起点，我们比历史上任何时期都更接近中华民族伟大复兴的中国梦，实现中国梦离不开科技创新的助推。科技实力和创新能力决定着世界政治经济力量对比的变化，也决定着各国家各民族的前途和命运。

[①] "喻竹计划"武汉东湖高新区实践队，于2023年暑期赴湖北省武汉市、安徽省合肥市开展调研实践，成员包括赵谦、李宗霖、周凤洁、刘慧、张筠笛、张梦瑶、牛紫涵、郑亦淇、戴阳、高双赢、代欣园、张肇翔、赵辰骁、刘耀文，挂职单位包括武汉市东湖新技术开发区规划局、建设局、招才局、环境水务局、市场监督管理局，武汉市江汉区委办公室，湖北省发展和改革委员会体制改革处、人事处，湖北省经济和信息化厅机关党委，湖北省能源局能源装备处。

（二）响应时代号召

在新时代，高校必须担当加快建设教育强国、科技强国、人才强国的时代责任，全面提升人才自主培养质量，全面提升科技自主创新能力，全面提升现代大学治理水平，为现代化建设提供强大人才支撑，为全面建设社会主义现代化国家做出高校应有的贡献。

面向时代需求，华中科技大学自 2018 年启动"喻竹计划"以来，截至 2023 年 5 月，共选派出 637 个实践团队，累计 15000 余人次师生参与实践，完成调研走访数百次、访谈千余人次，发布新闻稿及各类宣传作品共计 2500 余篇，作品登上学习强国、《人民日报》、人民网、新华社、《中国青年报》等中央媒体，以及 10 余个省份、地市的地方新闻频道，形成调研报告、资政报告、结项报告等成果 800 余篇（见图 1），整体阅读量破百万人次。

图 1 "喻竹计划"报道总结

（图片来源：实践队自制。）

"喻竹计划"下设暑期政务见习团、科技服务团、博士生服务团等专项团类别，针对不同实践需求，充分发挥学科优势。其中，科技服务团汇聚文理医管工等多专业视角，结合科技前沿与现实问题发挥所长，集中调研攻关、赋能当地发展。博士生服务团则挖掘实践育人资源，把思政课堂搬到科研所、体育馆、田间地头等更多现实场景，并承担起课程教学及管理等任务，切实解决人才紧缺问题。各专项团成员通过发挥个人专业优势，挥洒青春汗水，为我国科技自立自强添砖加瓦。

2023 年，华中科技大学"喻竹计划"实践项目选派 30 余支队伍共 266 人前往全国 14 个省份的 24 市开展政务见习、社会调查、企业调研、科研攻关、医疗帮扶等多种形式的社会实践，其中博士生服务团与科技服务团以回应现实需求、讲好科学大道理为实践主旨，为地方发展提供多元化的青年视角。

二、调研目的

① 立足习近平总书记的考察足迹，线上收集考察地的历史背景和相关新闻报道，领会习近平总书记考察时的重要指示，整理成资料库，以保障实践内容的真实性、准确性、适用性。

② 实地走访习近平总书记走过的企业、社区、展览馆等地，从专业讲解中了解各地具体的发展历史和发展现状，获取一手的影视资料、实景照片、调研照片等，形成影视库，以保障调研的生动性和翔实度。

③ 搜集考察地相关人员的资料，了解更多历史细节，并采取访谈、座谈等形式，深入探讨相关问题，丰富材料，突显榜样力量，帮助大众进一步了解考察地的发展现状及其在发展过程中涌现出的榜样人物，进而引发大众共鸣。

④ 了解考察地有关科技创新的推广科普情况，以团队形成的资料、视频为基础，针对不同的人群开展科技创新相关的科普讲座，拓宽群众的视野，讲好"重走习近平总书记的考察足迹"故事。

三、调研意义

（一）对社会整体的意义

1. 读懂考察背后的奋斗密码

深入调查习近平总书记走过的考察地现状，了解企业、社区的实际情况，读懂新征程新形势新起点下的"奋斗密码"，在实际调研中磨意志、提境界、砺作风，将"微光"聚合为"炽芒"，努力在新征程中贡献自己的智慧与力量。

2. 弘扬优秀榜样的精神特质

深入调研习近平总书记走过的纪念展馆，追忆中国共产党人的精神谱系，感悟优秀榜样的经验和成就，讲好新时代的中国故事，向社会传递积极信息，进一步发挥榜样的灯塔作用，鼓励更多人参与到新时代的高质量发展之路，培养民众的社会责任感，激发更多人融入促进社会全面发展的伟大事业中。

（二）对实践队成员的意义

实践队成员将通过接触考察地的发展趋势和创新成果，培养自身的社会责任感和创新思维，拓宽知识面，学会在面对不同的实际情况时快速寻找新的解决问题的途径和方法。实践队成员将在与企业、研究机构、专家学者等的交流过程中掌握各种调研方法和技巧，提升分析问题和解决问题的能力，培养从实践中得出结论的能力。

四、调研方法

（一）资料研究法

根据现有理论、事实和研究需要，通过查阅有关习近平总书记考察的相关文件、新闻报道等，形成对调研对象的全面认识，并在充足的资料上开展分析研究。

（二）实地调研法

选取习近平总书记考察过的湖北及安徽的多个地点，如长飞光纤光缆股份有限公司、中国信息通信科技集团有限公司、华工科技产业股份有限公司、智苑社区、安徽创新馆、科大讯飞股份有限公司、渡江战役纪念馆等，通过实地调研，了解调研对象的历史脉络和未来发展举措，并通过对政府有关部门、企业、展览馆的工作人员进行深入访谈，获取更加全面的信息，以确保本项调研的真实性，拓宽社会实践调研的深度与广度。

(三)案例研究法

通过前期的观察、调研,归纳总结出不同调研对象的科技创新模式,进一步比较分析,探究其策略规划及执行效果存在差异的原因。调研结束后,将收集到的材料制作成短视频,供更多的人来了解和学习,然后分析相应的数据资料,并结合指导老师的意见及权威学术文章提供的相关经验,最终整合为具有可读性、内容翔实可靠的调研材料。

五、调研基本情况

(一)极目楚天百舸竞——习近平总书记的湖北足迹

党的十八大以来,习近平总书记3次来到武汉光谷考察。2013年7月,习近平总书记考察湖北,他在武汉光谷指出:"我们是一个大国,科技创新上要有自己的东西。"2018年4月,习近平总书记再次考察光谷时指出:"具有自主知识产权的核心技术,是企业的命门所在。"2022年6月,习近平总书记第三次来到光谷考察,他指出:"要把科技的命脉牢牢掌握在自己手中,在科技自立自强上取得更大进展。"

实践队成员前往光谷、车谷等地参观调研20余次,访谈座谈上百人,立志沿着总书记的足迹,探寻湖北的高质量发展之路。

1. 长飞光纤的"长飞梦"

长飞光纤光缆股份有限公司(以下简称长飞光纤)创建于1988年5月,迄今已成为中国产品规格最齐备、生产技术最先进、生产规模最大的光纤光缆产品及制造装备的研发和生产基地,光纤光缆的生产总量居国内第一、全球第二,产品销量连续18年居全国第一位。

2013年7月,习近平总书记走进长飞光纤的生产车间,询问公司执行董事兼总裁庄丹"你们的长飞梦是什么",庄丹回复说:"用6到8年时间做到这个领域的全球第一。"与习近平总书记对话后,庄丹立下目标,要加大研发力度,实现科技自主,而且要拿下光纤预制棒、光纤、光缆市场份额的全球第一。"长飞梦"印在庄丹心中,也印在每一位奋斗着的长飞人的心中,后来长飞光纤将融资获得的资金都用在了核心技术研究和光纤产业化上。最终,长飞光纤在2016年底实现了光纤预制棒、光纤、光缆销量全球第一,提前兑现了那一声承诺。

在了解到长飞光纤的发展历史后,全体成员都不禁为"长飞梦"所动容,从全部采购到全部自研,背后是长飞光纤一步一步的创新史、奋斗史。在座谈会上,长飞光纤创新中心预研部经理赵文琪还回忆起自己作为主要负责人奔赴波兰选址建厂的故事,笑中带泪,苦中作乐。长飞光纤工作人员具备的积极乐观、不屈不挠的顽强拼搏精神,以及大胆创新、勇于探索和不达目的不罢休的科研精神,深深触动着实践团的每一位成员,大家仿佛看见一点一点的科技星光,慢慢腾飞汇聚成耀眼的光谷光芒(见图2、图3)。

● 图2 实践队参观走访长飞光纤

(图片来源:实践队拍摄。)

● 图3 与长飞光纤赵文琪经理座谈

(图片来源:实践队拍摄。)

从一声"长飞梦"的承诺,到进军半导体领域,长飞光纤自研创新的背后承载着一批批科研人员执着不懈的努力和勇敢无畏的拼搏精神,照耀着"长飞梦"的奋进之路,感染激励着一代代的青年奋斗不息。

2. 中国信科的"中国芯"

中国信息通信科技集团有限公司(以下简称中国信科),由原武汉邮电科学研究院(烽火科技集团)与原电信科学技术研究院(大唐电信集团)于2018年7月20日联合重组成立。自重组以来,中国信科以打造国家信息通信战略科技力量为目标,强化科技规划引领创新,持续加强技术攻关,推动部分关键核心技术突破及应用全球领先:在"三超"光通信领域,5年6次打破世界纪录;在移动通信领域,集团5G标准必要专利数名列全球第八,是我国实现"3G突破、4G并跑、5G引领"的核心力量。

2018年4月,习近平总书记来到烽火科技集团考察,查看企业研制的芯片、光纤等高科技产品,并提出"新发展理念,创新是第一位的"。烽火科技集团下属烽火通信科技股份有限公司(以下简称烽火通信)党委书记曾军回忆道:"习近平总书记语重心长的话语,坚定了大家打造'中国芯'的信心。尽管技术壁垒很多,但我们坚持自主研发、不断突破。"

2018年,烽火通信研发团队研发出了我国首款商用100G硅光收发芯片,但当时国际同行已采用全新的技术路径开发下一代产品,面对"技术掌握在别人手里"这一局面,烽火通信选择为研发团队增加人手并投入大量经费,2021年底,烽火通信推出了我国首款、拥有自主知识产权的400G相干商用硅光收发芯片,这是目前国际上已报道的集成度最高的商用硅光集成芯片之一。在访谈中,工作人员表示:"未来,中国信科将坚持对光通信、集成电路等领域压强式投入,不断强化关键核心技术攻关和原创技术策源,完善科技创新体系建设,研发和掌握更多国之重器,聚力成为国家战略科技力量。"从跟跑到领跑,中国信科的卓越成就和对未来科技创新发展的雄心壮志感染着实践队的每一个人,激励着我们去勇攀高峰、大胆追光,投身于祖国的新时代科技建设,聚力点点烽火(见图4)。

● 图4　实践队参观走访中国信科

（图片来源：实践队拍摄。）

3. 华工激光的"湖北激光五十年"

华工科技产业股份有限公司（以下简称华工科技）脱胎于中国知名学府——华中科技大学，是"中国激光第一股"、中国高校成果产业化的先行者。华工科技经过多年的技术、产品积淀，形成了以激光加工技术为重要支撑的智能制造装备业务，以信息通信技术为支撑的光连接、无线连接业务，以敏感电子技术为支撑的传感器业务三大主营业务格局。武汉华工激光工程有限责任公司（以下简称华工激光）则是华工科技的核心子公司。

2022年6月，习近平总书记来到华工科技激光科技馆，仔细查看手机制作的激光工艺，认真端详在两指宽的金属片上激光切割出的黄鹤楼，并于汽车激光车身焊接展区驻足观看。习近平总书记强调："推动我国制造业转型升级，建设制造强国，必须加强技术研发，提高国产化替代率，把科技的命脉掌握在自己手中，国家才能真正强大起来。"

20世纪70年代初，华中科技大学的前身华中工学院在全国率先创办激光专业，湖北的激光产业发展之路由此揭开序章。50余年筚路蓝缕，武汉的激光产业坚持自主创新，已形成完整的激光产业链和中国最大的激光设备制造基地，而这一切的探索在今天汇聚成了华工激光的创新成果。沿着习近平总书记走过的路参观华工科技激光科技馆，实践队成员们领悟到了"科技兴则民族兴，科技强则国家强"的真谛。光谷的崛起，就是千万荆楚人才艰苦奋斗、创新创意的逐梦之路（见图5）。

● 图 5 实践队参观走访华工激光

(图片来源：实践队拍摄。)

4. 智苑社区的"美好生活"

武汉市东湖新技术开发区左岭街道智苑社区，是一个国有企业棚改还建小区。社区规划面积 8.2 万平方米，9 栋 18 个单元，商铺 23 户，小区居民 2604 户，常住人口 3800 余人，2022 年前后，智苑社区被选为"美好环境与幸福生活共同缔造"（以下简称"共同缔造"）试点社区之一。该社区创新社会治理模式，积极探索打造"共同缔造"的"智苑样板"。

2022 年 6 月，习近平总书记来到智苑社区考察时指出："要把更多资源下沉到社区来，充实工作力量，加强信息化建设，提高应急反应能力和管理服务水平，夯实城市治理基层基础。"

实践队成员们整体了解了智苑社区在社区基层治理方面所取得的显著成效，并立足各自的专业特色，围绕社区"共同缔造"实践，选取具体的调研方向进行深入调查，如探究智苑社区创建的"居民公约""幸福食堂""共享花园""乐享学堂"等社区基层治理实践典型案例。成员们随机采访了社区居民，从他们谈到的点滴小事中体会智苑社区的幸福蜕变。成员们还与社区党建专员李梦蝶、退伍军人黄树奇、老党员彭振先、志愿者曹红等人进行深度对话，了解社区各项工作的开展过程与执行细节。在对话中，成员们深切感受到社区居民对共同生活的家园发自内心的热爱（见图 6）。

第一部分 "喻竹计划"系列调查报告

● 图 6　参观走访智苑社区

（图片来源：实践队拍摄。）

一件件社区"小事"连着初心，系着民心，"共建新时代大院般温暖社区"的口号深深感染了实践队全体成员，大家深刻感悟到习近平总书记的"人民初心"，真正体悟到社区作为城市基层治理的"最后一公里"，作为党委和政府联系群众、服务群众的"神经末梢"所发挥的关键作用，更深切地体会到基层工作的艰辛与光荣。

自 2013 年习近平总书记首次到湖北考察，至 2023 年，10 年来，习近平总书记 5 次考察湖北。重走总书记的湖北足迹，实践队成员们看到了科技创新，光谷光电子信息产业领域"独树一帜"，闪耀全球。在长飞光纤、中国信科、华工激光，看到了科技自立自强的"长飞梦""信科梦""华工梦"，见证了青年学子的梦。在智苑社区，看到了民生实事，"共同缔造"敲开百姓幸福之门。回望总书记的关心关怀、殷殷嘱托，作为华科大的学子，实践队成员们将继续追光逐梦，学习笃志好学、脚踏实地的科创精神，为科技创新的未来发展贡献自己的力量。

（二）潮涌江淮千帆扬——习近平总书记的安徽足迹

党的十八大以来，习近平总书记先后两次深入安徽考察。2016 年 4 月，习近平总书记走进中国科技大学、中科大先进技术研究院，2020 年 8 月，来到安徽创新馆，两次考察都详细察看了科技成果、询问创新发展。习近平总书记强调："要对标世界一流，加强前沿探索和前瞻布局，加大关键核心技术攻坚力度。"

125

为对比研究安徽的发展密码，探寻安徽合肥的追光之梦，实践队沿着习近平总书记的足迹，前往安徽合肥调研走访，开展访谈活动。

1. 安徽创新馆的"世界一流"

安徽创新馆是国内唯一以创新为主题的场馆，以科技成果转化交易为核心，着力体现"展示窗口、实用平台、先行示范"三大功能定位，形成"聚集展示、捕捉寻找、研发转化"的环形功能链。截至2021年4月，安徽创新馆已成功举办120多场科技成果对接活动，发布500多项重要科技成果，并为全省6000多家企业提供相关服务，完成科技成果投资项目46个，举办各类创新创业活动50多场，吸引2000多家企业参加。

2020年8月19日，习近平总书记在安徽创新馆参观考察时指出："安徽要加快融入长三角一体化发展，实现跨越式发展，关键靠创新。要进一步夯实创新的基础，加快科技成果转化，加快培育新兴产业，锲而不舍、久久为功。"

在这里，有全超导托卡马克、稳态强磁场、聚变堆实验主机、同步辐射光源、合肥先进光源、大气环境立体监测系统等六个合肥综合性国家科学中心大科学装置的沙盘，有安徽创新探索之路、合肥综合性国家科学中心、量子信息等展区，全方位展示了安徽在创新领域强大的技术实力及丰富的创新成果（见图7）。

● 图7　参观安徽创新馆

（图片来源：实践队拍摄。）

实践队成员深刻认识到科学技术对国家前途命运的重要性，对人民生活福祉的巨大影响力。我们必须矢志不移自主创新，坚定创新信心，以基础研究十年行动为抓手，坚定不移下好创新"先手棋"、练好"基本功"、开凿"源头水"、搭建"登云梯"、培育"双一流"，不断提升自主创新能力。

2. 科大讯飞的"星火之势"

科大讯飞股份有限公司（以下简称科大讯飞）成立于1999年，是亚太地区知名的智能语音和人工智能上市企业。自成立以来，科大讯飞积极推动人工智能源头核心技术研发和产业化落地，致力于"让机器能听会说，能理解会思考，用人工智能建设美好世界"。

2016年，习近平总书记考察中国科技大学，观看高新技术企业科技成果展，在科大讯飞展台前听取语音合成技术相关介绍时，对这项技术应用于语音翻译、双语教学、对外交流合作等方面取得的成果给予了肯定。近年来，科大讯飞人工智能技术成果在金融、教育、医疗、办公、汽车、家庭等多个场景的应用加速落地，并涉足了语音合成、文图生成、语音转写、声文模拟、实时翻译、OCR（光学字符识别）等丰富多彩的AI技术领域。

进入科大讯飞的人工智能展厅，实践队成员们就受到来自虚拟主播的热情"欢迎"——这是基于多模态联动技术所合成的视频内容，说话时口型、表情的变化均可以进行同步匹配，只需录入文字，便能实现用虚拟主播的声音和形象进行合成播报（见图8）。

科技创新并不是"高高在上"、脱离生活的，其目的是增强国家实力，创造美好生活。一直以来，科大讯飞力求通过AI赋能"让广大群众享受到看得见、摸得着的实惠"，加快推进千行百业的数字化转型。这种情怀与格局给予了实践队成员们极大的鼓舞与激励，成员们立志要学好专业知识，以专业的水准、扎实的行动助力科技发展与社会治理，为创造中国人自己的美好生活贡献全部力量。

● 图8 参观走访科大讯飞

(图片来源：实践队拍摄。)

3. 渡江战役纪念馆的"人民初心"

渡江战役纪念馆规划用地22万平方米，其中主馆建筑面积1.4万平方米，展厅面积7000平方米，其造型犹如两艘乘风破浪的巨型战舰，舰艏直指前方长江，馆身向前倾斜49度，象征着渡江战役在1949年取得伟大胜利（见图9）。

● 图9 渡江战役纪念馆外览

(图片来源：渡江战役纪念馆官网。)

2020年8月19日，习近平总书记在参观渡江战役纪念馆时强调，任何时候我们都要不忘初心、牢记使命，都不能忘了人民这个根，永远做忠诚的人民服务员。

实践队在渡江战役纪念馆广场瞻仰渡江战役总前委群雕像，深切缅怀革命先辈的丰功伟绩。步入纪念馆内，成员们沿着习近平总书记的考察路线，依次参观"战前形势""战役准备""突破江防""战役胜利""人民支前""英烈业绩"六大展厅，在一张张历史图片、一件件文献实物、一段段文字记录中重温那段风雨如磐的岁月（见图10）。

● 图10 参观渡江战役纪念馆广场及展厅

（图片来源：实践队拍摄。）

赢得人民信任，得到人民支持，是渡江战役胜利的关键，也是中国共产党百年来能够克服任何困难、无往而不胜的根本原因。作为新时代青年，我们要以"自信人生二百年，会当水击三千里"的勇气闯关夺隘，以"暮色苍茫看劲松，乱云飞渡仍从容"的定力笃信实干，弘扬共产党人无私无畏的奉献精神和坚忍不拔的斗争精神，努力书写无愧时代、无愧人民的答卷！

2013—2023年这10年来，习近平总书记两次考察安徽。重走总书记的安徽足迹，我们更加了解安徽高质量发展的新航程。在安徽创新馆和科大讯飞，我们感受到不竭的创新源泉与中华民族澎湃的创新基因；在渡江战役纪念馆，我们重温革命历史，感悟党和人民血脉相连的深厚情谊，昂扬报国壮志。回望总书记规划的宏伟蓝图、科学部署，作为华科大的学子，我们将继续勇攀高峰，投身于祖国的新时代科技强国建设的新征程中。

六、调研结论与感悟

在实践过程中，实践队成员沿着总书记的考察足迹，重温了入党初心，坚定了理想信念，牢记了责任使命，了解到祖国在科技创新、基层治理、民生建设等多个领域取得的显著成果。在与科技工作者、企业骨干、社区党建专员、社区党员代表深入交流的过程中，成员们被他们流露出的浓厚的家国情怀所感染，备受榜样力量的鼓舞。

（一）高水平科技自立自强之路是必由之路

2023年全国两会期间，习近平总书记在参加江苏代表团审议时指出，"加快实现高水平科技自立自强，是推动高质量发展的必由之路"。早在20世纪50年代中期，我国就鲜明提出了"自力更生为主，争取外援为辅"的方针，通过自己的科学研究和建设实践，培养人才，掌握技术，逐步走上了健康发展的道路，汇聚出"两弹一星"的伟大成就（见图11）。50多年来，我国在多个领域实现了核心器部件国产化，走出了一条具有中国特色的自主创新之路，探索形成了新型举国体制优势。

图11 两弹一星
（图片来源：新华社。）

在重走习近平总书记考察之路的过程中，我们深刻感悟到，科技创新，需要顶层设计、支持保障，需要企业使命、技术攻关，需要多方联动、产教融合。

1. 政府的支持与保障

长飞光纤、中国信科等企业在党和国家的部署和支持下，实现了新的发展。在东湖新技术开发区，实践队成员们实际参与到武汉打造具有全国影响力的科技创新中心，建设以东湖科学城为核心区域的光谷科技创新大走廊的过程中。在东湖新技术开发区招才局实习的实践队成员张梦瑶，深入参与到包括光谷人才特区、"3551光谷人才计划"、"武汉·中国光谷"产教联合体等项目在内的人才支持体系的建设中。在走访了武汉初心科技有限公司、武汉小安科技有限公司等新兴企业后，张同学表示："在与科技工作者们深入交谈的过程中，我深刻地领悟到在党和国家的战略引领下，在企业、科研工作者、高校师生的共同努力下，我国的科技事业取得了巨大的发展成就。我将充分依托此次调研内容，就'科技政策'展开研究，为实现高水平科技自立自强贡献自己的力量。"

2. 企业不断强化核心技术攻关

在走访各类企业的过程中，实践队发现，尽管不同企业聚焦的科研成果、产品技术各有不同，但它们都具备极强的使命感与责任感，自觉面向世界科技前沿、面向经济主战场、面向国家重大需求、面向人民生命健康进行开拓创新，积极投身到关键核心技术攻坚战中。"科技兴则民族兴，科技强则国家强。"在走访华工激光的过程中，实践队回望湖北激光产业50多年发展的峥嵘岁月，深刻感悟到这是所有企业践行使命、矢志攻关的结果，是千万光谷人才艰苦奋斗、科技创新的逐梦之路。实践队成员将继续追光逐梦，为湖北的未来发展贡献自己的力量。

3. 校地企合作不断深化

高校是基础研究的主力军、原始创新的主战场、人才培养的主阵地。2023年8月1日至5日，由华中科技大学、中共武汉市委组织部、武汉市人才工作局及东湖新技术开发区管委会承办的"中国光谷·华为杯"第六届中国研究生创"芯"大赛决赛在华中科技大学举行，大赛吸引了华为、格科微电子、新思科技、楷登电子（Cadence）等众多国内外知名企业的参与。大赛共有来自全国 142 个研究生培养单位、889 支队伍、3352 名师生参与,以"创芯、选星、育芯"为宗旨,推动更多的科研成果落地转化、投入应用,极大地促进了政产学研用一体化发展的贯彻落实(见图 12)。

图 12　创"芯"大赛活动开闭幕式

(图片来源:实践队拍摄。)

"喻竹计划"的近 20 位骨干作为志愿者全程参与了本次大赛,协调统筹竞赛组、联络组、后勤组等不同的工作小组,完成了包含监考、接引、物资筹备、生活保障等在内的多项工作,累计志愿服务时长超 500 个小时,在过程中,志愿者们深切感受到选手们身上高涨的创新热情与坚定的科学信念。

创"芯"大赛正是我国不断健全与完善人才培养工程的一个缩影,一系列国家重大工程的背后,是我国自主培养的研究生已经逐渐成为科技创新的主力军。而实践队成员作为数百万研究生中的一员,在实践调研过程中亦深刻领悟到党的二十大为我们擘画出的全面建设社会主义现代化国家、以中国式现代化全面推进中华民族伟大复兴的宏伟蓝图。

(二)做新时代的青年奋斗者

重走总书记的考察足迹,实践队成员感受到了浓浓的自豪感,感叹于祖国各项事业发展所取得的伟大成就,更感动于坚守在各自的岗位和领域上,不懈奋斗、锐意进取的劳动者们。但最为重要的,便是我们在学思践悟的过程中深刻意识到了自己身上肩负的责任与使命(见图 13)。

第一部分 "喻竹计划"系列调查报告

实践队队长赵谦

"在本次追光旅程中,我的感悟颇深。从钻木取火,到发明电灯,再到探索微观世界的先进光源,人类自诞生以来,就从未停止过追光的脚步。'合肥先进光源'如同一只'慧眼',将微观世界的秘密揭开。几代'追光'者从零起步,聚力传承,高擎'神奇之光',努力实现大国崛起的'光源梦'。"

实践队成员周凤洁

"走进安徽创新馆,科技感、现代感、未来感扑面而来。在人像复刻机体验处复制粘贴一个自己,穿越量子隧道体验神奇世界,还有空中成像设备等近1900项'黑科技'让人目不暇接。安徽光的路径发力点与着力点在创新馆中都有生动的展现,此次参观让我受益匪浅!"

实践队成员刘慧

"科技创新现在是合肥最大的标识、最大的动能、最大的潜力。合肥的发展绝不是传奇,而是江淮大地上真真实实的存在。光的未来一定能在合肥这块创新创业的热土上熠熠生辉。"

● 图13 队员感悟

(图片来源:实践队自制。)

作为新时代青年，作为扛起中国特色社会主义建设大旗的一代，我们必须接过老一辈人手中的接力棒，必须有"逢山开路、遇水架桥"的担当勇气，"敢于啃硬骨头、敢于涉险滩"，迎合时代之需、适应发展之要，真抓实干，干出成效，必须紧跟时代砥砺前行，担当责任奋发有为，展现当代中国青年始终不渝的时代风采，让青春在祖国和人民需要的地方绽放绚丽之花。

七、未来展望

（一）深化主题教育，讲好红色故事

沿着习近平总书记考察路线足迹，实践队成员愈发深切感悟到新时代中国青年的职责和使命，我们将坚持深入学习宣传贯彻习近平新时代中国特色社会主义思想和党的二十大精神，领悟总书记的重要讲话和指示精神并将其内化于心、外化于行，通过制作微党课、宣传推文等形式讲好红色故事，推动主题学习教育走深走实、入脑入心。

（二）立足专业知识，总结调研成果

实践队成员将立足自身的专业所学，围绕科技创新、基层治理基本情况、发展瓶颈等内容撰写完整的调研报告，以习近平总书记的考察足迹为主线，充分展现我国科技与民生发展的伟大变革与非凡成就。

（三）采用多元渠道，加强成果宣讲

实践队成员将采用短视频、新闻报道、新媒体推文等载体，通过在政府机关、社区、学校进行宣讲等形式，强化成果宣讲，全方位展现我国在科技事业、基层治理等领域取得的伟大成就，突出榜样事迹，讲好中国故事，赓续红色基因，澎湃创新动能，以激励更多青年学子为实现民族复兴的中国梦贡献青春力量。

— 参考文献 —

[1] 周彬. 让创新人才得以及时发现、科学培养、持续成长[J]. 人民教育, 2022 (19): 1.

[2] 谷业凯. 瞄准原始创新, 激发人才活力[N]. 人民日报, 2022-03-14 (19).

[3] 陈宇学. 加快创新型国家建设[J]. 科技导报, 2021, 39 (21): 18-26.

关于东湖高新区公交候车亭品质提升项目的调查研究

戴 阳[①]

一、调研背景

（一）项目建设背景

《武汉市城市客运发展"十四五"规划》提出，"十四五"时期是我国全面开启社会主义现代化国家新征程和建设交通强国的第一个五年，是湖北"建成支点、走在前列、谱写新篇"目标的战略机遇期，更是武汉"打造五个中心、建设现代化大武汉"，落实习近平总书记和党中央赋予武汉的历史使命，实现高质量发展的重要阶段。武汉作为交通强国试点城市，提出了全域公交一体化和公交优先发展试点任务，明确了城市客运行业的发展方向和重点。高质量服务是根本追求，一体化是实现高质量发展最核心的要素，通过积极推动城市客运领域的体制机制创新，落实公共交通优先发展战略，实现城市客运的高质量发展，有力支撑全市世界级城市客运体系建设。贯彻落实区域协调发展战略，加强区域合作与交流，将武汉打造成为长江经济带核心城市，必然要求武汉在城市圈整体联动中发挥核心作用，坚决担当"一主引领"新使命，改变城际间衔接不畅、城市内交通

[①] 戴阳，土木与水利工程学院2022级硕士研究生，2023年"喻竹计划"武汉东湖高新区实践队成员，挂职于武汉市东湖新技术开发区建设局。

拥堵、城乡公共服务资源分配不均的现状，加快建设以公共交通为主导的都市交通体系，推动城市圈交通多层次、多样化、一体化发展，引导城市空间扩容，从而满足武汉城市圈通勤出行的需求。

近年来，东湖高新区①不断加大城市公共交通基础设施建设力度，打造便捷高效的立体公共交通网络，不断满足市民的绿色出行需求。公交候车亭作为保障城市正常运转的公共基础设施，不仅能为市民提供舒适良好的候车环境，还能提升城市的品位和景观品质。

截至 2023 年 7 月，东湖高新区共有常规公交线路约 66 条，共设置公交站点约 938 个。其中，简易站杆站点约 502 个，既缺乏遮风挡雨、乘客休息、报站等基本服务功能，又影响城市形象，急需改造为一体化候车亭；其余站点虽为一体化候车亭，但也存在多头管理、形象功能不一、维护成本高等问题。

（二）规划政策符合性

"十四五"期间，武汉将聚焦建设绿色出行楷模，打造"公交都市升级版"和"综合客运服务升级版"两个升级版，推进客运网络体系、客运市场体系、出行服务、智能交通体系和绿色安全体系的"五高体系"以及高效能的治理体系。未来武汉将围绕以下六项重点开展工作。

一是打造高质量的客运网络体系，重塑发展新格局。"十四五"期间力争轨道交通线网运营总规模达 700 千米左右。鼓励在光谷、沌口、临空港等与客流规模不相适应的重点功能区、轨道交通服务薄弱地区，沿主要客流走廊因地制宜布局中低运量公交系统。按照"城区减复、区间优化、空白拓展、服务提升"的总体思路，持续推进公交线网优化，进一步向广度和深度拓展。

二是打造高标准的客运市场体系，增强发展新动能。结合武汉"一主、四副"的空间发展格局及公共交通出行客流规律，探索按照不同空间区域划分常规公交线路经营范围的分区经营模式。探索融合发展新模式，建立实时监测和动态调整机制，逐步实现市场调节。推进武汉毗邻地区客

---

① 东湖高新区即东湖新技术开发区的俗称。

运班线公交化运营模式,进一步完善新进入企业运营管理模式,结合服务质量考核情况,引导企业分区域集中投放,明确管理职责,加强精细化运营。

三是打造高品质的出行服务体系,适应市场新需求。通过统一规划、分期建设、逐步成网,中心城区力争形成"成环成网"的公交专用道网络。增加和优化常规公交运力供给,大力发展特色化的辅助公交,形成多元化的公交体系。

四是打造高水准的智能交通体系,开辟转型新路径。继续完善武汉交通运行协调指挥中心(TOCC),深化创新技术在公交的应用。探索 MaaS(出行即服务)系统在多个场景的试点应用,以现有市场自发形成的聚合平台为基础,研究引导并建立符合武汉市客运出行特征的一体化出行平台。

五是打造高水平的绿色安全体系,开创发展新局面。持续优化调整行业车辆结构,推进新能源汽车在城市公交、出租车等领域的应用,鼓励全市新增及更新公交车(应急车辆除外)、出租汽车(含网约车),均使用新能源汽车。研究制定绿色出行碳交易措施,构建完善可靠、反应快速的交通安全保障体系。

六是探索高效能的公交治理体系,实现治理现代化。完善客运法规标准体系,建立内容完整、结构合理、层次清晰的武汉市城市客运标准体系。深化城市客运行政管理体制改革,促进政府行政职能转变,建立健全城市客运的协调机制,提升管理与服务效率;在规划、资金、土地、财税、技术等方面加大扶持力度,特别是保证公共交通在投资安排、建设用地、财税扶持等方面的优先。

(三)项目建设必要性

城市公共客运交通是城市社会经济正常运转的基础保障,是城市综合环境的基本组成部分,是实现城市功能的重要元素,也是衡量一个城市综合竞争力的重要标志,更与每个市民的日常生活息息相关。

公交候车亭作为城市公交系统的重要组成部分,既是一种导向载体,也是城市形象的宣传者,在我们的日常生活中扮演着重要角色,加强与完善以其为代表的城市公交系统,不仅有利于改善城市公交环境建设,也是城区总体规划的系列举措之一。

随着城市经济的快速发展，人们对候车亭等公共设施的功能属性要求也日益提高。人性化、智能化、信息现代化设计的候车亭，可以为广大市民乘车出行提供更多便利；造型美观、大方的候车亭，会给人留下深刻的印象，不仅是城市一道美丽的风景线，还能提高整个城市的品位和档次。

东湖高新区已有公交站点超半数为简易站杆站点，既缺乏遮风挡雨、乘客休息、报站等基本服务功能，又影响城市形象。经济发展，交通先行，提升东湖高新区公交候车亭的服务品质对完善区域交通运输系统、增强区域综合承载能力等具有积极意义，也为地区社会经济发展提供了有力支撑。

（四）项目需求分析

目前，东湖高新区共有常规公交线路约 66 条，其中跨区公交线路 45 条、区域内公交线路 21 条。运营线路总长约 727.64 千米，区域内公交线网长度 391.5 千米。区域内共设置公交站点 938 个，其中简易站杆站点 502 个、一体化候车亭站点 436 个。

938 个公交站点主要分为以下四种类型。

（1）公交集团自行投资建设及运营的一体化候车亭站点，共 14 个，主要分布于民族大道及珞喻路。这类站点使用功能及展示形象较好，可远期进行提升改造。

（2）社会资本（如武汉安泰福智能数码科技有限公司）以 BOT（build-operate-transfer，即建设—经营—转让）模式建设运维的一体化候车亭站点，共 374 个，主要分布于三环线内及高新六路，2027 年后逐步移交东湖高新区管委会。这类站点展示形象一般，无夜间照明，电力引入不完善，电子显示屏多数未使用，须加强运营维护。

（3）政府投资、平台代建、移交给建设局运维的一体化候车亭站点，共 48 个，主要分布在九峰一路及零散点位。这类站点使用功能及展示形象较好，可远期进行提升改造。

（4）政府投资、平台代建、移交给建设局运维的简易站杆站点，共 502 个，主要分布于光谷东部地区。这类站点使用功能及展示形象较差，急需进行改建提升。

此外，结合区域发展及公交需求，东湖高新区还规划新增约 700 个公交站点。

二、调研方法

（一）实地走访调研法

通过乘坐东湖高新区部分线路公交，并与相应线路公交司机深入交流，全面了解公交运营情况。随机选取不同类型的公交站点，实地调研现有公交候车亭的建设情况，采访部分公交乘客，收集调研材料。

（二）网络资料调研法

根据实地调研情况，通过网络查阅各级政府有关部门对公共交通建设的具体要求，进一步完善调研成果。

三、调研情况

（一）项目建设方案

1. 依据

本项目工程方案参照以下国家标准、行业标准及建筑要求设计：
①《钢结构设计标准》（GB 50017—2017）；
②《冷弯薄壁型钢结构技术规范》（GB 50018—2002）；
③《门式刚架轻型房屋钢结构技术规程》（GB 51022—2015）；
④《涂覆涂料前钢材表面处理　表面清洁度的目视评定　第 1 部分：未涂覆过的钢材表面和全面清除原有涂层后的钢材表面的锈蚀等级和处理等级》（GB/T 8923.1—2011）；
⑤《门式刚架轻型房屋钢构件》（JG/T 144—2016）；
⑥《建筑防火通用规范》（GB 50037—2022）；
⑦《建筑采光设计标准》（GB 50033—2013）；

⑧《城市公共汽、电车候车亭》(CJ/T 107—2013);
⑨《城市道路工程设计规范(2016年版)》(CJJ 37—2012)。

2. 总体原则

公交站点的设计应遵循人性化、智能化的原则,同时兼顾实用功能和艺术审美,并且承担起地域文化载体的重任。

(1) 同一性原则

同一性原则的运用能使社会大众对城市形象有一个完整的认识,不会因为城市形象的识别要素不统一而产生识别上的障碍,从而增强形象的传播力。公交站点设计中的各种识别要素,应该从城市理念到视觉要素等方面予以标准化,采用同一的规范设计,对外传播均采用同一的模式,最终达到提升城市形象的目的。

(2) 差异性原则

公交站点的设计应该根据不同的城市形象,采用与众不同的、别出心裁的、贴合城市特质的设计语言和设计主题,突出城市空间的独特性和差异性。公交站点在设计时应力求突出差异性,在视觉方面,不同城市的公交站点可强调与其他城市公交站点不同的形象特征,有利于识别认同,凸显城市风采,做到脱颖而出。

(3) 人性化原则

每个城市都是本着人性化的目的对公交站点进行设计的。不论是从外观形象方面,还是从内在功能方面,在设计时均应以人性化为首要考虑要素,不断优化改良出更加符合人类需求的公交站点,让乘客能够舒适、愉快地候车。

3. 总体目标

(1) 体现特色,打造人文公交

站点标识显著,体现公交特色,以人为本,创造安全便捷、舒适美观的候车空间,与城市建筑风格、周边环境、街道设计相融合,位于风貌区的站点应加入风貌设计元素。

（2）全龄友好，助老助残助幼

建好用好无障碍设施，充分考虑缘石坡道、缓坡道、盲道、无障碍标识、语音提示等功能，照顾残障人士以及坐轮椅、携带行李箱等出行的乘客。

（3）智慧出行，提升出行品质

确保静态信息准确、有效，动态信息更新及时，车辆到站预报准确率高，适当提供信息自主查询、出租车叫车、紧急通话等服务功能。

（4）绿色环保，助力节能低碳

选用符合循环经济要求的环保材料，采取减少能耗的措施，践行节能减排理念。

4. 技术方案

（1）公交站点设置要求

公交车停靠站宽度不宜小于 2 米，当条件受限时，不得小于 1.5 米。布置停靠站需要同时满足非机动车和行人的通行要求，不得压缩非机动车道和人行道的有效通行宽度，为避免公交车和非机动车交织混行，可引导非机动车从停靠站外侧通过。

公交站点设计应包括站牌、候车亭、休息座椅、照明系统、信息服务、垃圾箱、无障碍设施等，有条件的可以安装报警求助系统。公交站点宜设置在公共设施带内，站牌前可以设置不窄于 1.5 米的阅读空间，各路公交车专属排队上车的位置，还可以设立等待时的休息座椅，方便年老体弱者使用。

候车亭空间和人行道通行流线要分隔，候车亭的落地宽度不得大于 1.2 米，亭顶边线与侧石外边线至少保持 0.3 米的距离。候车亭的平台地面应铺设防滑材料，且在边缘处钉上楼梯铜制垫脚，防止雨天滑倒。

候车区与人行横道对应处应设计为坡道，候车地面高程可与车门踏步高程平齐，为使用轮椅的人士提供方便。候车区面积较小时，可采取通行的局部步道降低，与车行道水平相接，与两侧步行道单面缘石坡道相接，宜优先选用全宽式单面缘石坡道。

公交站点应提供照明系统，以提升乘客夜间乘车的安全感及便于乘客阅读乘车信息，有条件的可以搭建环保再生能源的太阳能公车站照明系统。

公交车点应设提示盲道。站点距路缘石250~500毫米处应设置提示盲道，其长度应与公交车站的长度相对应。当人行道中设有盲道系统时，应与公交站点的盲道相连接。公交车站宜设置盲文站牌，盲文站牌设置的位置、高度、形式和内容，应从方便视力残疾者使用、保证安全、防止倒塌、不易被人为破坏等方面考虑，可采用可触摸式发音站牌。

（2）站点分类标准

通过分析东湖高新区的民族大道、水蓝路、锦绣龙城区域、关山大道（大学园路）、珞雄路、茅店区域、武汉大学科技园、珞喻东路、森林大道、武黄大道、高新大道、高新二路、光谷创业街、秦云路、佳园路、关南园路、光谷大道、金融港、光谷一路、花山大道、花城大道、光谷三路、光谷四路、生物城、流芳园路、高新四路（滨湖路）、高新五路、店岑路、高新六路、武汉东湖综合保税区、中芯一路、光谷二路、富士康区域、流芳路、凤凰园、中华科技产业园、豹澥街道、光谷七路、光谷八路、左岭大道、科技二路、科技三路、左岭街道、未来三路、未来城、九峰一路等区域或道路沿线公交站点的核心功能、周边业态及区位道路等级等因素，将本次研究范围内的公交站点总体划分为四种，即特色公交站点、一级公交站点、二级公交站点、三级公交站点。

① 特色公交站点：道路等级为城市主干路及以上，核心功能为首末站或枢纽站，所处城市区位为商业中心型、商务办公型、大型公建型、自然人文型等，满足任意3项因子则提升至特色公交站点，特色公交站点长约30米。

② 一级公交站点：道路等级为城市次干路及以上，核心功能为首末站或枢纽站，所处城市区位为商业中心型、商务办公型、大型公建型、自然人文型等，满足任意2项因子则提升至一级公交站点，一级公交站点长约25米。

③ 二级公交站点：道路等级为城市支路及以上，核心功能为首末站或枢纽站，所处城市区位为商业中心型、商务办公型、大型公建型、自然人文型等，满足任意2项因子则提升至二级公交站点，二级公交站点长约15米。

④ 三级公交站点：道路等级为城市支路及以上，核心功能为换乘站，所处城市区位为其他城市用地类型，满足任意2项因子则提升至三级公交站点，三级公交站点长约10米。

(3) 公交候车亭功能

公交候车亭是人们日常生活中必不可少的公共设施之一，其最重要的功能就是满足人们出行候车的基本要求，为人们提供一个遮阳避雨的等候空间，并能在等候时及时了解相关车次信息等。除了基本的功能外，候车亭还需要满足人们的心理需求，如等待时的无聊心理，以及怕错过车次的焦虑心情等。每天都乘坐公交的人，大多会有这样的经历：每天上下班都不得不拥挤在候车亭，焦急地等待永远满载的公交车。在这样的状态下，候车亭的创意设计就显得尤为重要，不仅要在功能、造型等方面满足人们的出行需求，还需要为人们营造出一个情感空间，给人们带来愉悦感，并提供交互需求。同时，公交候车亭还要做到环保节能，实现可持续发展。此外，随着物联网技术的发展，公交站点从量变发生了质变，现已成为一种新型的智能终端。智能公交候车亭与物联网的有效结合，为城市媒体资源整合带来了新机遇，因此一体化的公交候车亭需要兼顾环保、智慧及交互三方面的功能。

① 环保。

环保公交候车亭的功能设置应兼顾以下几点。

a. 进行空气质量检测及污染或尾气处理，给乘客营造清新的候车环境。

b. 实现供电节能化，节约能源，体现环保意识。

c. 安装公交车实时动态信息系统，包括当前站公交经停信息，公交进站情况，以及天气、时间、路况等信息显示等，充分彰显智能化和人性化。

② 智慧。

在原有单一候车功能的基础上，智慧公交候车亭应配置以下几种智能服务功能。

a. 智能报站。智能公交候车亭可让乘客直观而清晰地了解所等候车辆到达车站的时间，以及其距离到达车站还需多长时间。这一功能极大地方便了人们的生活，减轻了等待时的焦虑。同时，等车的乘客也可根据发布的时间来规划自己的行程，进行合理的安排。

b. 多媒体发布。智能公交候车亭的站牌液晶显示屏可发布新闻报道、天气预报、实时路况信息、突发事件等各类公共信息。公交电子站牌作为有效的应急信息发布平台，其信息发布功能未来将成为城市公共应急体系的组成部分之一。该平台可以实现基于数字站牌的周边业务信息查询等人机交互功能，乘客也可以在此查询换乘信息。

c. 无线网络覆盖和充电。智能公交候车亭配有 USB 接口充电插头，以及多种充电接口，方便移动电子设备（如手机、平板电脑等）的紧急充电。随着智能手机的普及，免费 Wi-Fi 已成为许多市民的新需求。在智能公交候车亭上增设免费 Wi-Fi 功能，可以帮助乘客利用等车时的碎片时间，缓解等车焦虑。

d. 安装监控系统，协助治安监管。监控调度中心通过智能公交候车亭的监控系统实时观看车站视频，并根据实际候车的人流量来调度公交车。同时，监控系统能够对公交车的日常运行、车辆进入车站的顺序和驾驶员的驾驶方式进行有效的监管，从而实现公共交通资源的合理配置和利用，提高公交车的运营效率和服务水平。

e. 太阳能面板提供能源，自给自足。智慧公交候车亭是需要用电的，而且几乎是 24 小时用电，如果全部采用普通市电的话，能耗是非常高的，在智慧公交候车亭的顶部安装太阳能面板就可以很好地解决能耗的问题。这不仅是智慧公交候车亭的一个亮点，而且符合当前倡导节能减排、建设低碳城市的社会发展方向。

③ 交互。

公交候车亭除了要注重实用性之外，还要兼顾人性化，具体做法如下。

a. 公交候车亭可以同地铁、快速公交甚至轻轨连为一个立体的站点，使城市交通更加一体化，更加方便快捷。

b. 候车亭内可设置电子地图，乘客只要输入目的地，便可知道如何乘车。在一些对向相距较远的站点，可将对面站点的位置标注出来。

c. 候车亭内提供尽量多的休息座椅,并为老弱病残提供专属座椅。

d. 候车亭内可以放置一些自动售货机,一方面为需要的乘客服务,一方面可为没有零钱乘车的乘客兑换零钱。此外,现代社会手机的使用越来越普遍,候车亭可以设置充电装备,为有需要的人群提供手机紧急充电服务。

e. 候车亭可为乘客提供天气信息、旅游信息,以及附近距离最近的卫生间位置等各种生活信息,还可以提供爱心雨伞服务,乘客可利用公交卡借出雨伞,并在下一次乘车时归还即可。

f. 候车亭应为残疾人提供切实的帮助,如为残疾人设计舒适的座椅、引路的扶手等。

(二)项目运营方案

针对本项目的特点及需求,紧紧围绕着"快速维修""预防性维护""项目组织管理""应急处理"四个核心要素来制定运维方案。

1. 快速维修

目前信息化设备已经成为人们日常办公中不可或缺的工具,若信息化设备出现故障时没有及时解决,甚至会引发事故。在制定本项目的维护方案时,始终贯穿的宗旨就是如何保障设备维修速度。想要保障设备维修速度,可以采取以下两种方法。

(1)建立资产信息表

对设备有详细、充分的了解,才能在维修工作中有效地缩短对故障进行判断并予以解决的时间,从而最大限度地加快维修速度,达到事半功倍的效果。因此,项目运维单位应及时收集设备的具体型号、配置、数量、位置等信息,并以此为基础,建立资产信息表。在日常维护工作中,将每一次的维修、维护工作录入表中,将修理或更换过的故障设备数量同资产库的设备数量对应,并于后期对故障原因进行分析汇总。

(2)建立备用设备、配件库

关于设备的硬件故障,最快的维修方式就是直接更换故障设备或相关配件。要做到这一点,必须有充足的备用设备及配件做保障。项目运维单位须建立合理齐全的备用设备、配件库,来保障设备出现硬件故障时的维修速度。

2. 预防性维护

在一些重要节假日前对设备进行检修,防患于未然,可最大限度避免在这些特殊阶段出现设备故障。因此,对设备进行预防性维护,也是制定维护方案时必不可少的内容。

(1) 定期巡检

选择设备使用率较低的时段,定期对系统设备进行全面的巡检服务。

(2) 重要节假日前的检修

在重要节假日前 3 天内,对设备开展全方位的检修工作,及时发现设备隐性故障,尽快予以排除。

3. 项目组织管理

项目的顺利实施,离不开有效的项目组织管理。项目运维单位在充分考虑项目需求的基础上,结合多年的组织管理经验,为本项目制定出一套详细的组织管理方案。

4. 应急处理

在运维服务过程中遇到突发事件时,应具备应对突发事件的能力,以确保相关系统能够安全运行,从而降低突发事件造成的损失与影响。项目运维单位通过设立应急小组,定义应急事件级别,建立应急响应机制和应急服务预案,科学地应对运维服务过程中的突发事件。

(三)项目效果分析

1. 经济影响分析

(1) 打造东湖高新区文化与形象新名片,共建共治智能化生态空间

公共交通运营不属于城市商业营业,不会直接产生经济效益。可以通

过公共交通智能化提升项目，对公交候车亭进行智能化改造，引入太阳能光伏系统，从而减少公交候车亭的供电能耗和财政支出。

项目内对原有候车亭进行改造，将其提升为光伏用电，从而减少日常广告照明的能耗，再配合 LED 节能光源，就能够实现白天进行电能转换及储备，夜晚释放能量，以此响应低碳环保的倡议，有效地节约资金支出。

有效提升公交站的客流量，提高广告宣传的承租率和公共设施租赁的价值，通过兴建新型亮化广告牌，打造东湖高新区城市亮点设施，从而改善公交候车亭的经营租赁，为公交系统运营管理提供基础性的固有收益。

间接经济效益是指随着交通条件的改善，使沿线土地增值和沿线居民出行方便所产生的效益。但这种增值又受到城市规划等诸多因素的影响，因此，要提高公共交通沿线周边区域的出行率，大力吸引外地游客，促进公交经济圈的萌发。打造公交经济圈的运营基础，有力地推进国有资金助力普及公交候车亭智能化提升，从而衍生出公交经济圈。正是道路配套设施逐步完善，带来了招商引资效益和商业经济，从而促进了城区及主要公共交通沿线周边第三产业发展新机遇。

（2）以数字化、网络化、智能化为主线，促进交通运输提效能

围绕加快建设交通强国总体目标，以技术创新为驱动，以数字化、网络化、智能化为主线，以促进交通运输提效能、扩功能、增动能为导向，推动交通基础设施数字转型、智能升级，建设便捷顺畅、经济高效、绿色集约、智能先进、安全可靠的交通运输领域新型基础设施。

（3）促进智慧交通发展，全面提升交通环境品质

提供多元化智慧出行服务，以"互联网+交通"推进智慧交通建设，并依托移动互联网、物联网、户外发布屏等多种渠道，为市民提供多模式的交通信息服务，全面提升交通环境品质。

智慧交通项目的建设将有效实现节能减排，减少对生态环境的污染，是构建低碳交通、绿色交通的重要途径之一。如公交电子站牌可以通过显示屏向乘客提供实时公交信息，展示公交车到站、离站信息，便于乘客合理安排乘车时间。同时电子站牌也便于公交系统内部管理，站牌上可以为

市民提供公众天气预报、即时新闻、公益广告等各类惠民信息,还可以通过投放商业广告回流建设资金。

搭建政府应急广播通道。可通过视频、音频将政府的紧急通知有效地传递到每一个站点;通过电子站牌的监控设备,为打击、预防犯罪提供有力支撑,营造平安、和谐的公共候车环境。

与公共交通系统有关部门和单位实现资源共享整合,大力推动城市基础建设的发展步伐,不仅彰显了区政府对公共配套事业发展的重视,而且提升了政府的公共服务水平。

以公交电子站牌系统建设为试点,完善智能公交系统,努力探索数字交通发展规划和"5G+智慧交通"的新方向,进一步提升区域交通环境品质。

(4) 提升公共交通服务水平,提升政府形象

提高东湖高新区的公共交通服务水平,强化改造市容市貌,是提升区政府公共服务形象的重要举措。统筹全区公交候车厅的外观建设,从细微之处改善城市"颜值"。推广公交绿色出行,减少城区道路上的出行车流,保障市民幸福出行的指数。在公交候车亭部署大气环境监测,可以实时观测周边工地施工及车辆行驶排放的大气污染物状况,落实环保监管机制。通过对周边工地和车流状态的监测,配合城市智能交通调度工作,从而完善快速、安全、文明的交通运输机制。

2. 社会影响分析

本项目的建设,能够完善区域交通系统,促进区域交通的发展,使得区域内交通条件、投资环境大为改善,为投资者创造了必要的生产经营环境和发展空间,有利于促进区域经济的发展。项目建设期的工程设计、工程施工、工程监理等环节能够创造一定的就业机会,整个项目运行期间也需要一定的管理维护人员,对增加社会就业岗位做出了一定贡献。由此可见,项目实施后带来的社会效益是明显的。尽管如此,项目建设也会造成一些负面影响:

① 在项目施工期,会影响道路正常的交通,对市民出行造成一定影响,所以施工方一定要做好交通疏解工作,将负面影响降到最低;

② 在项目施工期，还会出现扬尘、噪声、振动、废水等情况，对周围环境造成一定程度的负面影响。

总体看来，本项目的实施改善了公交候车亭的乘车环境，完善了区域交通运输系统，提升了城市形象品质，有利于促进区域经济的发展，也有利于带动当地就业，因此项目实施具备良好的社会基础。

四、发现的问题

（一）公交候车亭现状

根据现场调查与规划，东湖高新区目前共设公交站点 938 个，规划新增 700 个公交站点，目前约有 502 个简易站杆站点，广泛分布于光谷东部地区，这类站点不具备挡风遮雨、到站播报等基本功能，不利于城市形象建设，急需改造为一体化候车亭。其余站点虽为一体化候车亭，但也存在多头管理、形象功能不一、维护成本高等问题（见表1）。

表 1　东湖高新区公交候车亭现状一览表

类型	数量	位置	维护主体	存在的问题	图片
简易站杆	502	主要位于高新大道、高新二路、九峰一路、花山大道、花城大道等光谷东片区	无	功能缺失、城市面貌差	
一体化候车亭	374	主要位于二环线内及高新六路	武汉安泰福智能数码科技有限公司（社会资本，经营期至2027年）	电力引入不完善，夜间照明及电子屏功能缺失	

续表

类型	数量	位置	维护主体	存在的问题	图片
一体化候车亭	48	主要位于九峰一路	区建设局	功能尚可	
一体化候车亭	14	主要位于民族大道及珞喻路	市公交集团	功能尚可	

（图片来源：实地调研拍摄。）

（二）运营期间的危害因素

项目运营期间的影响是随着项目施工的完成而开始的，故障危害程度的相关因素较多，如项目建设单位管理制度、物业管理水平、运营期间的劳动安全卫生和消防管理质量等。运营管理单位需要建立健全劳动安全工作规定及卫生和消防安全管理体系，使运营期发生故障的危害程度降低。

公交候车亭运营期间的劳动安全危害因素主要包括因车流或客流不畅造成的交通事故，以及候车亭内的电器设施未经维护或处于不稳定状态等造成的事故。这些危害因素直接影响到项目的治安管理，影响到公众的生命财产安全，甚至将对社会、经济、文化等产生不利的影响。

（三）风险的来源与防范

项目前期工作过程中最容易出现涉及社会稳定的风险源，主要在于项目建设的基础审批程序是否完整，诸如规划行政主管部门是否开具有关批准文件、土地行政主管部门是否开具有关批准文件、环境保护主管部门是否开具有关批准文件等。另外，项目招投标是否规范合法、对项目建设必要性的宣传是否到位、沿线单位及公众是否支持本项目的建设等也是项目建设的重大风险源。

公交候车亭项目实施过程中涉及社会稳定的主要风险源包括征地拆迁补偿、文明安全施工、施工现场管理情况等。

五、对策及建议

本项目建设规模适度，建设必要性强，项目建设方案安全有效，技术上可行，项目建设标准适当，已经具备建设条件。项目建成后，将有效改善区域公交站点的候车环境，为经济社会又好又快发展提供有力保障，同时具有显著的社会效益，因此本项目的建设是完全可行的。

公交候车亭是传达城市形象信息的重要窗口，可以运用醒目的图形、个性的外观、恰当的色彩等设计要素，来优化城市交通、美化城市环境、提升城市品质、展示城市文化，因此候车亭设计可以运用以下几点要素。

（一）醒目的图形

图形是寓有艺术生命力和艺术感染力的物质媒介，是视觉传达中敏感的视觉中心。图形表达作为一种设计要素，在公交候车亭的设计中较为重要。设计出符合城市交通运输线路的图示，让人们能够快速、准确地找寻到自己的目的地。还可以在公交候车亭附上宣传城市形象的图片，或者某些公益性质的图片，能够让乘客在等车的时候收获一些文明知识，将文明候车牢记于心。

（二）个性的外观

现代城市公交候车亭的外观设计颇为人性化，外观以带有遮阴功能的篷顶为主，打造出集等候、休憩等功能于一体的候车亭，且一般设有垃圾存放点。在进行公交候车亭的外观设计时，力求突出时代特征，占地面积以长方形为主，候车亭顶部增加较宽的挡板，座椅集中放置在候车亭中间，可以在候车亭两侧设置垃圾存放点。为了避免路人在上下车时拥挤现象的发生，可在候车亭设置前后车门上车处的标志，引导乘客按照指示在前后车门依次上下车。此外，在公交候车亭投入使用高科技成果，如装设公交电子站牌，让乘客能够方便快捷地知道自己所等候的车次时间及行程路线。这些高科技成果是时代发展的象征，必须加以科学、合理运用，这样才能够取得更显著的服务成效。

（三）恰当的色彩

关于不同的城市形象，有不同的色彩设计理念，公交候车亭的色彩选择也应与城市的形象和整体规划相互衬托、水乳融合。许多城市倾向于选择灰色系、绿色系作为公交候车亭的主打色。如公交候车亭以浅灰白色系为主时，显得时尚大气，站台的座椅同样选择灰白色，形成色彩的协调统一性。有些城市选择绿色系，绿色系的运用不仅使公交候车亭显得简洁大方，而且符合人们的视觉舒适度，能为道路空间增添一抹绿意，转移候车者的注意力，缓解其焦躁和不安的情绪。此外，公交候车亭的设计还有引人注目的红色系搭配，能够刺激人们的视觉感官，让目光能够快速找寻到候车亭中的有用信息。总而言之，公交候车亭的色彩选择除了要与城市的形象和整体规划相协调，也要做到美观大方，并更好地为乘客提供服务。

— 参考文献 —

[1] 市交通运输局关于印发武汉市城市客运发展"十四五"规划的通知［EB/OL］.（2023-02-23）. https：//www. hongshan. gov. cn/gzfw/ztfw/jt/zctz_85333/202302/t20230217_2154919. shtml.

[2] 何磊，王岚. 城市公共客运安全管理特点浅析［J］. 黑龙江交通科技，2016，39（2）：130-132.

[3] 宋晓. 企业视觉识别系统（VI）设计的基本原则［J］. 艺术科技，2014，27（2）：317.

［4］紫舟．创意公交候车亭，让等待成为享受［J］．公共艺术，2010（6）：24-27．

［5］文璐，管雪松，宋洁，等．交互式中国风公交站台探析［J］．科技信息，2012（35）：481-482．

［6］交通运输部关于推动交通运输领域新型基础设施建设的指导意见［EB/OL］．（2020-08-03）．https：//www.gov.cn/zhengce/zhengceku/2020-08/06/content_5532842.htm．

第三篇 卫生健康与生态文明

人民健康是民族昌盛和国家富强的重要标志。习近平总书记所作的党的二十大报告，对推进健康中国建设作出重要部署，强调要"把保障人民健康放在优先发展的战略位置"，这充分彰显了卫生健康事业的基础性、全局性地位，体现了人民至上、生命至上的价值追求，为新时代新征程推动卫生健康事业改革发展指明了方向。我们要深入学习贯彻党的二十大精神和习近平总书记关于卫生与健康工作的重要论述，全面落实党中央、国务院决策部署，按照省委、省政府工作要求，持续深化医药卫生体制改革，全面推动卫生健康事业高质量发展，奋力谱写推进健康中国建设的崭新篇章。

"中国式现代化是人与自然和谐共生的现代化。"我国新时代生态文明建设的战略任务，总基调是推动绿色发展，促进人与自然和谐共生。二十大报告在充分肯定生态文明建设成就的基础上，从统筹产业结构调整、污染治理、生态保护、应对气候变化等多元角度，全面系统阐述了我国持续推动生态文明建设的战略思路与方法，并对未来生态环境保护提出一系列新观点、新要求、新方向和新部署。推动经济社会发展绿色化、低碳化是实现高质量发展的关键环节，这是立足我国进入全面建设社会主义现代化国家、实现第二个百年奋斗目标的新发展阶段的战略选择，必须牢固树立和践行绿水青山就是金山银山的理念，站在人与自然和谐共生的高度谋划发展。

以合作共建助推重庆市荣昌区医疗卫生事业发展
——华中科技大学赴荣昌区人民医院对口帮扶可行性分析

"喻竹计划"重庆荣昌实践队[①]

人民健康是民族昌盛和国家富强的重要标志，关乎民生福祉。加强地区医疗卫生发展，有利于守护一方百姓健康平安，有利于推动地区社会经济发展。通过调研，实践队了解到重庆市荣昌区的医疗卫生事业发展较为薄弱，重庆市荣昌区人民医院也正在积极创建三级甲等医院[②]。为贯彻落实习近平新时代中国特色社会主义思想，助力基层医疗卫生能力的提升，助力荣昌区人民医院在健康中国事业中更好地履行公立医院的责任，本次报告就华中科技大学对口帮扶重庆市荣昌区人民医院进行可行性调研分析。

一、调研背景及意义

人民健康是民族昌盛和国家富强的重要标志，也是广大人民群众的共同追求。党的十八大以来，以习近平同志为核心的党中央把健康中国建设

[①] "喻竹计划"重庆荣昌实践队，于2021年暑期赴重庆市荣昌区开展政务见习，成员包括唐佳新、李薇、陆定恒、雷晓蓉、宋素怡、张正、陈劼、徐誉铭、章胜、宾一帆，挂职单位包括荣昌区经济和信息化委员会、区委宣传部、人民医院、大数据技术服务中心、卫生健康委员会、人力资源和社会保障局、融媒体中心、交通局、生猪大数据中心及古昌镇人民政府。

[②] 重庆市荣昌区人民医院于2024年1月15日升为国家三级甲等医院。

上升为国家战略，制定和出台一系列改革举措，作出实施健康中国战略的决策部署，印发《"健康中国2030"规划纲要》，明确建设健康中国的大政方针和行动纲领，推动卫生健康事业取得长足发展，人民健康水平显著提高。2015年到2019年年底，我国居民人均预期寿命从76.3岁提高到77.3岁，主要健康指标总体上优于中高收入国家平均水平，为全面建成小康社会打下了坚实的健康基础。

党的十九届五中全会《中共中央关于制定国民经济和社会发展第十四个五年规划和二〇三五年远景目标的建议》（以下简称《建议》）把"卫生健康体系更加完善"作为"民生福祉达到新水平"的重要内容，作出"全面推进健康中国建设"战略部署。习近平总书记强调，要把保障人民健康放在优先发展的战略位置，完善人民健康促进政策，加快实施健康中国行动，织牢国家公共卫生防护网。坚持基本医疗卫生事业的公益属性，深化医药卫生体制改革，强化基层医疗卫生服务能力，建立稳定的公共卫生事业投入机制，加快优质医疗资源扩容和区域均衡布局，进一步提高应对突发公共卫生事件的能力。完善全民健身公共服务体系，加快发展健康产业，不断满足广大人民群众日益增长的健康需求。

习近平总书记指出："加快提高卫生健康供给质量和服务水平，是适应我国社会主要矛盾变化、满足人民美好生活需要的要求，也是实现经济社会更高质量、更有效率、更加公平、更可持续、更为安全发展的基础。"面对多重疾病负担并存、多重健康影响因素交织的复杂状况，特别是突发急性传染病传播迅速、波及范围广、危害巨大的情况，面对人民群众多层次多样化健康需求，只有把保障人民健康放在优先发展的战略位置，融入经济社会发展各项政策，加快发展卫生健康事业，扩大优质的健康资源供给，才能满足人民群众多层次、多样化的健康需求，不断增强人民群众的获得感、幸福感、安全感。

二、调研情况

重庆市荣昌区人民医院始建于1941年，是一所集医疗、教学、科研、预防、保健为一体的国家二级甲等综合性医院。

第一部分 "喻竹计划"系列调查报告

(一)医疗方面

荣昌区人民医院由本部和南部新区组成。截至2021年9月，现有用地36.11亩，正在加快推进占地162亩；现编制床位800张，实际开放床位1028张；年门急诊量74.2万人次、出院4.4万人次、手术操作2.05万台次；现在岗职工1430人，卫生专业技术人员1061人，高级职称128人，研究生以上学历108人。医院2人被确定市级学术技术带头人，11人确定为区县级、区级学术技术带头人。医院目前正在加快推进三级甲等医院建设，相关临床科室已达到三级甲等医院医疗水平，如骨科、消化内科、神经内科、心血管内科等。

(二)教学方面

荣昌区人民医院承担着重庆医科大学、重庆医药高等专科学校、内江医科学校等院校的临床教学任务及市级继续医学教育项目，年接收实习生300余人次，获"重庆医药高等专科学校优秀临床教学基地"等称号。

(三)科研方面

截至2021年9月，荣昌区人民医院主持各级各类科研立项80余项，其中省部级项目7项，获批实用新型专利32项，参编专著3部，发表论文430余篇，其中SCI论文14篇，影响因子累计45.269分。

三、问题分析

尽管"十三五"期间荣昌区医疗卫生事业得到较大发展，但荣昌区人民医院的医疗水平及服务能力仍受到当地卫生资源有限、人才技术短缺、教学科研薄弱等方面的限制。除此之外，荣昌区医疗卫生事业还存在一些其他的困难和挑战：基础建设底子薄弱，公共卫生体系建设不健全，流行性传染病防控压力仍然较大；城乡医疗卫生服务水平差别较大；全生命周期健康服务还需强化；等等。

目前，荣昌区人民医院主要以申请市区级科研项目为主，每年发表学术论文 100 余篇，其中包括 5~7 篇 SCI 论文。由于尚未建立中心实验室，医院的科学研究主要以临床研究为主，基础研究主要依托与重庆市畜牧科学院和重庆医科大学附属第一医院的科研平台进行合作。在科研方面，荣昌区人民医院受自身经济基础和客观环境的限制，缺乏完备的科研仪器、设备和专门的实验室来开展研究。同时由于医院自身规模有限，各科室人员工作繁重，因此花费在科学研究上的时间较少。另外科研管理者的知识水平也存在参差不齐的状况，会阻碍医院科研的进程与发展。

此外，区县级医院的综合能力有待提高。"十四五"规划中明确强调要推进区县级医院的建设，推动省市优质医疗资源支持县级医院发展，力争新增 500 个县级医院（含中医院）达到三级医院设施条件和服务能力。重庆市荣昌区共 21 个镇街，其中有 13 个镇街的卫生院/社区卫生服务中心为区人民医院医疗共同体（医共体）分院，着力提升区人民医院综合服务能力，能够有效推进该区医共体体系的建立。

四、对策及建议

（一）提升医疗服务技术

近年来，荣昌区人民医院以"三甲"创建为抓手，以创促建，全方位提升医疗水平与服务质量，但也存在医院各临床科室发展相对不平衡的情况，个别科室的综合能力已达到三级甲等医院水平，个别科室的医疗服务能力却相对滞后。以荣昌区人民医院内分泌科为例，该科室目前尚未单独建立病区，目前仅开设病床 19 张，科室有专科医生 5 人，其中高级职称 1 人，可见，荣昌区不仅缺医疗人才，还缺医疗技术。加快荣昌区医疗服务能力的提升，有利于更好地守护一方百姓健康，就近解决百姓问题，实现"早诊治早治疗"。

华中科技大学同济医学院附属协和医院（以下简称武汉协和医院）内分泌科是华中地区负有盛名的内分泌代谢性疾病诊治科室及国家卫健委首批内分泌临床重点专科，全科 27 名医生，具有博士学位者 24 人。科室长期致力于省内外各级医疗机构对口支援建设，定期指派专家深入基层对口帮扶，切实提高地方医疗服务能力及水平。若能依托武汉协和医院内分泌科对口帮扶荣昌市人民医院内分泌科，该科室的医疗服务水平定能获得极大提升。

（二）拓展医疗服务范围

荣昌区人民医院作为一所集医疗、教学、科研、预防、保健为一体的综合性医院，承担的任务很多，责任也很重。在不断推进原有医疗业务发展的同时，荣昌区人民医院也在加快新项目的创建。武汉协和医院是国家卫生健康委员会直属（管）的大型综合性公立医院，拥有10个国家重点（培育）学科和25个国家临床重点专科，医疗服务范围广泛，医疗服务专业性强，可帮助荣昌区人民医院部分科室开展新的相关医疗服务内容。针对荣昌区人民医院正在筹建的男科中心，武汉协和医院泌尿外科可以提供良好的技术支撑和完善的管理指导建议。

除此之外，针对一些已开展的项目，如腹腔镜下前列腺癌根治术、腹腔镜根治性膀胱切除术等，荣昌区人民医院泌尿外科年完成量分别为30例和10例左右，而武汉协和医院泌尿外科的年完成量则远超这个数字，且具有丰富的开展达芬奇机器人辅助下的腹腔镜手术的经验。武汉协和医院泌尿外科针对根治性膀胱切除术后的造口袋相关护理工作，管理培养了专业的造口袋护理人员，在常规医疗服务项目中也能提供相应的技术指导和支持。

（三）深化科研人才指导

武汉协和医院的科研能力位居全国前列，2020年国家自然科学基金立项数目161项，项目数排全国医院第二名，先后在各顶级期刊如 Cell、JAMA、Hepatology 等发表 SCI 论文数篇。武汉协和医院可为荣昌区人民医院提供实验技术培训、科研思维训练、课题立项指导等帮助，推动人民医院的科研水平更上一个台阶。与此同时，武汉协和医院具有充足的人才资源。人才的引进与培养是医院发展的不竭动力，人才的引进可以填补荣昌区人民医院多项科研空白，形成自身的地域优势，关于引进人才的具体措施如下。

武汉协和医院向荣昌区人民医院派遣骨干力量担任院领导，帮助该院提升管理能力，促进区人民医院与协和医院开展人才交流。武汉协和医院向荣昌区人民医院派遣医疗帮扶团队，发挥武汉协和医院的优势项，对接区人民医院的弱势项，根据区人民医院的需求，选派管理、医疗、医技、护理等相关优秀人员下沉，实行定期轮换制度。

根据荣昌区人民医院的需求，武汉协和医院向特定科室派遣专家团队，对特定问题、特定难点实行重点突破和解决，从管理、医疗、科研等方面给予定向支持，必要时可由武汉协和医院的专家担任区人民医院相关科室领导。

荣昌区人民医院可每年定期选派优秀职工到武汉协和医院进修学习，促进双方人才交流，形成学习制度，进一步提高本院人才综合素质和整体实力，提升医院学科建设水平。

新时代乡村振兴背景下医疗卫生发展现况与对策研究
——以贵州省铜仁市为例

"喻竹计划"同济医学院博士生社会服务团赴贵州铜仁实践队[①]

巩固拓展脱贫攻坚成果同乡村振兴有效衔接是新时代全面落实健康中国战略部署、推进健康乡村建设的重要内容。贵州省铜仁市曾是武陵山片区脱贫攻坚的主战场、决战区，存在医疗资源不足、人才紧缺等医疗卫生发展问题。为此，实践队基于前期研究与实践经验，组建多学科联合调研队伍并配备双导师，以贵州省铜仁市碧江区、万山区、石阡县、江口县和思南县等地为重心，采取多种方式开展系统全面的调研，并对当地居民开展了乡村振兴背景下"互联网+"医疗满意度的问卷调查。实践队开展集中座谈会10余场，实地走访铜仁市内市县村各级医疗卫生机构约30家，深入访谈驻村第一书记、重疾户、村医及一线医务工作者20余人，收集到问卷共2395份。通过对以上资料进行分析，实践队发现铜仁市的医疗卫生事业存在发展不均衡、医疗资源不足、人才流失严重、基本公共卫生服务水平落后、农村厕所革命不彻底、爱国卫生运动和健康教育工作存在瓶颈等问题。为此，实践队提出以下对策建议：制定明确的发展蓝图，强化政府主体责任，确保医疗卫生基础设施建设；加强多方合作，畅通人才

[①] "喻竹计划"同济医学院博士生社会服务团赴贵州铜仁实践队，于2023年赴贵州省铜仁市开展暑期实践，成员包括马驿彬、王心宇、龙婧、李贝等13名博士生和24名硕士生，实践单位包括铜仁市卫生健康局、铜仁市人民医院等市级医疗机构，以及思南县、江口县等地的县级医疗机构、镇卫生院、村卫生室等。

流动渠道，提升医疗卫生服务水平；推动科技创新，消除数据共享障碍，构建智慧医疗卫生服务体系。

一、调研背景与意义

2023年是全面贯彻落实党的二十大精神的开局之年。开局关乎全局，起步决定后程。党的二十大报告明确提出："推进健康中国建设。把保障人民健康放在优先发展的战略位置，完善人民健康促进政策。"自2016年《"健康中国2030"规划纲要》出台后，国家与地方相继出台了一系列推进健康中国行动的政策文件，如《健康中国行动（2019—2030年）》《"十四五"国民健康规划》等，通过顶层设计和各方指导，全力保障人民生命健康。2023年作为"十四五"规划的关键年份，关于卫生健康领域的政策实施和配套措施显得尤为关键，因此，通过对各地区医疗卫生发展状况的调研，全面了解当地卫生健康工作中存在的问题，及时提出实事求是、因地制宜、科学可行的解决方案或政策建议十分必要。

为推进实施健康中国战略，提升医疗卫生现代化管理水平，优化资源配置，创新服务模式，提高服务效率，降低服务成本，更好地满足人民群众日益增长的医疗卫生健康需求，国务院办公厅发布了《关于积极推进"互联网+"行动的指导意见》和《关于促进"互联网+医疗健康"发展的意见》等一系列文件，为指导健全"互联网+医疗健康"服务体系指明方向，其中就涉及了"互联网+"医疗服务、"互联网+"公共卫生服务、"互联网+"家庭医生签约服务等，可以发现关于"互联网+医疗健康"的建设正是当下医疗卫生保障体系的重要组成部分及未来重点发展方向。与此同时，贵州省也在"大数据兴省"的新发展道路上全面深化远程医疗体系的建设与应用。自2016年以来，贵州省便将远程医疗体系建设列入省政府民生实事，纳入了重大事项督查范围。2017年省政府出台远程医疗服务管理办法，健全组织管理、业务流程、运行监管、质量控制、绩效激励和评估考核机制，多措并举，充分调动医疗机构和医务人员参与远程医疗服务的积极性。制定远程医疗服务项目价格，并将远程医疗服务按照常规诊疗费用纳入基本医疗保险报销范围。依托四级远程医疗服务体系建设，完善乡镇卫生院远程会诊室、影像室、心电图室和检验科室，以此提升基层医疗机构的服务能力。省级龙头医院在分片区加强对基层医疗卫生机构的指导和培训，规范开展远程医疗服务。医共体县级牵头医院发挥辐射带动作用，提供县乡一体的同质化服务，包括远程会诊、影像诊断、心电诊断等。优化协作机制，以东西部医疗卫生协作健康扶贫工作为契机，积极推动省内受援医院与省外支援医院建立远程医疗协作关系，打造一支"不走"的专家医疗队。截至2021年初，已有209家省外支援医院通过贵州省远程医疗平台向县级医院提供远程医疗服务。因此，深入了解贵州省"互联网+医疗健康"在乡村振兴、健康乡村建设中的作用，或将为卫生健康现代化提供稳定的发展引擎。

铜仁市地处武陵山区腹地，是贵州省的下辖城市之一。武陵山脉是湘鄂渝黔革命根据地的核心区，作为武陵山的主峰，梵净山所在地贵州铜仁既是一片红色的土地，又是一片世界级的生态福地。但是山区的交通不方便，种植业也不够发达，导致经济发展困难，加上当地教育水平又相对落后，使得铜仁市的贫困发生率一度高达30.45%，曾是贵州脱贫攻坚的主战场、武陵山片区脱贫攻坚的决战区。为此，华中科技大学"喻竹计划"同济医学院博士生社会服务团赴贵州铜仁实践队针对贵州省铜仁市所面临的医疗资源不足、人才紧缺等医疗卫生发展问题，组建多学科联合调研队伍并配备双导师，在两位专业教授的指导下，选取铜仁市的两区三县，即碧江区、万山区、石阡县、江口县和思南县，通过为期一周的实地走访、集中座谈、深度访谈，并对当地居民开展基于乡村振兴背景下"互联网+"医疗满意度的问卷调查，以期发现未来进一步推动乡村振兴、开展健康乡村建设工作时，人民群众在"互联网+医疗健康"的建设和改进上更关注的方向，进而更加全面地了解铜仁地区的医疗卫生发展现状，并针对问题提供对策建议。通过本次调研，以期让更多人了解到贵州省铜仁市，并关注到铜仁地区卫生健康事业的发展，从而吸引更多学有所成的大学生们甚至是高水平硕博研究生们前往当地建功立业，助力健康中国和乡村振兴建设。此外，通过本次调研，实践队践行华科大"明德厚学、求是创新"的精神，响应国家健康中国和乡村振兴双重战略部署，牢固树立以人民为中心的发展思想，发挥华中科技大学同济医学院的专业优势，学以致用，使知识得到实践，体现我校学生风貌，将人民群众所需要的论文写在祖国大地上，助力推动贵州省"百千万人才引进计划"和加快建设全省高质量人才生态先行示范区落地落实。

二、调研方法

（一）实地走访

实践队分析了贵州省铜仁市近5年的经济发展水平，最终选择了铜仁市下属五个区县，即碧江区、万山区、思南县、江口县和石阡县。实践队实地走访了当地的人民医院、主要街道及社区卫生服务中心，以及代表乡镇的镇中心医院、村卫生室等。此外，为深刻了解当地的乡村振兴工作，在碧江区以外的四个区县中，选取了万山区的万山镇、思南县的塘头镇、江口县的太平镇、石阡县的花桥镇进行实地走访，用心感受乡村振兴对这些地方带来的变化。

（二）集中座谈

为全面了解铜仁市及各走访区县的卫生健康总体情况、医疗卫生机构发展情况、政策落地情况等，实践队集中与铜仁市当地卫生健康机构各单位有关负责人座谈，包括卫生健康局、疾控中心、人民医院、妇幼保健院、中医院、社区卫生服务中心等。听取各单位基本情况后，重点探讨了乡村振兴战略下"互联网＋"医疗服务建设、基本医疗服务现况及满意度、公共卫生服务开展情况、居民健康素养与健康知识宣传等方面。同时，实践队听取了各单位在发展中存在的问题，就专业相关问题给予了建议或进行政策解读，其他无法当场解答的问题则记录下来，后续将咨询相关部门或请教专业老师予以解决。

（三）深度访谈

根据访谈提纲，实践队深度访谈了在脱贫攻坚一线持续工作和当前仍在乡村工作的基层干部、对口帮扶驻村第一书记，重点探讨了乡村医疗卫生工作的难点和堵点，为新阶段的乡村振兴提供解决方案。同时，在碧江区、万山区、思南县、江口县和石阡县选择患重大疾病户进行访谈，了解他们的身体状态和生活情况，感受乡村振兴带来的红利，有效巩固脱贫成果，防止因病返贫。为达到这一目的，实践队设计了访谈提纲，并在当地卫生健康部门的协调下，成功完成了对 14 人的访谈，通过对获取到的 8 个多小时的录音录像文件和近 1 万字访谈整理稿的汇总分析，全面了解到乡村振兴工作取得的多方面成果，同时发现了下一阶段工作需要我们解决的瓶颈问题。

（四）问卷调查

由于调研行程紧张、团队人数有限，实践队未能对两区三县所有居民进行普查式走访，但在各地卫生健康局的支持下，团队采取多阶段整群复杂抽样方式对铜仁地区居民进行了基于乡村振兴背景下的贵州铜仁居民"互联网＋"医疗满意度与健康素养问卷调查。该问卷涵盖了基本信息、乡村振兴政策认知情况、互联网医疗认知与使用情况、对本地医院医疗服务满意度、乡卫生院/社区卫生中心提供的基本公共卫生服务项目及总体卫生服务质量评价等维度，旨在全面了解居民对当地提供的"互联网＋"医疗服务、"互联网＋"公共卫生服务、基本医疗服务和基本公共卫生服务项目的满意情况。本次调查共发放 2500 份问卷，回收 2395 份，有效问卷 2051 份，有效回收率 82.04％，详细分析结果见后文。

三、调研内容与问卷分析

（一）铜仁市卫生健康工作总体情况

1. 健康铜仁建设基本情况

稳步推进健康铜仁行动各项工作。铜仁市政府高度重视推进健康贵州行动，并于 2020 年出台实施《健康铜仁 2030 规划纲要》和《健康铜仁行动实施方案》，成立健康铜仁行动推进委员会，明确成员单位工作职责，建立健全协调机制，强化健康铜仁行动监测评估，组建专家委员会，加大各项指标评估力度。2021年出台的《健康铜仁建设（行动）年度考核实施方案》，明确了"自评+现场考评"的考核方式。2022年开展了3次实地督检，召开了3次专家评选会和5次督查调研会，持续建设新闻宣传矩阵，强化健康铜仁行动宣传。

重点人群健康服务能力不断提升。2023年1月至今，铜仁市建成省级妇幼保健特色专科4个，完成5个儿童重症监护室建设项目并投入使用。公办托育引领，市妇幼保健院成为2022年全国爱心托育用人单位，成为贵州省唯一一家上榜单位，全市托育服务机构备案率达35%（位居全省第一），每千人口拥有3岁以下婴幼儿托位数3.39个。市卫生健康委成功召开全市老龄工作会议，及时调整市、县老龄工作机构，着力实现全覆盖。市教育局主办2023年青少年健康素质提升培训会，规范青少年健康素质筛查工作。结核病筛查已完成18.8万人，完成率76.17%；白内障筛查已完成10.6万人，完成率88.4%；免费体检已完成20.01万人，完成率69%。

卫生健康人才队伍不断增量提质。全市现有卫生专业技术人才3.36万人，抢抓新一轮东西部医疗卫生协作机遇，2022年铜仁市医疗机构在东莞市88名帮扶专家的指导下，累计完成手术4912台，开展讲座或培训1728次，开展新技术91项，填补技术空白81项。铜仁市累计选派153名业务骨干到东莞市相关单位进修学习，进一步提升医务人员的业务能力和职业素养；深入落实"优才卡""四类"专业技术人员生活补助等制度，成功打造省级人才平台1个（铜仁市人民医院医学影像人才基地），市级人才平台1个（铜仁市人民医院肿瘤中心人才基地），市级中医人才基地1个（市中医医院），名医工作室17个；深入实施"银龄计划"行动，引才35人（正高11人、副高24人）；组织招录50名全科医生到铜仁市人民医院进行转岗培训，完成110名住院医师规范化培训、75名助理全科医生招录。

医药卫生体制改革持续深化。调整充实市县两级医改领导小组，紧密型县域医共体建设被贵州省委纳入"一市一示范"铜仁市改革项目，全市紧密型医共体比例达到80%、县域内就诊率达90%以上。思南县纳入全省5个基层卫生健康综合试验区建设试点区域。扎实开展基公基药绩效评价工作，已完成对10个区（县）2022年度基本公共卫生服务项目（原12项）、国家基本药物实施情况的绩效评价。

2. 重大专项工作总体推进情况

当前，推进铜仁市人民医院建设省级区域医疗中心是铜仁市卫生健康重大专项工作，已写入铜仁"十四五"规划，纳入健康铜仁建设总体部署。市委常委已通过了《铜仁市省级区域医疗中心建设实施方案》《贵州省人民医院铜仁市人民政府共建铜仁市省级区域中心协议》《铜仁市人民医院省级区域医疗中心建设支援医院专家相关待遇管理办法》等一系列文件，有效推动了合作共建与人才引进工作落地落实，明确了建设工作的完成时限，压实了各项具体工作责任。此外，该重大专项工作得到了国家、省、市各层面的大力支持，基础设施建设规划建设用地2.1万平方米，建筑面积约4.9万平方米，主要建设内容为新建传染病区（平战结合住院楼）3.28万平方米、教学科研实训基地1.62万平方米（200张床位）和医疗信息化工程及其配套附属设施设备采购，基础设施建设总投资规模达2.5亿元。铜仁市省级区域医疗中心项目已于2022年5月20日开工建设，截至目前传染病区已完成总工程量的15.6%。

3. 铜仁市特色创新工作及成效

（1）"互联网+医疗健康"取得新成效

当前，铜仁全域已建成覆盖市、县、乡三级的远程医疗服务体系，并在认真落实省委省政府、市委市政府大数据产业发展部署，坚持统筹统建原则，突出国家区块链创新应用试点和国家智能社会治理实验基地，体现"共建共享全民性、互联互通便民性、预警预判利民性"特点的同时，实现了"互联网+医疗健康"工作在贵州省的6个首创：首创市级区域远程影像诊断中心、云胶片服务、新生儿"一站式"服务、医学检查检验结果共享互认平台、严重精神障碍患者闭环协同管理服务平台、互联网医院（见图1）。

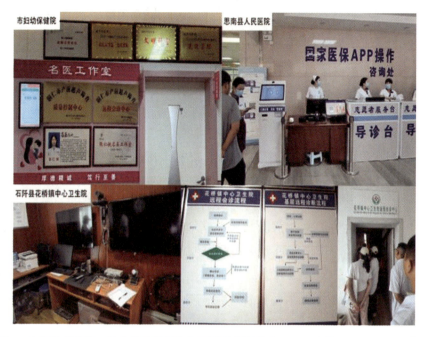

● 图1 市妇幼保健院、思南县人民医院和石阡县花桥镇中心卫生院的"互联网+医疗健康"
（图片来源：实践队拍摄。）

（2）中医药事业不断传承创新发展

铜仁市荣获首批国家级医养结合试点单位，并成功申报省级中医药综合改革示范点；出台了《铜仁市促进中医药传承创新发展实施方案》和《铜仁市创建省级中医药综合改革示范点建设工作方案》，率先设立铜仁市中医药发展研究中心，已有6个区县成立中医药发展研究机构8个，编制实施36个；制定了中医药质量控制管理办法和标准，成立铜仁市中医病案质量控制中心和铜仁市中医肿瘤医疗质量控制中心；启动了《梵净医药》编撰工作，努力打造梵净医馆为省级中医药文化宣传教育基地和地方民族民间医药体验平台。截至2022年底，铜仁市拥有中医类医院15家（公立8家），国家级中医特色专科建设项目5个，省级中医重点专科28个，省级中医重点建设专科10个，市级中医重点专科16个，市级中医重点建设专科12个。同时，铜仁市已完成4家省级示范中医馆和10家省级优质中医馆的验收，规范建成全国基层名老中医药专家传承工作室15个、基层中医馆179个，实现人岗配套和现有乡镇中医馆100％覆盖。

(二)"互联网+"医疗满意度与健康素养问卷调查结果分析

本次调查收集了 2051 份有效问卷,调查对象的基本情况为:性别比为 1.24(女:男),年龄分组包括青年组(18~40 岁)、壮年组(41~60 岁)、老年组(60 岁以上),其中青年组占比最大为 42.08%,与铜仁市第七次全国人口普查的年龄分布相符;受教育程度分组的人数占比差异不大,小学及以下人数最多,占 26.96%;2051 名调查对象中仅有 33 人没有医保,其余则购买了城乡居民保险和城镇职工保险,其中 18 人还购买了商业保险;此外,调查对象中汉族人数最多,少数民族中苗族、土家族、侗族占比较高,分别为 16.14%、21.21%、21.36%;超过 97% 的人认为自己的身体健康情况为一般及以上,其中大部分人保持着不吸烟、不饮酒和常运动的良好习惯;调查对象以乡镇居民为主,家庭常住人口大多为 3 人及以上,许多家庭为多代同堂,需要赡养老人;值得注意的是,七成以上的调查对象家庭年收入在 5 万元及以下,主要依赖务农和家里小孩外出打工(见表1)。此外,实践队在调查过程中还了解到大多数调查对象的饮食习惯为不偏咸不偏甜不偏酸但喜欢吃辣,表明他们在保持健康饮食的同时对辣味食品有偏好,可能与当地湿度较高有关。

表 1 调查人群基本人口学特征

类别		人数	比例/%	p 值
性别	男	915	44.61%	<0.05
	女	1136	55.39%	
年龄	青年:18~40 岁	863	42.08%	<0.05
	壮年:41~60 岁	735	35.84%	
	老年:60 岁以上	453	22.09%	
学历	小学及以下	553	26.96%	<0.05
	初中	463	22.57%	

续表

类别		人数	比例/%	p 值
学历	高中/中专	302	14.72%	
	大专	428	20.87%	
	本科及以上	305	14.87%	
婚姻状况	未婚	288	14.04%	<0.05
	已婚	1650	80.45%	
	离异	36	1.76%	
	丧偶	77	3.75%	
保险情况	城镇职工保险	451	21.99%	<0.05
	城乡居民保险	1608	78.40%	
	其他（如商业保险）	18	0.88%	
	没有医保	33	1.61%	
民族	汉族	642	31.30%	<0.05
	苗族	331	16.14%	
	布依族	10	0.49%	
	侗族	438	21.36%	
	土家族	435	21.21%	
	仡佬族	160	7.80%	
	其他	35	1.71%	
身体状况	健康	1154	56.27%	<0.05
	良好	540	26.33%	
	一般	309	15.07%	
	较差	47	2.29%	
	很差	1	0.05%	

续表

类别		人数	比例/%	P 值
家庭常住人口	1人	53	2.58%	<0.05
	2人	188	9.17%	
	3人	389	18.97%	
	4人	610	29.74%	
	5人及以上	811	39.54%	
家庭年收入	1万以内	478	23.31%	<0.05
	1万~3万	570	27.79%	
	3万~5万	509	24.82%	
	5万以上	494	24.09%	

（图表来源：实践队收集问卷制作。）

铜仁市曾是典型的贫困地区，约20%的人曾是贫困户，12%仍处于脱贫不稳定、边缘易致贫和突发严重困难的情况。有21.55%的调查对象未听说过乡村振兴战略，多数不清楚乡村振兴战略的提出年份，但感受到乡村振兴带来的收入增长、公共设施改善、精神面貌向上、居住条件改善、教育医疗卫生水平提高等情形。约四分之三的调查对象认为农村资助帮扶政策公平公正，且超过九成的调查对象认为这一战略为生活带来了一定的机遇和实惠。超过97%的调查对象对乡村振兴政策较为满意，并期待未来在多个方面改进（见图2）。

在铜仁市，大多数人会通过移动设备访问社交媒体平台、健康教育App、健康类电视节目来获取健康信息，这类健康信息主要基于个人需求或医生、家人朋友推荐。互联网和移动设备的广泛使用使大多数人每周至少能获取一次健康信息，每次使用时间约为1小时。约97%的调查对象对这些信息有一般及以上的信任度，认为这些信息对促进健康至关重要。如图3所示，65.14%的调查对象确认铜仁市有互联网医院（或在线问诊平台），且有68.11%的调查对象知道有在线预约平台，但只有45.54%的人实际体验过在线看诊这项服务。

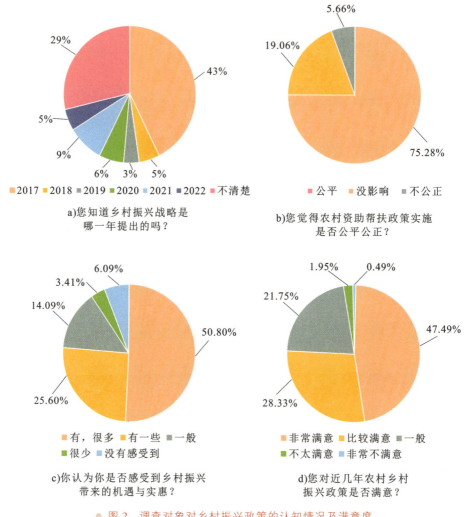

图2 调查对象对乡村振兴政策的认知情况及满意度

(图表来源：实践队收集问卷制作。)

医疗卫生服务满意度调查显示，80%以上的调查对象常在本地医院接受治疗，主要选择县级医院和基层服务机构。就医场所提供的医疗服务满意度未达期望值，为0.85，与全市医疗卫生服务质量满意度1.09存在差距。基层医疗机构提供的基本公共卫生服务为87.66%的调查对象所知晓，满意度平均值为1.70，反映了政府对基层工作的重视和居民的满意程度。

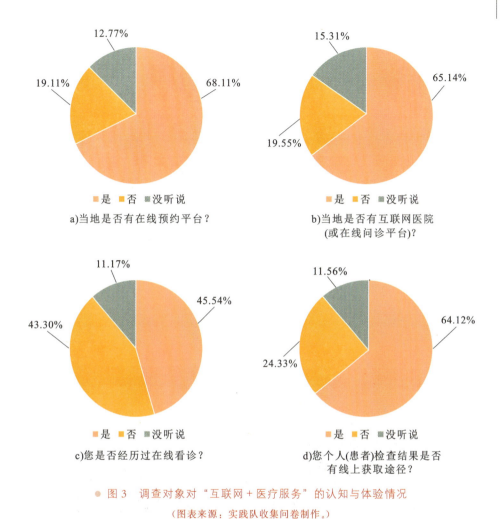

图3 调查对象对"互联网+医疗服务"的认知与体验情况

(图表来源：实践队收集问卷制作。)

四、调研发现与政策建议

(一) 铜仁市新时代乡村振兴背景下医疗卫生事业的发展困境

1. 巩固拓展健康扶贫成果同健康乡村建设有效衔接任务艰巨

全市大力推动紧密型县域医共体建设，以"县级医院为龙头、乡镇卫生院为枢纽、村卫生室为基础"的县、乡、村三级联动的县域医疗服务体系日趋完善，健康扶贫成果持续巩固，全市无因病返贫情况发生。但由于铜仁市贫困程度深，脱贫攻坚任务艰巨，市、县财力有限，在"十四五"及未来现代化建设的新时期，医疗卫生服务与人民群众日益增长的健康服务需求和对美好生活的期盼仍然还存在一定差距，健康乡村建设任务艰巨，还存在以下亟待解决的问题。

（1）全市医疗卫生发展不均衡，优质医疗卫生资源总量不足

根据 2022 年铜仁市统计局数据，两区三县的生产总值从高到低分别为碧江区、思南县、石阡县、万山区和江口县，范围从最高的 255.37 亿元到最低的 77.35 亿元，这与实地调研各地医疗卫生发展情况基本一致，呈现出不均衡状态，碧江区和思南县的医疗卫生发展情况明显领先于万山区、石阡县和江口县，其中江口县略优于石阡县。因此，我们可以明确各地医疗卫生发展不均衡的原因之一：各区县的政府财政收入水平差异显著，导致各地医疗卫生的财政实际投入差别较大，进而表现在基层医疗机构基础设施建设滞后、医务卫生人员基本收入和文化建设差距明显（见图 4、图 5）。

● 图 4　石阡县花桥镇中心卫生院基本环境

（图片来源：实践队拍摄。）

● 图5　思南县塘头镇中心卫生院基本环境及部分荣誉
(图片来源：实践队拍摄。)

此外，通过深入挖掘各地医疗卫生发展不均衡的现象，实践队发现的第二个问题是市级"三甲"医疗机构数量不足，铜仁市仅有一家"三甲"综合医院，妇幼保健院也在争取"三甲"资格①。尽管近年来国家在疫情防控上投入了专项资金，铜仁市人民医院借此机会建设了平战结合的新病区，整个疾控体系也得到了财政投入，完成了突发公共卫生事件应急响应的建设，取得了质的飞跃，但是其他医院能获批的新项目却十分有限，大多数只能维持较为缓慢的发展水平，近些年在逐步增加对基础设施的投入，然而这对于提高全市的医疗卫生水平而言几乎是杯水车薪。

(2) 各级医疗卫生人才留不住，基层医疗卫生服务能力薄弱

通过剖析铜仁市基层医疗卫生服务能力薄弱的原因，发现铜仁市的医药卫生体制改革不够全面，医共体建设模式也不明确。当地绝大部分基层医疗机构的基本公共卫生服务和基本医疗服务发展严重失衡，重公卫、轻医疗；临床科室建设滞后，有些机构近3年才开始规范化开设临床门诊和

---

① 2021年3月15日，贵州省卫生健康委员会正式批复确认铜仁市妇幼保健院为国家三级甲等妇幼保健院。

住院服务。此外，医共体间的人员定期流动机制不成熟，尤其是上级建设单位对基层机构的"输血"频率不高，以致基层医疗卫生服务能力发展效果欠佳。

(3) 农村厕所革命开展不彻底，爱国卫生运动工作不够深入

2021年习近平总书记对深入推进农村厕所革命作出重要批示，强调"十四五"时期要继续把农村厕所革命作为乡村振兴的一项重要工作，发挥农民主体作用，注重因地制宜、科学引导，坚持数量服从质量、进度服从实效，求好不求快。如今全国大力推进农村厕所革命已经过去两年，实践队成员走进多个曾患重疾的农户家，仔细了解其居住环境和生活条件时（见图6），发现不少农户家中"改水改厕""厕所革命"工作开展并不彻底，外表光鲜亮丽的房屋内藏着传统的旱厕，且没有独立卫生间（或粪尿分集式生态厕所）。

图6　走访曾患重疾的农户家的居住环境和如厕条件

（图片来源：实践队拍摄。）

实践队在走访中了解到农村老年人和患癌术后维持的农户存在旱厕影响生活质量的问题。实践队成员在与当地村干部或工作人员交流时发现，尽管当地已在推进改厕工作并多次进行宣传，但仍然面临着一些阻碍。主要问题包括：农户意愿低，生活习惯固化，不愿为改厕投入时间和金钱，而且希望日常养殖动物；全村改厕项目资金短缺且来源不明确；缺乏上级或专家深入指导，没有个性化的实际改厕方案。当地农户和工作人员指出，尽管改厕能减少传染性疾病的发生，但由于当前社会总体生活条件改善，人体免疫力提高，相关疾病患病率不高，改厕的经济健康效益较低，因此农民对改厕需求不太迫切。

自1952年发起爱国卫生运动，70余年来，我国农村居民的卫生健康

状况得到显著改善。然而，新时代的爱国卫生运动不仅仅需要关注卫生打扫和个人卫生习惯，还需要从改善人居环境、宣传健康膳食、关注心理健康、建设公共卫生基础设施等多方面展开工作，引导人们养成文明、健康、绿色、环保的生活方式。然而，当地农村的爱国卫生运动却存在开展得不够全面、不够深入的问题，如公共卫生场所的控烟标识不足、健康宣传展牌不明显或内容更新不及时、旅游小镇配置的生态式公共卫生间较少等。这些问题如果不得到及时解决和改善，可能会影响到当地未来深化全域旅游、打造生态旅游产业的效果，降低外地游客的旅游体验感。

2. 健康素养水平提升与健康教育工作推进陷入瓶颈

健康素养是指个人获取、理解、处理基本健康信息和服务，并运用这些信息和服务作出正确决策，以维护和促进自身健康的能力。提高全民健康素养是提升全民健康水平最根本、最经济、最有效的措施之一，是健康的重要决定因素。居民健康素养水平是反映经济社会发展水平和人民群众健康水平的一项综合性评价指标，成为衡量国家基本公共服务水平和人民群众健康水平的重要指标。根据《2022年中国居民健康素养监测情况》报告，全国居民健康素养水平从2012年的8.80%上升至2021年的25.4%，2022年已达到27.78%。在此背景下，铜仁市2022年居民健康素养水平（33.95%）显著高于国家平均水平。然而，实践队在集中座谈中了解到目前铜仁市健康素养水平提升已陷入瓶颈，想要在未来每年都保持较高的增长率存在一定的难度。

2022年，铜仁市通过协调多部门，采取家庭医生签约服务下沉和推动"健康素养66条"科普宣传等措施，努力提升全民健康素养水平。虽然目前我国人口老龄化还不太明显，但未来5～10年我国将进入人口老龄化重要窗口期。目前，基层健康教育主要采用传统健康教育方式，如课堂教学、宣传册和传单、健康讲座等形式，缺乏系统、全面的综合宣传体系，因此制约了健康教育与健康促进工作的深入发展。县级机构未建立起成熟的多部门联合推进机制，没有对学生开展常态化的卫生健康知识考核，这也是阻碍健康素养水平提升的另一个原因。可以通过培养青少年的自主学习能力，广泛开展健康知识普及行动，落实常态化的卫生健康知识考核，在全社会营造政府高度重视、部门通力合作、全社会广泛参与、全民共建共享的提升健康素养的氛围，推动铜仁市居民健康素养水平稳步提升。

（二）推进贵州铜仁地区医疗卫生事业高质量均衡发展的对策

在新时代中国特色社会主义现代化建设的道路上，贵州铜仁地区为深入贯彻落实健康中国重大决策部署，全面推进健康中国行动，扎实推动医疗卫生事业高质量发展，需要切实做到统筹全局、协调各域、深化合作、大力创新、面向未来，在保障各区县基层医疗机构服务水平和质量的同时，加快建设县域医疗卫生中心，构建"市—县—乡—村—户"立体智慧医疗卫生服务体系，做好、做强、做大健康乡村品牌，以办好人民满意的现代化卫生健康事业为最终奋斗目标。

1. 擘画发展蓝图，压实政府主体责任，充分保障医疗卫生基础设施建设

经济基础决定上层建筑，上层建筑反作用于经济基础。在铜仁市快速发展的背景下，直接通过加大财政投入改善各县域医疗卫生基础设施建设是不现实且没有实际意义的，这可能会导致资源闲置与浪费。为了真正保障人民健康，应均衡布局优质医疗资源，改善基层医疗机构基础设施条件，壮大基层医疗卫生队伍。具体建议包括：① 全市各地要进行多轮关于卫生健康工作开展情况的调查研究，深入剖析工作难点和堵点，了解其他类似试点地区的典型案例；② 结合全市各地人口分布、疾病谱分布等客观情况，从人民群众主要的健康需求出发，进行总体布局，并制定中长期医疗卫生事业发展蓝图；③ 配套出台具有实际指导作用的政策举措，以解决全市医疗卫生事业短期发展困境，明确医疗卫生服务体系建设方向，压实各级政府责任，确保基层医疗机构有明确发展目标；④ 根据经济发展情况加大财政投入，构建监督反馈机制，落实常态化调查研究，确保各地基层医疗机构基础设施标准化建设，为医疗人才"引得进、留得住、干得好"打下坚实基础。

2. 深化多方合作，打通人才源头活水，不断提升医疗卫生服务水平

乡村振兴，健康是保障，人才是关键。尽管铜仁市政府已全力支持医疗卫生机构引进人才，为引进人才提供优厚待遇，但每年引进人才数和本地生源回流率仍有提升空间，特别是博士、博士后人才。建议在保障人才"引得进、留得住、干得好"的基础上，具体做到：① 市级医疗卫生机构主动提出需求，加强东西部医疗卫生协作，积极寻求与高水平医院合作，建立深度合作伙伴关系；② 在建设智慧医疗卫生服务体系的同时，畅通人才交流渠道，确保人才在交流期间的基本待遇和住房需求；③ 坚持基层人员向上培养、向下服务，及时派驻专业人才到基层，组织跨层级、跨区域考察学习，不断提升全市医疗卫生服务水平。

3. 推进科技创新，破除数据共享壁垒，构建智慧医疗卫生服务体系

当前，新一轮科技革命和产业变革突飞猛进，科学研究范式正在发生深刻变革，学科交叉融合不断发展，科学技术和经济社会发展加速渗透融合。在乡村振兴中，对新兴科技产品的应用将成为现代化乡村治理的关键体现。针对铜仁市城镇率不高的特点，为打造健康乡村品牌，未来须做到：① 紧随贵州省全域大数据建设方向，通过合作办学、办企的方式，与开设中医药、生物科技相关专业的高校和相关领域的科技公司建立合作，加快当地科技创新平台建设；② 充分利用当地生态环境优势，发展以健康产业为核心的数据经济；③ 支持政府主导的医院一体化信息平台建设，促进数据共享，推动各类"互联网＋"医疗服务项目下沉基层，服务群众，为构建立体智慧医疗卫生服务体系奠定基础。

— 参考文献 —

[1] 习近平：高举中国特色社会主义伟大旗帜 为全面建设社会主义现代化国家而团结奋斗——在中国共产党第二十次全国代表大会上的报告[EB/OL].（2022-10-25）. http：//www. news. cn/politics/2022-10/25/c_1129079429. htm.

[2] 中共中央、国务院印发《"健康中国 2030"规划纲要》[EB/OL].（2016-10-25）. https：//www. gov. cn/zhengce/2016-10/25/content_5124174. htm.

[3] 健康中国行动（2019—2030年）[EB/OL].（2019-07-15）. https://www.gov.cn/xinwen/2019-07/15/content_5409694.htm.

[4] 中华人民共和国国民经济和社会发展第十四个五年规划和2035年远景目标纲要[EB/OL].（2021-03-13）. http://www.npc.gov.cn/npc/c2/kgfb/202103/t20210313_310753.html.

[5] 中共中央、国务院关于实施乡村振兴战略的意见[EB/OL].（2018-02-04）. https://www.gov.cn/zhengce/2018-02/04/content_5263807.htm.

[6] 中共中央、国务院印发《乡村振兴战略规划（2018—2022年）》[EB/OL].（2018-09-26）. https://www.gov.cn/zhengce/2018-09/26/content_5325534.htm.

[7] 习近平：决胜全面建成小康社会 夺取新时代中国特色社会主义伟大胜利——在中国共产党第十九次全国代表大会上的报告[EB/OL].（2017-10-27）. http://news.cnr.cn/native/gd/20171027/t20171027_524003098.shtml.

[8] 乡村振兴，决胜全面小康的重大部署[EB/OL].（2017-11-16）. https://www.gov.cn/zhengce/2017-11/16/content_5240038.htm.

[9] 中共中央、国务院关于做好2023年全面推进乡村振兴重点工作的意见[EB/OL].（2023-02-13）. https://www.gov.cn/zhengce/2023-02/13/content_5741370.htm.

[10] 习近平：没有全民健康 就没有全面小康[EB/OL].（2016-08-21）. http://news.cnr.cn/native/gd/20160821/t20160821_523046371.shtml.

[11] 习近平庄严宣告：我国脱贫攻坚战取得了全面胜利[EB/OL].（2021-02-25）. https://baijiahao.baidu.com/s?id=1692634997968029405&wfr=spider&for=pc.

[12] 中共中央、国务院关于实现巩固拓展扶贫攻坚成果同乡村振兴有效衔接的意见[EB/OL].（2021-03-22）. https://www.gov.cn/zhengce/2021-03/22/content_5594969.htm.

[13] 中共中央办公厅、国务院办公厅印发关于进一步深化改革促进乡村医疗卫生体系健康发展的意见[EB/OL].（2023-02-23）. https://www.gov.cn/zhengce/2023-02/23/content_5742938.htm.

［14］国务院关于积极推进"互联网+"行动的指导意见［EB/OL］.（2015-07-04）. https：//www. gov. cn/zhengce/content/2015-07/04/content_10 002. htm.

［15］国务院办公厅关于促进"互联网+医疗健康"发展的意见［EB/OL］.（2018-04-28）. https：//www. gov. cn/zhengce/content/2018-04/28/content_5286645. htm.

［16］铜仁统计年鉴——2021［EB/OL］.（2021-06-02）. https：//www. trs. gov. cn/zfsj/tjnj/202206/t20220602_74596211. html.

［17］本书编写组. 马克思主义基本原理（2023年版）［M］. 北京：高等教育出版社，2023.

［18］罗燕."共联网"助力健康乡村建设［EB/OL］.（2022-12-16）. https：//baijiahao. baidu. com/s？id＝1752298003824943467＆wfr＝spider＆for＝pc.

［19］胡喆. 中国科技新亮点观察——从国家创新调查制度实施看科技创新生动实践［EB/OL］.（2023-02-23）. https：//baijiahao. baidu. com/ s？id＝1758580830833519162＆wfr＝spider＆for＝pc.

江汉"旧城"改"新居"的节能密码
——以武汉市江汉区北湖街道建设社区为例

彭诗曼[①]

在国家碳达峰碳中和的背景下,低碳建筑的应用成为建筑行业未来发展的必经之路,其对于既有建筑的绿色改造也是建筑节能领域中十分重要的一环。在不断实施城市改造和美丽宜居城市建设的过程中,老旧小区由于设备陈旧,存在着建筑节能性差、新能源充电设施不足、资源浪费严重、设备缺失等问题,导致能源浪费,引起各方关注。低碳社区改造既能保护生态环境又有益于居民身心健康,还与城市经济、社会、环境的可持续发展相统一,是践行低碳理念、构建低碳生活、实现"双碳"目标的关键支撑。本次调研以武汉市江汉区北湖街道建设社区为例,探索江汉"旧城"改"新居"的节能密码。

一、调研背景

习近平总书记在党的二十大报告中提出,"积极稳妥推进碳达峰碳中和"。为了应对全球气候变化,我国在第七十五届联合国大会提出"3060"目标。"3060"目标即2030年前实现碳达峰、2060年前实现碳中和,这也是以习近平同志为核心的党中央作出的重大战略决策,是我国

[①] 彭诗曼,环境科学与工程学院2021级硕士研究生,2023年"喻竹计划"江汉区硕士实践队成员,挂职于武汉市江汉区住房保障和房屋管理局。

为应对全球气候变化、加快绿色低碳转型、推动低碳高质量发展而作出的庄严承诺。

《国务院关于加快建立健全绿色低碳循环发展经济体系的指导意见》指出，要开展绿色社区创建行动，大力发展绿色建筑，建立绿色建筑统一标识制度，结合城镇老旧小区改造推动社区基础设施绿色化和既有建筑节能改造。

2022年4月，9家国家级碳排放权交易平台共同发布的《碳普惠共同机制宣言》指出，通过科学的核算和认证，每个人、每个家庭、每个林户、每个企业都可以在碳市场中获得价值，以此激励全社会共同减少碳排放，实现"低碳权益、人人共享"。

建筑领域碳减排是实现总体碳减排、碳达峰的关键一环。建筑和建造业在与能源相关的 CO_2 排放中所占的全球份额高达37%，为此，住房和城乡建设部、国家发展改革委印发的《城乡建设领域碳达峰实施方案》中明确提出要控制碳排放增长，开展绿色低碳社区建设，全面提高绿色低碳建筑水平。既有建筑的绿色低碳转型可以带来新的发展契机，这也对老旧社区改造提出了更高要求。

社区作为居民聚集生产生活的基本单元，是人口活动及其碳排放的重要场所，社区碳排放占到总排放量的30%~50%。建设低碳社区对于实现碳达峰、碳中和目标具有重要的战略意义，低碳社区改造势在必行。

二、调研方法及情况

本次节能改造调研报告主要采用了项目调研、实地调研、文献调查3种方法。首先，武汉市江汉区北湖街道成功入选"C40绿色繁荣社区项目"试点，成为华中地区唯一入选项目。该项目是由北湖街道和三峡电能研究院、长峡数字能源科技（湖北）有限公司（以下简称长峡数能）合作开展，实践队在此次调研中收集了该项目在建设社区实行低碳改造的相关资料，并对该项目的节能改造调研方案进行分析；其次，本次调研前往北湖街道建设社区进行实地走访，通过观察、参与及简单采访等形式，了解到建设社区的节能改造现状；最后，对老旧小区低碳化改造过程中存在的问题进行文献调查，深入分析当前政策与实际改造中存在的矛盾，并提出对策和建议。

近年来，江汉区北湖街道把碳达峰、碳中和纳入区域经济社会发展全局，加快低碳转型、推动绿色发展，形成节约资源和保护环境的生产方式、生活方式、空间格局，在全面绿色转型方面取得初步成效。

（一）建设社区概况

建设社区成立于2000年9月，位于武汉市江汉区金融街片区，建设大道以北，东起台北路，西至新华下路，北起黄孝北路，南至建设大道。辖区面积0.18平方千米，现有常住家庭1234户，居民3036人，社区共19栋楼，包括新华小区5栋、黄孝北路小区8栋、工商银行宿舍3栋、牛奶公司宿舍1栋和华银城小区2栋。

根据三峡电能研究院的前期调研和测算，建设社区每年居民和公区用电量580万千瓦时左右（见表1），用气量25万标准立方米，每年产生生活垃圾761吨左右。经测算，建设社区居民用电、用水、用气、生活垃圾产生的碳排放量约为4263.77吨/年（见表2），其中用电的碳排放量占比最大，占比78.9%（见图1）。建设社区的人均碳排放量约为1.5吨/年（不包括交通出行排放）。

表1 建设社区用电情况

基本情况		备注
建筑类型	居住建筑	
楼栋数量	19栋	
总户数	1390户	
总人数	2726人	
自行车棚	3处	
电瓶车数量	265辆	
小汽车总量	225辆	
电动汽车数量	约18辆，占比8%	目前因小区无电动汽车充电桩，停放占比不足5%

第一部分 "喻竹计划"系列调查报告

续表

基本情况		备注
现有地面停车位	100个左右	
特殊关怀户数	39户	独居及空巢老人和特殊人群
用电量	居民用电总量	576万千瓦·时/年	
	公区用电总量	3万千瓦·时/年	4个水泵+1部电梯+公区照明+安防
电梯数量	1个(一期)	9个(二期)

(表格来源:三峡电能研究院项目报告。)

表2　建设社区碳排放量

建设社区碳排放量						
	水	电	气	生活垃圾	交通	消费
用电	水泵用电:1.07万度/年	579万千瓦·时/年	15立方米×1390户×12月=25万立方米/年	可回收垃圾:0.5千克/户·天	厨余:1.0千克/户·天	—	—
碳排放系数	0.581	0.581	0.581	0.581	—	—
碳排放量(吨/年)	6.22	6.22	6.22	6.22		
合计(吨/年)	4263.77				—	—

(表格来源:三峡电能研究院项目报告。)

另外,由于建成年代较早,老旧小区大多存在失养失修失管、市政配套设施不完善、社区服务设施不健全等问题,通过前期实地走访及文献调查,建设社区急需更新改造以下四个方面:①建筑节能性能差,外窗玻璃多为单玻,外墙体侵蚀剥落、无保温层,木(钢)窗与墙体连接处开裂加剧气密性问题,通风、采光设计不合理,能耗大,室内热环境差,人体舒

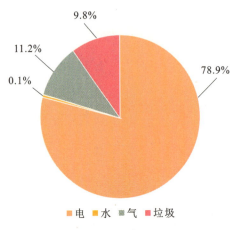

● 图1 建设社区碳排放量比例

（图片来源：建设社区提供。）

适指数低；② 资源浪费严重，照明仍用白炽灯，而 LED 节能灯的电能消耗仅为白炽灯的 1/10，若每个家庭多用一盏 LED 节能灯，国家每年可节电约 330 亿千瓦时，减排 CO_2 3100 万吨，此外居民对能效等级为 1～2 级的节能家电关注度较低；③ 新能源车充电设施不足，截至 2022 年 3 月，全国新能源汽车占汽车总量的 2.90%，2022 年一季度新注册登记新能源汽车与去年同期相比增长 138.20%，而截至 2021 年 9 月，我国平均车桩比约为 3∶1，私人桩的整体车桩比约为每桩 5.3 辆车；④ 安防系统不健全，如路灯缺失、无电梯、管网老旧、道路损毁、适老设计缺失等。

（二）低碳化改造方案

在老旧小区低碳化改造方面，北湖街道以低碳化、智慧化、能源清洁化三种理念，通过新能源技术、碳普惠、智慧能源应用三条技术路径，实现了老旧小区的低碳化。一是率先引入社会资本投资建设屋顶分布式光伏板、新能源汽车充电站（桩）、居民闲置物品及可回收垃圾智能化收运系统，设立社区公益碳基金；二是建设口袋公园运动发电器材、智慧路灯、楼道光伏路灯；三是运用共同缔造理念发动群众参与打造小区共享花园、屋顶花园。此外，发动辖区企业推出低碳套餐、低碳酒店等产品，丰富低碳消费产品供给，倡导全民绿色低碳生活方式。

1. 新能源技术

（1）屋顶光伏花园

小区屋顶拆违工作完成后，利用小区 40% 左右的屋顶面积（约 4000 平方米）搭建架高式光伏板，光伏装机容量 0.4MWp，预计发电量为每年 40 万千瓦时，按照每千瓦时 0.41 元的上网电价，每年电费收入约计 16.4 万元。

在整体设计上，屋顶建成"光伏＋花园＋休闲区＋晾晒区"的模式，屋顶的光伏板能降低楼宇顶层温度 3~6℃，同时采用反射率在 6% 以下的组件，几乎不存在对周边高楼的光污染。屋顶其他区域可设置绿植种植箱和晾晒区。光伏板整体架高，下设休闲区，充分考虑到屋顶的实用性和观赏性（见图 2）。

● 图 2 建设社区已清拆屋面

（图片来源：网络。）

（2）充电桩

建筑社区小汽车保有量为 225 辆，其中电动汽车 18 辆，占比 8%，目前因社区无电动汽车充电桩，大部分车停放于北湖小学的充电场站（见图 3、图 4）。参照我国近年电动汽车 50% 增长率计算，未来 3 年建设社区的电动汽车保有量约增加到 60 辆。

● 图3　建设社区车辆停放现状

(图片来源：作者自摄。)

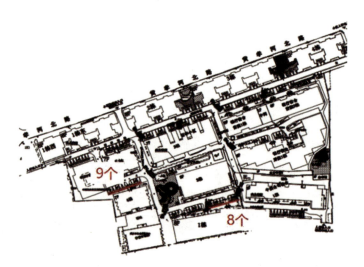

● 图4　建设社区计划建设充电桩点位图

(图片来源：三峡电能研究院项目报告。)

（3）电瓶车智能充电站

建设社区的电瓶车保有量约为265辆，每辆电瓶车平均每月充电4次，社区每天的充电需求约为35车次，预加装50个智能充电接口，保证电瓶车随到随充，杜绝飞线充电的火灾隐患（见图5）。

（4）智慧路灯

在建设社区内部6个主要交叉路口建设智慧路灯，搭载智能照明、广播、LED信息发布屏等功能模块，为社区提供智能化服务（见图6）。

● 图 5　建设社区车棚现状及飞线充电现状

（图片来源：作者自摄。）

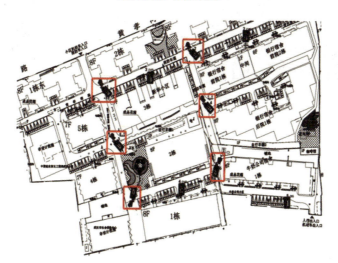

● 图 6　建设社区计划建设智慧路灯点位图

（图片来源：三峡电能研究院项目报告。）

（5）电梯节能

电梯能耗占建筑物总能耗的 5%～15%。建设社区目前有 1 部电梯正在加装，后期预计会新增 9 部。社区拟给电梯加装电梯节能装置（见图 7），电梯节能装置是将电梯运行过程中产生的再生能量回收到电网或供周边设备使用，节电率在 20% 以上，预计每部电梯每年可节省 4000 元左右的电费。

图7　建设社区电梯加装施工及节电器安装示意图

（图片来源：建设社区提供。）

2. 碳普惠

（1）碳积分小程序

以建设社区为单位，搭建碳积分小程序，将垃圾回收、运动发电、认养植物、居民节电、二手物品交易等行为转化为碳积分，碳积分可以兑换小商品、周边超市的购物券或其他实物等（见图8）。通过搭建碳积分小程序，增强居民建设低碳社区的积极性和获得感，引导居民践行低碳生活。

（2）智能垃圾分类

建设社区拟放置两个智能垃圾分类回收箱，智能垃圾分类回收箱是在普通垃圾分类回收箱的基础上增加人脸识别、自动计数、自动称重等功能，并与碳积分小程序联网，将居民的垃圾回收行为转化成碳积分（见图9）。

第一部分 "喻竹计划"系列调查报告

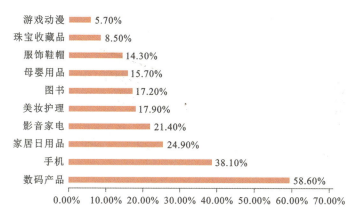

● 图8 碳积分小程序

（图片来源：网络。）

● 图9 智能垃圾分类回收箱拟放置地点

（图片来源：作者自摄。）

193

(3) 运动发电

在建设社区的两个口袋公园放置运动发电健身器材，居民在健身器材上运动时产生的电量可用于电子面板工作、记录运动量、播放音乐、手机充电等。电子面板上设置了二维码，连接碳积分小程序，居民可查看自己的运动量，且运动行为还能转化为碳积分。碳积分小程序上还会定期公布健身器材运动量排行榜，以此提高社区居民的运动积极性（见图10）。

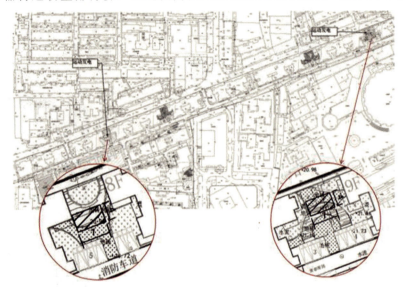

● 图10 运动发电健身器材区拟设置地点
（图片来源：三峡电能研究院项目报告。）

(4) 屋顶共享花园

建设社区居民对绿植培育有较大的兴趣，物业便在楼顶划出种植区域，放置种植箱，并采取居民认养模式，建立屋顶共享花园。物业对认养的种植箱进行编号并署名，居民可在种植箱自由培育植物，参与认养并培育成功的居民也可在碳积分小程序上获得积分。

（三）低碳化改造成果

在武汉市首个"尝鲜"全域低碳建设的江汉区北湖街道，光伏智能座椅、智能健身器材、智能回收机等绿色装置遍地开花。走进建设社区新华小区，"低碳元素"无处不在。

新加装的电梯在运行时,电梯内部会做动能回收,并通过相应的装置转化为电能,实现再生利用(见图11)。

● 图11　安装了动能回收装置的电梯

(图片来源:作者自摄。)

在光伏智能座椅上,居民不仅可以给手机充电,还可以通过手机蓝牙功能连接音响,畅听音乐(见图12)。

● 图12　可充电、可联网、可播放音乐的光伏智能座椅

(图片来源:作者自摄。)

社区内还有智能健身单车。智能健身单车上不仅有电子面板显示运动数据，面板下方还有无线充电区域，将手机放置在这个区域，健身者只要持续踩动单车，就可以为手机充电，运动一旦停止，手机充电也随之停止（见图13）。许多居民表示这种设置激发了他们的好胜心，形成了大家争相锻炼的体育氛围。

● 图13　居民在运动发电器材上健身
(图片来源：网络。)

走近小区的智能回收机，可以看到只要用手机进行扫码即可打开回收仓门，放入可回收物后，智能系统会自动称出物重，并将积分与奖励金同步发放到小程序账户（见图14）。同时，智能回收机也是孩子眼里的"大玩具"，自从有了智能回收机，许多居民家中小朋友的垃圾分类意识也变强了，在家里看到喝完的饮料瓶后还会提醒家长，要攒着去智能回收机上进行兑换。

在北湖街道其他一些社区里，还有专人免费清运大型家具、电器等废弃物品，打破了"无处可投""垃圾堆放"的难题，并通过线上线下形式开展闲置物品交换活动，从而实现生活废弃物集中处理再生利用。据统计，通过把可回收物从生活垃圾里分离出来，可以实现1/3以上的垃圾减量，让这些再生资源免于和其他垃圾一起被焚烧填埋，实现物尽其用、循环再生，最终成为雨伞、手提袋等物品的制作原料。

● 图14　居民使用智能回收机

(图片来源：网络。)

站在广发大厦的高层俯瞰，新华小区居民楼的屋顶铺满了光伏板。铺设在屋顶的光伏板，一年可以发电9.6万千瓦时，可省下约4万元的电费，年均减碳50.46吨，目前公共区域照明及20个新安装的新能源充电桩的电能都来自这些光伏板，可为每户每月省下10元的路灯费。

但是，这样能发电、能隔热，还能遮雨的光伏屋顶却在建设中期差点被居民以担心漏水为由叫停，通过协商后，光伏板得以顺利安装。在光伏屋顶建设完成投入使用后，居民们纷纷从最初的"叫停者"变成了现在的"宣传员"。顶楼住户发现，屋顶不仅不会漏水，光伏板的加持还让屋内变得更加凉快，甚至在下雨天也可以在"有棚露台"上锻炼，方便了生活还节能省钱（见图15）。

与新华小区一样，北湖街道的办公楼也在进行一场"低碳瘦身运动"，借助长峡数能的技术，这里率先在武汉市尝试党政机关公共机构能源托管模式：对办公楼用电、用水等基础设施进行节能数字化改造，传感器控制电源开关，配置屋顶分布式光伏板（见图16）、新能源充电桩等设施，在"能管云"平台上做综合管理，每月出具一份数字报告。

2022年，长峡数能投入的设备建设和运维费用，与省下的电费及充电桩的运营获取收益实现平衡。由此可见，这是一场社会效益与经济效益兼具的双赢试验。

● 图15　新华小区屋顶分布式光伏板

（图片来源：网络。）

● 图16　北湖街道办事处的屋顶分布式光伏

（图片来源：作者自摄。）

三、问题分析

在国家系统性政策的推动下，改造和综合整治老旧小区的工作受到了地方各级政府的高度重视，居民的居住条件和生活环境得到明显改善。然而，老旧小区在绿色环保节能低碳方面的改造尚未大规模开展，现有的居民小区建筑改造工程管理体系也没有将节能低碳改造纳入。目前，展现在大众面前的低碳社区仍然处于将各阶段研发成果分散于典型项目中的初步实践，建设社区作为全市低碳社区的先行者，迈出了关键一步。而低碳社区的真正实践，还需要更多的成果展示，在改造城镇老旧小区这样浩大的民生工程中，如何抓住"低碳"这一关键变量，还有以下三个方面的问题亟待解决。

（一）资金来源

在循序渐进的实践探索中对老旧小区进行绿色低碳化改造，首先要实现节能化，其次是低碳化，只有先实现了节能才会有后续的低碳，至于绿色化，则是在工程系统性的探索过程中进行的。然而由于单一的资金来源、缺乏机制保障的投入，许多地方的老旧小区只能将资金主要用于满足居民基本生活和安全保障的基础类改造，如水电气热设施和楼梯楼体等，由于资金的限制而无法迈出节能化的第一步。老旧小区改造需要巨大的投资，如果仅仅依靠财政"输血"，必然无法长久发展，但当前引入社会化资本参与改造的项目也存在一些问题，如单个项目投资回报来源少导致利润薄和现金流少、回收期长导致资金难以平衡、融资难以获取、金融支持力度不足等。因此，如何健全"造血"机制，融合多方资金来源，实现资金共担，成为老旧小区改造持续推进的重大课题。

（二）政策支持

当前老旧小区的改造政策面临着一系列亟待解决的难题。首先需要整合利用多元产权存量资源、增容扩建公共服务设施、有效利用专项维修资金。其次，关于绿色建筑的现有评价标准停滞不前，对绿色建筑内涵的理解太过滞后，仍然停留在过去强调的"四节一环保"体系上，而新版国家标准中强调的理念"以人为本"、"高质量"发展、安全、耐久、服务、健康、宜居、全龄友好等均未在老旧小区的改造中充分体现。此外，随着双碳目标的提出，当前老旧小区建筑的绿色低碳改造提升存在标准体系不够完善、缺乏绿色低碳化改造的明确目标、现有改造达不到绿色建筑标注的星级要求、政策引导不够、政策执行力度不强、绿色改造标准要求不高、行政审批效率低下、监管执法缺位等诸多问题。

(三) 民众参与

当前老旧小区改造面临着绿色低碳程度低和公众参与机制不完善的问题。若居民参与程度不高，将直接导致居民满意度下降。公众参与老旧小区的规划整改，是与历史文化传统、社会发展阶段、公众主体意识成熟度及制度设计等因素密切相关的。此外，老旧小区改造中还存在着"被动式"的过程参与多、"主动式"的决策参与少的情况，且个体行为较多，相互协助和互动行为较少。居民往往更多关注与自身利益相关的改造方案，因而对影响公共利益方面的考量相对较少。同时，随着社会老龄化程度加深，社区居住人口结构也正经历老龄化，社会化资本日渐衰落并走向缺失，社区改造的品质提升变得愈发困难。

四、对策及建议

(一) 加强资金共商、共担保障，破解改造资金筹集难题

当前的绿色低碳建筑面临着高投入、高成本的问题，为了弥补这些问题带来的经济压力，财政政策发挥着重要作用，利用推广的经济性，提高相关开发投资。因此，政府应稳步提高投资标准，增加对绿色低碳建筑的建设，并在采购领域加大推广力度，促进绿色低碳技术的应用，着力打造经济实用的环保产品；完善税收优惠政策，及时更新税收优惠目录并调整合理的税收征收管理办法，大力推行绿色低碳可持续发展，对绿色低碳产品、环保设备、相关技术与应用服务及可再生能源的系统应用等给予更多优惠，如扩大退免增值税的范围、内容和时限，加大对高排放高污染企业的税收力度，惩处高碳行为，适时推出碳税。

对绿色金融加大支持力度，大力扶持金融机构在绿色环保方面的创新，如为绿色低碳建筑提供的金融产品、绿色信贷和发行绿色债券等，若

能在授信额度和发行利率方面加大倾斜力度，则更能迎合人民群众的需求。未来的商业地产项目必然也会向"双碳"全面转型，因此鼓励发展绿色租赁业务，提升绿色投资，在运营阶段投资共担、收益共享，并在后期获得更高的租金收益，最终实现项目资产保值甚至增值。此外，可以对开发绿色低碳住宅的开发商提供税收支持，减少税收，并对终端购房者提供贷款支持，减少贷款利率等。

（二）完善绿色改造、管理规范，寻求城市更新政策突破

在"双碳"背景下，建议从目标、政策、财税、金融、管理等方面入手，完善老旧小区绿色节能改造体系；建议出台老旧小区绿色节能改造政策，设置专项资金对其进行绿色低碳化改造，在基础设施建设投资和采购服务中纳入部分改造服务。同时，老旧小区改造也属于街区更新的一环，要加强老旧小区节能改造项目范围的片区统筹，多多争取和吸引社会融资，实现片区资金平衡。

针对不同类型老旧小区的特点，因地制宜，采取精准施策，将民生和发展相结合，构建中央、地方、社会、居民共摊出资的投入机制。一是充分发挥财政资金的兜底作用，将财政资金主要用于基础配套设施建设，如水、电、气、适老化设施等，保障人民群众的基本生活。同时加强改造方案规划引领，在立项阶段规划长远，商业开发与城市更新相结合，支持企业在快递收发、停车设施、物业服务、公共广告等方面取得合理收益，建立老旧小区住宅维修资金制度及有偿使用新增设施制度，拓宽长效管养资金来源。二是完善金融配套政策，鼓励引入金融机构参与改造项目，为负责改造的企业提供信贷支持。三是协同推进老旧小区改造和社区服务升级，确立小区改造后的物业服务费缴纳标准和程序，采取包括专业物业公司、社区公益物业服务中心等在内的不同的物业管理方式，逐步引导居民形成"付费购买服务"的观念，以确保老旧小区改造后的管理能够规范有序进行。

（三）构建多方参与、协作机制，推动社区绿色低碳转型

当前，老年群体是社区更新公众参与的中坚力量，社区的党员、志愿

者和楼栋长也大多为老年人。此外，社区活动参与对象、社区服务对象及社区活动空间的设计都呈现出明显的老龄化特征，受到时间、家庭等因素的影响，年轻人很少参与社区事务。为了恢复社区的活力，推进青年发展型和儿童友好型城市的建设目标，发挥年轻人的力量是构建规范和信任、稳定关系网络并维持社会资本的必要条件。如北京劲松北社区改造采用了动员群众共建机制，居民全程参与并自主选择社区改造内容。通过党建引领，统筹协调行政、社会和市场三方力量，以民意为导向，结合政策工具组合、社区协商和微利"可持续"形成的"劲松"模式，实现了从合作生产到价值共创的社区更新路径。

组织议事会是推进目标的重要手段，而吸引公众参与则是实现社区多主体参与和协作机制构建的可行方法。首先，基层党组织的党员应以先进的思想和服务群众的意识为引领，打破社区改造沟通困境。其次，通过活化地域内存量住宅资源吸引年轻人入住，并采用代际合居和举办社区交往活动等方式促进年轻人与老年群体之间的互动。再次，培育和挖掘技术能力和号召能力突出的人才，来解决社区发展中非正规性建设治理的难题。最后，进行社区居民代表选举，让居民代表与居委会、物业和地方社区组织共同组建议事会。通过社区更新项目在表达需求、制定方案、过程监督和评价反馈这四个重要环节中发挥关键作用。

综合建设社区的示范成果及其他案例研究发现，成功的策略是在实践的基础上摸索出来的，只有规划先行、有机更新、分步实施，才能保证实践顺利开展；为了保障改造的过程和结果能够令群众满意，应采取专业把控、协商共治、资金共担等有效的措施手段；而社区改造工作的核心内容则包括内容分类、改善环境和补充服务。在老旧小区改造更新的过程中，通过引入社会资本，采用市场化模式运作，能够再造存量空间，盘活低效空间，并在改造的同时拓展收入渠道，激发"自我造血"能力，这是探索可持续模式的重点方向。当更多如建设社区这样的低碳社区形成规模，成为城市功能品质提升的新方向，不仅能让居民享受到"旧改"政策红利，更能让节能、低碳、健康的理念走进千家万户。

参考文献

[1] 习近平在第七十五届联合国大会一般性辩论上的讲话 [N]. 人民日报, 2020-09-23 (3).

[2] 联合国环境规划署发布《2021年全球建筑建造业现状报告》 [EB/OL]. (2021-10-27). https://baijiahao.baidu.com/s?id=1714752137757486997&wfr=spider&for=pc.

[3] 住房和城乡建设部、国家发展改革委关于印发城乡建设领域碳达峰实施方案的通知 [EB/OL]. (2022-06-30). http://www.gov.cn/zhengce/zhengceku/2022-07/13/content_5700752.htm?mc_cid=af5b980047&mc_eid=192cc91e31.

[4] 张檀秋. 绿色发展理念下我国城市绿色建筑发展的研究 [D]. 昆明: 云南师范大学, 2020.

[5] 孙宝娣, 钟城豪, 于德湖, 等. 老旧社区绿色低碳改造研究进展、转型挑战与路径思考 [J]. 城市发展研究, 2023, 30 (6): 12-17.

[6] 李冰, 李迅, 杜海龙. 既有建筑绿色低碳化改造调查研究——以北京市为例 [J]. 城市发展研究, 2022, 29 (12): 25-29, 35.

[7] 张晓东, 陈从建. 城市老旧住宅小区更新路径与机制研究 [M]. 南京: 江苏人民出版社, 2020.

[8] 许昊, 华晨, 李咏华. 青年发展型城市建设: 老旧社区社会活力再生规划路径研究 [J]. 城市规划学刊, 2022 (3): 96-101.

[9] 邢华, 黄祖良. 老旧小区改造如何"以人为本"?——北京劲松北社区改造中的党建引领与社会资本重塑 [J]. 上海城市管理, 2021, 30 (5): 23-28.

[10] 付本臣, 孟雪, 张宇. 社区代际互助的国际实践及其启示 [J]. 建筑学报, 2019 (2): 50-56.

生态文明与文化传承融合发展农村人居环境整治样板
——基于福建省福州市仓山区的考察

"喻竹计划"福建福州实践队[①]

一、研究背景及意义

（一）研究背景

改革开放以来，随着我国经济社会的快速发展，人民生活水平不断提高，村民的物质生活需求也不断提高。与此同时，农村的环境承载能力有限，生态环境不断恶化，卫生"脏乱差"、河水污染、生活垃圾乱堆乱放问题层出不穷，当前村民素质提升与农村基础设施改善的速度已经不能适应新时代农村人居环境的要求。全面建设社会主义现代化国家，最艰巨最繁重的任务仍然在农村。改善农村人居环境，建设宜居宜业和美乡村，成为新时代一项重要任务。

2013年10月习近平就改善农村人居环境作出了重要指示。习近平强调：要认真总结浙江省开展"千村示范万村整治"工程的经验并加以推广。各地开展新农村建设，坚持因地制宜、分类指导，规划先行、完善机制，突出重点、统筹协调，通过长期艰苦努力，全面改善农村生产生活条

[①] "喻竹计划"福建福州实践队，于2022年暑期赴福建省福州市开展政务见习，成员包括黄河、黄鹤、邱欣悦、刘锐奇、崔雅倩、张诗曼、贾才鹏、张杰、曹粤茗、宋楷。

件。2018年，中共中央办公厅、国务院办公厅印发《农村人居环境整治三年行动方案》，方案指出：坚持绿水青山就是金山银山，顺应广大农民过上美好生活的期待，统筹城乡发展，统筹生产生活生态，以建设美丽宜居村庄为导向，以农村垃圾、污水治理和村容村貌提升为主攻方向，动员各方力量，整合各种资源，强化各项举措，加快补齐农村人居环境突出短板，为如期实现全面建成小康社会目标打下坚实基础；要求农村人居环境整治应遵循"因地制宜、分类指导，示范先行、有序推进，注重保护、留住乡愁，村民主体、激发动力，建管并重、长效运行，落实责任、形成合力"。

截至2021年，三年行动已经完成，农村人居环境得到明显改善，但行动的结束并不代表环境改善行为的止步。时代在发展，村民对于人居环境改善的要求也会不断变化，农村人居环境整治工作需要与时俱进，不断巩固创新，进而不断满足人民群众对美好生活的需要。

（二）研究意义

研究探讨改善农村人居环境的路径，不仅有助于解决当前农村地区面临的突出生态环境问题，而且能够助力我国乡村文化的保护，推进乡村振兴。因此，围绕农村人居环境整治展开系统研究，在理论和现实层面都具有重要意义。

1. 理论意义

人居环境是一个跨学科的综合性研究领域，当前研究在跨学科融合、前瞻性预测以及地域特殊性的深入探讨等方面具有一定的局限性。本文立足于新时代新发展阶段，从宏观上探究我国农村人居环境的整治样板和重要举措，分析整治提升过程中存在的问题并给予一定的对策建议，从而丰富和补充了我国农村人居环境方面的实践调查和理论研究，切实助力乡村振兴。

第一，有助于提升对乡村振兴的全面认知。乡村振兴是乡村产业、人才、文化、生态、组织的全面振兴，而开展农村人居环境整治是促进乡村生态振兴的重要举措。因此，研究探讨农村人居环境整治有助于人们更为深刻地理解乡村生态振兴的重要内容。

第二，有助于拓展生态文明理论研究。建设生态乡村，是实现乡村振兴、建设美丽中国的必然要求。农村人居环境整治提升涉及多领域的内容，尤其与农村生态文明建设息息相关，因此，对该领域的探索能够丰富和拓宽生态文明建设的研究视角。

2. 现实意义

本文通过对当前我国农村人居环境整治提升取得的成效及经验进行总结，详细分析了我国农村人居环境整治的现状和问题，并在此基础上，提出了广大农村地区在提升人居环境的过程中可以借鉴的科学原则与重要举措，揭示了人居环境整治困境背后的制约性因素，以此为各地整治工作的实际开展提供切实可行的举措。

第一，有助于改善村容村貌，提升村民生活品质。农村人居环境状况是影响村民生活品质的重要因素，整治提升农村人居环境，包括实施农村生活污水治理、生活垃圾处理、厕所革命等工作，通过加强民生基础设施建设，开展乡村绿化美化行动，改善村容村貌，从而满足村民对高品质生活的需求。

第二，有助于促进乡村产业和文化发展，帮助村民增收致富。农村人居环境的改善，能够促进农村经济和文化的发展。整治提升农村人居环境，既能美化村庄环境，又能促进农村产业发展，创造大量务工机会，丰富村民增收致富的渠道，也为文化传承搭建了更广阔的舞台。

二、福建省福州市仓山区农村人居环境整治样板调研

（一）总体情况分析

1. 福建省福州区仓山区情况简介

调研过程中，实践队先后走访了福建省福州市仓山区城门镇的梁厝村和林浦村、螺洲镇、盖山镇阳岐村等地，以下首先简要概括仓山区的总体情况。

截至 2021 年 11 月，仓山区下辖对湖、上渡、仓前、三叉街、下渡、

临江、东升、金山共 8 个街道，以及建新、盖山、螺洲、城门、仓山共 5 个镇。全区共有 13 个乡级行政区，99 个社区，102 个行政村。全区年末常住人口 116.9 万人。2021 年，仓山区全年实现地区生产总值 1030.11 亿元，其中，第一产业增加值 1.81 亿元，第二产业增加值 419.27 亿元，第三产业增加值 609.02 亿元。当地与生态文明、文化传承相关的产业主要为旅游业，2021 年，仓山区全年接待旅游者总计 753.68 万人次，同比增长 77.2%；旅游总收入 68.13 亿元，同比增长 37.7%。仓山区的人文景观多为小型博物馆与家庙等景点，与文化传承结合度较高。①

2. 政府主要任务

本小节主要对《仓山区农村人居环境整治提升行动实施方案》进行总结，该方案是基于中共中央办公厅、国务院办公厅印发的《农村人居环境整治提升五年行动方案（2021—2025 年）》及中共福建省委办公厅、福建省人民政府办公厅印发的《福建省农村人居环境整治提升行动实施方案》等政策要求，结合本区实际情况来制定的。在环境整治方面，该方案总体目标如下：农村卫生厕所全面普及，厕所粪污得到有效处理或资源化利用；农村生活污水治理率进一步提高，基本消除较大面积农村黑臭水体；农村生活垃圾全面实现无害化处理，农村有机垃圾生态处理机制基本建立；农村基础设施布局更加优化；农村人居环境整治积分制全覆盖，以"六清一改"行动为抓手，深入开展"护河爱水、清洁家园"行动；长效管护机制全面建立，建成一批美丽宜居村庄。落实总体目标的具体举措主要包括以下几点。

（1）扎实推进农村厕所革命

农村厕所革命的主要目标是农村卫生厕所全面普及，农村公厕提档升级，厕所粪污得到有效处理或资源化利用。目前仓山区以建成区为主，全区无旱厕，因此在推进农村户厕改造方面无相关任务。该区的农村厕所改造任务主要是升级老旧公厕，支持自然村新建公厕及改造公厕（新建公厕以旅游厕所为主）。在对厕所粪污进行无害化处理与资源化利用方面，仓

---

① 相关数据来源于福州市仓山区人民政府官网、国家统计局官网等网站。

山区应加强农村改厕与生活污水治理有机衔接，因地制宜，可采用分散处理、集中处理或统一处理等方式，促进新建农村厕所与生活污水治理一体化建设。

（2）加快推进农村生活污水治理

农村生活污水治理目标主要有三点：基本消除较大面积的农村黑臭水体、提升水土保持率、提升主要河流与小流域的水质。现阶段仓山区在农村生活污水治理方面主要以群众反映的黑臭水体为重点，采用了多种方法进行综合治理；同时加强对农村水环境的治理，实施河湖水系综合整治，推进内河 108 千米、外江 60 千米的日常水系管养工作；将农村水环境综合整治纳入河（湖）长制工作考核内容，强化河（湖）长制责任落实，提升全区河湖水系治理与农村人居环境整治的工作水平；同时按要求科学治理水土流失问题。

（3）全面提升农村生活垃圾处理水平

提升农村生活垃圾处理水平的主要目标为农村生活垃圾基本实现无害化处理，将畜禽粪污综合利用率提升至 80％以上，提高秸秆综合利用率、农膜回收率、农药包装废弃物回收率等。首先，实现生活垃圾无害化处理需要建立健全生活垃圾收运处置体系，从区落实到村庄落实和户落实，确保每户居民都能做到垃圾分类，建立健全农村生活垃圾治理长效机制。其次，要推进农村生活垃圾分类减量，做到因地制宜、全面覆盖、以人为本、方便群众。

（4）推进农村居住品质提升

提升农村居住品质，首先要对农村房屋安全隐患问题进行排查整治，加强农村在建房屋安全监管，对农村危房进行改造，强化农房风貌管控。其次是提升镇区品质，以打造样板区域为主，对部分集镇的居民集中区进行微整治、微改造，使该区域拥有浓厚的人文气息，凸显地域特色，实现社区治理井井有条，群众居住环境及居住品质得到明显提升。

（5）推进村容村貌美化提升

村容村貌的美化提升主要体现在改善公共环境、绿化美化及文化弘扬等方面。改善公共环境方面，主要在于消除电力线、通信线、广播电视线"三线"违规搭挂隐患，规范农村户外广告内容及设置行为等。绿化美化方面，以林长制为依托，开展森林督查相关工作，确保林地面积不减少、森林质量不下降，推进林地保有量、森林覆盖率、森林蓄积量指标任务完成。文化弘扬方面，以推进旅游服务质量提升、发展美丽休闲乡村为主，弘扬优秀农耕文化。

（6）完善农村基础设施

农村基础设施的完善主要体现在道路、饮水及应急管理体系方面。推行农村公路"路长制"，推动农村公路提档升级。新改扩建规模化水厂，铺设供水管网，将自来水普及率提升至99.9%，加快推进城乡供水一体化。同时也会按年度计划推进新建、提升应急避难场所及设施，健全村庄应急管理体系。

（7）激发群众参与活力

整治提升农村人居环境，需要激发群众自发参与环境整治的内生动力。发动群众对自家的庭院进行绿化，深化村民自治实践，将农村人居环境整治提升纳入村规民约；完善参与制度，引导鼓励村集体经济组织参与农村人居环境相关规划、建设和管理，鼓励通过政府购买服务等方式，支持有条件的农民合作社参与改善农村人居环境项目；采取积分制动员群众积极参与农村人居环境整治，自觉维护公共卫生，实现农村人居环境整治积分制全覆盖，同时加强宣传教育，引导农民自我管理、自我教育、自我服务、自我监督。

（8）提升长效管护水平

人居环境整治不是短暂性的任务，而是一个可持续的长期性工作。通过农村人居环境整治，持续推进村庄清洁"六清一改"行动，全力推进农村爱国卫生运动，健全完善农村人居环境长效管护机制，使村庄环境由干净整洁提升为美丽宜居。

3. 主要标志性举措

根据实践调研及与仓山区农业农村局有关工作人员进行座谈，结合仓山区农村人居环境整治特点，发现当地采取了两大标志性举措。

（1）农村人居环境整治积分制

根据福州市《农村人居环境整治提升五年行动方案（2021—2025年）》

的要求，仓山区开始试点农村人居环境整治积分制，并在试点取得初步成功后，逐步向更多村进行推广，着力打造城乡接合部人居环境整治"仓山样板"，确保全区各村镇能实现全覆盖。农村人居环境整治积分制是指各行政村或者居民通过完成不同的考核任务获取积分，通过积分评比建立"红黑榜"，由此起到生态环境保护的双向激励约束作用。

农村人居环境整治积分制的实施同时面向行政村和农户，不同对象获取积分的内容不同。对于行政村，主要通过"建立人居环境整治长效机制"、"积极开展工作"（涵盖农户星级文明户评选、志愿服务活动、建立爱心公益超市、积极开展宣传活动、设立红黑榜进行双向激励约束等）、"整治村庄环境"（"六清一改"行动）三部分获取积分。对于农户，获取积分的内容包括"落实'门前三包'""实行垃圾分类""无畜禽养殖现象""参与环境整治""培养文明乡风"五部分，以此推进环境整治全方位展开。

行政村的考评工作由区农村人居办牵头，组织区各相关单位、乡镇组成考评组，按月开展农村人居环境整治考评，并将考评结果在全区通报。农户的考评工作则由村干部牵头，组织人大代表、政协委员、老党员、老干部、村民代表、小组长、群团组织负责人等组成考评组，每月25日前完成农户全覆盖考评。考评结果在各行政村村部公示栏进行公示，会根据考评结果给农户发放积分券（可在爱心公益超市中使用），并对评为"星级文明户"的农户挂牌。

对于行政村，农村人居办会同区委文明办推荐评选"文明村"，按照不高于实行积分制村庄数30%的比例，优先从每季度积分平均分90分及以上的行政村中确定并给予奖励，奖励办法由区农村人居环境整治领导小组"一事一议"。对各个村进行评分后，每月及每年评选出一、二、三等奖及鼓励奖，分别给予不同程度的财政支持。对月度考评得分在60分以下的行政村，扣发村"两委"干部当月业绩考核奖励金；对年度积分平均分60分以下的行政村，列为软弱涣散党组织并进行集中整顿；对实行农村人居环境整治积分制的行政村，同样会给予开展积分制的启动资金。

对于农户，会开展"星级文明户"的评选。月度考评得分在90分及以上的农户，则可评选为"星级文明户"。考评得分90分及以上的"星级文明户"，根据累计时长的不同，分别评为一星至五星文明户，并给予10、40、80、100、150的不同积分，积分可在爱心公益超市里兑换一定价值的物品。年度考评得分平均分60分以下的农户，则不予享受当年度区镇村三级自主出台的优惠政策。

（2）护河爱水清洁家园

福州市开展"护河爱水、清洁家园"行动以来，截至2022年9月，仓山区累计发动16万余名干部、群众、志愿者参与，整治乱堆乱搭乱建8500余处，清运垃圾10万余吨，全区城乡面貌焕然一新，取得较为突出的成效。该项行动主要有以下四个特点。

一是高效的筹备规划与行动落实。①《关于开展"护河爱水、清洁家园"行动的通知》的文件下发后，有关部门立即开始制订周密的行动计划，提出开展5项"护河爱水"任务和7项"清洁家园"任务，要求加强水岸同治、源头治理，着力增强全民环境保护意识。② 细化工作重点，出台了《"护河爱水、清洁家园"行动"七个一"工作机制》，区主要领导先后40余次带队赴村、社区调研指导，发现问题及时整改纠错。③ 整合多个相关单位，成立督查组，构建紧密牢固的组织体系，对全区镇街村居进行全面彻底督查。督查时发现的问题及时整改，并下发多期工作日报和考评通报，多次召开专项会议，切实协调解决存在的问题，推动环境整治各项工作落实到位。

二是干部群众协力治理、勠力同心。① 建立网格管理制度。坚持"分级建网、职责入网、机制固网"，建立健全一级网格351个、二级网格1216个、三级网格5793个，分级配备网格长13351名，创建网格微信群7360个。将"护河爱水、清洁家园"行动纳入基层网格管理重要内容中，实行分级负责、报告请示、快速反应和联动协调等机制，实现环境卫生自主治理水平全面提升。② 党员干部冲锋在前，积极响应行动号召。2022年4月，仓山区委组织部印发了《仓山区落实"万名干部下基层"行动配套方案》的通知，集中安排2600余名机关（国企）干部下基层、入网格，全区各级干部冲锋在前、勇作表率，深入83个农村网格和99个社区网格，参与清洁工作7万余人次，始终奋斗在劳动一线。③ 全民志愿参与，号召呼吁群众。发布"护河爱水、清洁家园"行动倡议书，通过网格微信群、公众号等渠道吸引 9 万余群众参与行动，同时开展"护河爱水、清洁家园，大手拉小手在行动"，激发青年党员、共青团员、少先队员等群体参与环境整治，凝聚起"护河爱水、清洁家园"的强大合力。

三是因地制宜，突出亮点和特色。① 整体提升乡村风貌的同时推动村民参与共建共治共享。以仓山区盖山镇阳岐村"阳歧样板"为例，通过清淤截污治污、修缮古建筑、改造建筑立面景观等方法，不断保护和传承阳岐村的乡愁记忆，打造具有特色的乡村聚落。与此同时，推动村民参与共建共治共享，实施农村人居环境整治积分制，打造乡村"积分兑换超市"，通过使用积分兑换物品的方式使群众获得实惠，从而激发出群众爱护维护家园环境，树立文明健康乡风民风。② 精准整治改善社区居住环境，成立管理服务站。以"下渡样板"为例，一方面，下渡街道兴元花园小区深入开展老旧住宅小区整治项目，拆除长期无人管理、蚊虫滋生的绿化带，增建停车位至 120 个，有效解决业主停车难问题。另一方面，成立管理服务站，引入第三方服务团队和职业经理人进行管理，解决无物业管理的窘境，通过合理分工、统筹协调、会商总结等形式进行环境卫生的常态化管理。

四是多管齐下加强宣传力度。① 多方位宣传，营造浓厚氛围。利用线下宣传栏、流动小喇叭和微信公众号、短视频等多种手段开展宣传教育，发放宣传资料近 4 万份，悬挂宣传标语 500 余条，发布工作简讯 260 篇、工作视频 90 个，鼓励群众广泛参与到"护河爱水、清洁家园"行动中来。同时深入挖掘总结先进事迹和好做法好经验，积极开展宣传推广，努力扩大社会影响力。② 多途径交流，维持行动热度。建立评比考核机制，促进各村相互之间交流进步，形成比学赶超的良好氛围。以阳岐村为示范点，组织全区镇街开展观摩学习，探索符合自身实际的新途径、新方法。

（二）当前存在问题

当前福州市仓山区农村人居环境整治工作中可能存在以下四个问题。

1. 整治积分制有待完善发展

部分村民对农村人居环境整治积分制的实施仍然存在一定疑问，矛盾主要集中在评分规则及评分人员方面。目前整治积分制对四个部分进行考核：垃圾分类、想"分"文明、"门前三包"、农房整治。根据不同家庭的不同情况，确实不能一概而论。比如部分家庭是老人独自生活，因为其行动受限，所以在环境整治中无法按照有关要求进行整改。此外，在采访中也有村民对评分组考核标准不一提出相应质疑，由于考核标准无法具体细化到每一点上，所以存在主观评价的情况。如何既能做到因"户"制宜，又能让绝大多数人信服认可，是一个仍需考量的问题。

2. 垃圾分类的基础设施不足

为响应国家垃圾分类要求，目前仓山区垃圾分类工作完成度较高，路边以新建和升级的垃圾分类屋为主。部分居民家中的垃圾桶也会分为可回收垃圾桶及其他垃圾垃圾桶两种，居民对垃圾分类的意识也较为积极自觉。但是在调研过程中，实践队发现作为公用的垃圾桶数量极少，部分垃圾桶因造型原因不容易被发现，因此在基础设施方面对垃圾的处理及分类应当规划更优的实施方案。

3. 产业发展较为单一

调研过程中实践队发现样板村的发展大多数过于依靠第三产业旅游业，而其他产业发展较为落后。在没有原住居民的情况下，这种经济发展方式增长潜力较为有限。同时，仓山区因规划问题几乎没有第一产业，当地土地主要以建房为主，没有农业支撑，实践队走访众多街镇后发现，当地旅游业发展方向以红色旅游景点为主，存在同质化问题。

4. 资金筹措仍是难题

调研中发现，当地有关环境整治的专项资金较少且较为分散。环境整治过程中具体立项不多，多数以自筹资金为主，政府能给予的支持度不够。在资金使用过程中，资金安排按项目分配，专款专用，无法灵活运用到其他立项上，部分村亟待解决的问题无法及时获得资金支持。自筹资金方面同样存在困难。以环境整治积分制为例，该公共评选活动所需的资金无法全部靠基层政府组织自行筹措，而是有赖于村民的主动支持。有关环境整治的公共服务中，部分村民的配合程度不高，这类"搭便车"的心理会降低村民出资的积极性，进一步加大筹措资金的困难。

（三）出现环境问题的成因

1. 村庄规划缺乏科学性，治理资金保障不足

农村人居环境的整治改善是一个长期性的工程，需要持续的资金投入，但仓山区大多数村庄无法得到足够的资金进行村容村貌美化提升。村庄规划上仍存在征迁等问题，无论是政府还是居民都不敢有过高的投入，担心一旦政府要求回收便会失去效益。治理资金保障不足的问题主要体现在：一是治理资金渠道单一，目前农村人居环境整治主要靠政府推动，资金大多来自各级政府转移支付的财政投入，但农村人居环境整治过程中的基础设施建设，其后续的运行、管护等需要一系列费用支出，然而这类费用却没有列入专项资金支出，需要由乡镇政府独自支付，这无形中给乡镇财政带来了巨大压力；二是社会资本参与农村人居环境整治的积极性不高，农村人居环境整治的产出具有公共物品的属性和特征，而在市场机制运行下的社会资本要求高回报和高收益，公益性与市场性的冲突导致社会资本的参与度较低。

2. 村民主体参与意识不强

仓山区村民对农村人居环境整治的主体参与意识不强，对农村环境和人居环境整治认识不到位。一方面，农村人居环境整治工作长期以来过分依赖于政府，村民缺乏环境保护的主体参与意识，认为环境治理只是政府的事情，个体参与意识不强。另一方面，村民对农村人居环境整治的认识存在偏差，许多人认为农村人居环境情况特殊复杂，以城市人居环境整治的标准来要求农村人居环境整治不切实际，特别是村子里年纪大的老年人，他们的行为习惯已经固化，不太可能参与环境整治，因而农村人居环境治理的现状难以改变。此外，有的村民存在错误认知，认为政府整治农村人居环境单纯是为了出政绩，搞形式主义，因此无法长期保持村庄的良好环境。

3. 城乡接合部的发展现状

仓山区地处城乡接合部。城乡接合部是城镇化进程中城市与乡村的过渡地带,也是接近城市并具有某些城市化特征的乡村地带,发展现状特殊而又复杂。以一般农村人居环境整治的标准进行评估,仓山区的环境治理水平已基本完善到位,但以一般城市人居环境整治的标准进行评估,仓山区却仍有较大的进步空间。过渡地带的发展现状与困境,使仓山区的人居环境整治陷入两难境地。

4. 外来流动人口多,环境保护意识不强

仓山区在发展过程中,外来流动人口很多,许多外来人口来区务工,仅为暂时性居住及对城市缺乏归属感,这使得大量外来人口很难对当地的环境治理有较强的责任意识。此外,虽然当地居民对环境保护较为关心,但是许多年轻人因工作原因往往早出晚归,对庭院建设等事宜没有足够多的精力和兴趣,因此无法花费太多时间参与人居环境整治相关活动。

(四)解决方法

1. 优化村庄规划布局,提高资金利用效率

仓山区政府在关注当前农村人居环境整治问题时还须积极提前进行村庄的布局规划,做到既满足村民的实际需求,又能突显当地的特色。应对所需征迁的部分提前进行规划,确保环境整治开发点能顺利进行,从而保证村民的利益。规划过程中,要健全参与机制,充分尊重村民委员会和村民的主体地位,广泛听取村民意见。

农村人居环境整治,离不开充足的资金保障。农村人居环境整治必须把握好资金的利用,提前规划好使用类别,并设定灵活使用资金的空间,对专项资金的使用要严格管理,发挥专项资金的最大用途,灵活使用资金的部分应用在突发事件或急需解决的环境痛点问题之上,让财政资金发挥最大效益。

2. 加强治理宣传力度，提高村民的归属感和参与意愿

农村人居环境整治要尊重农民的主体地位，提升农民的主体意识，激发村民参与的主动性和创造性。仓山区农村人居环境整治需要政府、村民、社群等多方组织协作治理，因此，政府应加强对农村人居环境整治的宣传力度，重点宣传改善农村人居环境能够提升村民生活生产的便利性。通过宣传使村民增强改善农村人居环境的责任感、参与意识和归属感，与政府密切合作，积极参与到治理过程中。

3. 环境治理实事求是，考核标准因地制宜

基于地处城乡接合部的现状，仓山区目前遵循的是独立的监督和考核标准，因此特殊情况也应"一事一议"，如对积分制等情况的处理，对于不同居民的意见也应采取不同处理办法。村委可增设进步奖，对长期存在问题的村户给予进步、变优的激励。同时组织村民之间相互学习，与对考核标准及考核人员有异议的村户进行访谈探讨，务必了解村民所想，解决村民所难。

4. 壮大乡村公共服务人才队伍

针对村干部数量有限、工作压力大多集中在村支书身上等现状，建议大力引进志愿从事农村公共服务工作的人才。一方面，结合省市县的人才引进计划，吸引优秀高校毕业生从事基层公共服务；另一方面，可以大力号召村内志愿者和群众积极分子为乡村建设出力。稳定乡村人才队伍，物质上提高对人才的相应津补贴，精神上定期评选先进个人等荣誉称号，鼓励他们扎根乡村。

5. 重点发展民宿，串联村庄之间互动

仓山区内存在丰富的文旅资源，如众多的小型博物馆、家庙、名人故居等，重点发展旅游业有一定的优势。目前景区附近多为农民集中居住区，游客住宿地与景区存在一定的距离，因此，建设特色民宿可以成为助力当地旅游业发展的一个方向。同时，考虑到当地文旅资源虽丰富但景区

第一部分 "喻竹计划"系列调查报告

规模小、布局分散的特征，部分村庄没有可以发展的旅游产业，因此建议仓山区联合当地企业协同打造优秀文旅资源，推出游客观光专线，在没有旅游产业的村落大力发展周边配套设施，在重点景区附近试点布局发展民宿、市集、商业街等，将旅游线路串联起来，更好地构建周边配套设施体系，创新旅游产业发展模式。

三、仓山区生态文明与文化传承融合发展的优点和实际可推广点

生态和历史文化是仓山区的宝贵资源和财富。近年来，仓山区坚持生态高水平与经济高质量发展并行，坚持城市生态与文脉传承融合发展，积极打造和谐宜居、文明智慧的新仓山。在城乡区域规划建设的过程中，仓山区十分注重生态环境保护和历史文化传承，通过"点"上扮靓、"线"上贯通、"面"上铺开、整"体"推进的创新方式，为改善仓山区城乡人居环境、保护福建特色古厝、延续历史文脉做出了积极贡献。

（一）"点"上扮靓，发挥示范样板典型效应

保护为主，活化利用。仓山区林浦古村在保留传统村落风貌的基础上，加强基础设施建设，深挖人文自然资源，通过发展乡村旅游不断壮大村集体经济。林浦古村坐落于闽江下游，依水而建，通过对人居环境的优化提升，以及对现有濂江书院、南宋行宫等特色历史建筑的修缮保护，深挖当地历史底蕴，讲好林浦故事，打造出独具特色的"林浦历史风貌区"。同时，通过打造"七科八进士，三代五尚书"的文化教育品牌，引入产学研一体的文化教育体验，并将濂江书院更名为林浦小学，实现了朱子讲学的千年传承。

制度创新，激发动力。仓山区盖山镇阳岐村创新性地采用积分制推动农村人居环境整治提升，村委会为村户设置了人居环境整治积分考评表，总分100分，考评内容涉及落实"门前三包"、移风易俗、实行垃圾分类、规范禽类养殖、参与环境整治、培养乡风文明等，每一项都列出了具体的扣分分值，排名靠前的"红榜"村户会被奖励积分抵用券，可到指定超市

兑换日常用品或洗车、理发等便民服务。此外，阳岐村还根据积分情况，进行"星级文明户"的评选，建立名誉奖励机制。通过建立常态长效机制，阳岐村推动农村精神文明建设与新农村建设有机结合，以此激发群众自发参与到农村人居环境整治工作中，激发共建共治共享的积极性，助推乡村振兴。在积分制的推动助力下，阳岐村村民的精神风貌、乡风文明程度、村域治理效能得到不断提升。

（二）"线"上贯通，发挥生态文化联动效应

生态贯通，落实河湖长制，共建美好家园。仓山区充分发挥制度优势，严格落实属地责任，加强闽江流域仓山段管理保护，持续推进城区内河水系综合治理，全面推动水生态文明建设，守好"琼花玉岛"，交出了一份出色的"治水"成绩单。

文化传承，激活文化记忆，弘扬优秀文化。仓山区十分重视对烟台山、梁厝、洪塘以及螺洲、林浦、阳岐等历史文化遗产的保护、传承和开发利用，并加强对当地历史文化资源的挖掘和开发，深入挖掘省委联络站旧址、吴石故居等特色旅游资源，大力弘扬传承红色文化。此外，仓山区深入实施"海丝"引领战略，充分挖掘接官道码头、怀安窑址、陈靖姑信俗等"海丝"文化资源，打造"海丝"文化高地。

多点互动，串联精品游线，探寻特色仓山。福州市文旅局于2020年启动的"2020福州美丽乡村旅游季"活动，推出了"福州十大旅游主题"，累计30条乡村旅游线路，"世遗仓山"旅游线路正是其中之一。仓山区拥有着浓厚的历史文化底蕴，这条线路将烟台山历史文化街区的仓山影剧院、闽海关税务司官邸旧址、濂江书院等重要历史文化景点串联成一日游路线，打造出独具特色的"非遗匠心体验游"。

（三）"面"上铺开，形成群众广泛参与的规模效应

开展特色活动，助力文化传承。为了更好地满足人民群众的文化需求，仓山区图书馆开设了"仓山市民讲堂"，举办了"话世遗、赏古厝——仓山·螺洲民间风俗特色"主题讲座活动，严复家风家训馆开展了

"线上赏古厝 名嘴话家风"文旅结合的宣讲活动,仓山区融媒体中心开展了"中国传统文化与家国情怀"线上直播录播活动,等等。据不完全统计,仅"线上赏古厝 名嘴话家风"这一宣讲活动,就吸引20万人次在线观看。通过扩大受众面,让名人名家引领大家学习新思想,走进并了解仓山文化,成为仓山特色的点播云。

各方齐抓共管,加强环保教育。仓山区建立了全市首个垃圾分类宣教中心,启动"垃分我先行 共享新时尚"红庙岭直通车主题宣传活动,推出"千名城管志愿者进社区"2.0版。仓山区持续做好常态化宣传教育和督导文章,高质量推进垃圾分类工作。目前,全区上下形成推动垃圾分类落地实施的强大合力,构建了齐抓共管的良好格局,居民的环保意识、垃圾分类意识持续增强,人居环境持续提升。

(四)整"体"推进,彰显新时代仓山特色

2020年,仓山区建成了13个新时代文明实践中心,118个新时代文明实践站,组建了302支讲解员队伍,通过春风化雨的方式传播正能量,开展了全方位、多层次的宣讲活动,真正在群众中营造出浓厚的宣传氛围,拉近与群众的"最后一公里"。此外,仓山区在提升城区品质的基础上,将建成的22家村(微型)博物馆纳入研学范畴,既为在外的侨民或企业家留住乡愁,也鼓励吸引其回乡共建仓山。

四、样板模式后期需重视的问题及对策建议

经过调查研究,本调研报告认为仓山区建立了符合区域特征与区域性需求的农村人居环境整治模式,但在后续发展过程中当地可以着重注意在以下几个方面进行改善提升,从而更好地建设宜居宜业和美乡村。

(一)广大村民始终是农村人居环境整治的主体

地方政府必须要强化农村居民才是农村人居环境整治主体这一认识:一是在制定考核目标时应更多考虑到村民的实际需求,从村民的现实利益

出发；二是加强宣传，让村民意识到农村人居环境整治符合大家的根本利益；三是在整治过程中尽力避免对村民造成较多的侵扰和不便，杜绝大拆大建，应以更低的成本、更小的变动，达到实现村民美好生活的根本目的。

（二）环境整治应"软硬兼施"

农村人居环境整治不仅仅要改善农村道路、厕所等硬件设施建设，也要提升乡村治理水平，培育乡风文明新气象。乡村振兴不仅仅指把经济发展起来，农村人居环境整治也不仅仅指让生活环境更干净、让庭院更美，更重要的是应全面提升乡村治理水平。

培养文明乡风、良好家风、淳朴民风，也是农村人居环境整治的关键。在提升农村人居环境的过程中，要引导农民养成良好的生活习惯，提高文化素养，增强环保意识，充分发挥农民的主体作用，调动广大农民的积极性和主动性，让农民真正成为农村人居环境整治的参与者、建设者和受益者。

（三）重视目标导向，促进乡村宜居与振兴

农村人居环境作为衡量农民生活质量的重要指标，关系着全面建设社会主义现代化国家和广大农民的根本福祉，改善农村人居环境也是实施乡村振兴战略的重要任务。农村人居环境整治是通过改善农村的生活、出行、生产、娱乐等方面的环境，来提升农民的获得感和幸福感。环境整治归根到底要落脚到让人民群众满意上来。农村人居环境整治不仅仅是改善农村的面貌，更是发掘农村的内在美，是一项重要的民生工程，要坚持美好生态助推乡村振兴，不断实现人民对美好生活的向往。

（四）因地制宜推进环境整治模式

农村人居环境整治不宜"一刀切"，不宜"一种模式"，更不宜"一种标准"。由于每一个村庄都具有不同的地理环境、人文环境和自然环境，在发展过程中蕴藏着独特的内在规律，从而会形成不同的治理模式。不同

类型的村落在农村人居环境治理方面存在一定的差异,采用单一的治理方式很可能会影响治理效果,因此,应根据每个村庄的现实状况和特色,积极探索多元的评价标准,打造符合各自实际情况的治理模式,建设更具独特韵味的美丽乡村。

(五)环境整治技术要适用实用耐用

新技术的应用可以有效突破当前农村人居环境整治过程中的技术瓶颈。能够用于农村人居环境整治的技术,必须具备适用性、实用性、耐用性等特点,易于村民上手操作,能够解决当地人居环境整治过程中的难点和痛点,并能够长时间有效运作。同时,可以引进专业的技术人员,在设计规范方案和设施运营方面为农村人居环境整治工作提供技术指导。同步培育乡村本土性环境治理的技术型人员,特别是相关设施设备管护的专业人才,并邀请外来技术人员开展设备检修、管理等技能培训,提升村民和本土性人才对实用性技术的掌握和应用能力,促进已有技术的推广应用。在技术应用过程中,要避免简单照搬照抄,应根据各地实际情况进行适当改良,以激发农村人居环境整治的内生动力。

综上所述,实践队经过调研后认为以仓山区为例的环境整治样板在后续农村人居环境整治过程中应积极吸取优秀案例经验,充分利用良好政策环境,扎实推进农村人居环境整治工作,切实做好宜居宜业和美乡村建设,真正助力乡村振兴。

— 参考文献 —

[1] 王夏晖,王波,何军. 基于生态系统观的美丽宜居乡村建设[J]. 环境保护,2019,47(2):11-13.

[2] 吕建华,林琪. 我国农村人居环境治理:构念、特征及路径[J]. 环境保护,2019,47(9):42-46.

[3] 王宾,于法稳. "十四五"时期推进农村人居环境整治提升的战略任务[J]. 改革,2021(3):111-120.

[4] 韩玉祥. 乡村振兴战略下农村基层治理新困境及其突围——以农村人居环境整治为例 [J]. 云南民族大学学报（哲学社会科学版），2021，38（2）：48-56.

[5] 高洪才. 加快农村人居环境整治的"桦川样板" [J]. 奋斗，2021（21）：68-70.

[6] 王微，刘世华. 农村人居环境协作治理的实践路径——以浙江"千村示范、万村整治"经验为例 [J]. 广西社会科学，2020（6）：52-56.

[7] 垃圾分类浙江凭啥领跑全国 世界性难题的浙江探索 [EB/OL]. （2016-12-30）. https：//news. hangzhou. com. cn/zjnews/content/2016-12/30/content_6432490. htm?_t=t.

[8] 叶相成. 湖北十堰市：着力打造农村环境综合整治"全国样板" [J]. 中国环境监察，2017（5）：65-66.

[9] 郑秀亮，梁光源. 郁南：打造农村污水处理样板工程 [J]. 环境，2015（12）：26-31.

[10] 李想. 江苏丰县农村环境连片整治的实践与思考 [D]. 镇江：江苏科技大学，2018.

[11] 孙慧波，赵霞. 农村人居环境系统优化路径研究——基于结构方程模型的实证分析 [J]. 北京航空航天大学学报（社会科学版），2018，31（3）：70-77.

[12] 吴良镛. 人居环境科学导论 [M]. 北京：中国建筑工业出版社，2001.

第二部分 「实践育人」工作经验总结

大思政视域下高校研究生实践育人模式建构论析
——以华中科技大学"喻竹计划"为例

目前,各高校对研究生社会实践的重视程度与日俱增,研究生实践工作在立德树人环节中也取得一定成效,但在具体实践中,研究生实践还存在许多现实困境。本文以华中科技大学"喻竹计划"现有较成熟的实践项目为例,围绕研究生实践育人样板工程,通过文献阅读、走访调研、总结归纳,梳理出研究生实践育人在大思政视域下面临的共同痛点难点,提出可推广借鉴的研究生实践育人高质量发展路径,为各高校构建新时代研究生实践育人提供一定参考。

一、高校研究生实践育人现状综述

经过文献整理,高校实践育人发展至今,其工作模式已初具雏形,当下比较成熟的实践育人模式主要有主题型、教学型、环境型及自主型四种,每一种模式均由若干个相关主题活动做支撑,并且各自具有鲜明的特点,从而形成较为系统的育人体系。经过对近年来各高校实践育人条例、实践培养方案等的分析与归类,重新梳理这四种实践育人模式,通过对这四种育人模式的分析总结,推动实践育人工作向更高更好的方向发展。

(一)主题型实践育人模式

主题型实践育人模式是指以围绕某一个明确的主题而开展一系列实践

活动，以此达到育人主题所要求的育人目的的模式。这一类型实践育人模式的突出例子为各高校开展的"青马工程"实践活动。在教育对象上，"青马工程"自上而下形成培养合力，相互协调形成较完善的工作体系。在培养层级体系上，"青马工程"没有将对青年马克思主义者的培养关注点停留在某一时段、某一层级或某一环节，而是将对其的前期、中期、后期培养教育有机结合。

（二）教学型实践育人模式

教学型实践育人模式是指通过对学生进行实践理论或专业理论的传输而进行育人的一种工作模式。各高校研究生的专业实践多以课堂授课、实验室实验、校外企业走访等方式开展。教学型实践育人模式具有理论性强、专业性强、学生接受度较低的特点，这一模式依托于理论传授手段的多样性及教师队伍专业性的建设。

（三）环境型实践育人模式

环境型实践育人模式是指通过让学生离开学校，到不同的社会环境中进行体验而获得知识的一种新型模式，主要以校外活动为主要实践形式，比如政务见习、参观考察、志愿服务、就业实习等。在满足学生实践需要的基础上，坚持实践基地共建共享的模式、双向收益的原则，以拓展实践基地的功能为主要原则，保持实践育人基地的长期稳定性。

（四）自主型实践育人模式

自主型实践育人模式是指学生通过自己参与实践育人活动的设计、执行与评比而获得自我教育、自我提升的模式。以各高校的特色主题实践为例，充分发挥学生的主观能动性，通过将原来由教育对象设计执行的部分工作变换为由学生自主设计参与的方式，来实现实践育人目标。通过"放权"，树立学生对实践育人工作的主体意识，开发学生对实践互动的兴趣，全方位提高学生的综合能力。

二、研究生实践育人面临的困境分析

与本科生相比,研究生有着更为广博的专业知识和技能,是未来科技传承创新的主力军,因此如何有效地开展研究生思政教育,帮助其提升道德认知、养成良好的品德习惯显得尤为重要。实践类型的不同意味着实践育人过程的多元化和复杂化。在此背景下,实践育人共同体系统各主体间存在协同性不强等诸多困难和问题。结合华中科技大学研究生实践工作中曾面临的难点、痛点,对比不同高校研究生实践工作的经验及成效,总结出以下四点困境。

(一)组织目标差异

研究生所掌握的专业学科知识不同,需要培养的实践技能也不同。政府、高校、企事业单位等作为实践育人的主体,其性质和发展重心不同,需要学生掌握的技能也不尽相同,由此导致多元实践育人主体产生目标歧异和价值结构内耗。尽管教育行政部门努力推动实践育人共同体构建,并取得了初步成效,却难以掩盖多元实践育人主体在实践育人的目标、意愿、资源需求等方面存在一定差异,专业教学实践基地、社会实践基地没有形成共享共用,想要实现多元主体共同参与、同向同行的育人共同体目标还存在一定的距离,具体培养目标呈现出多元化、异质化的趋势。

(二)责任主体分离

当前实践育人管理体系错综复杂,各个实践育人主体之间仅以浅层合作的方式运行,使得多元实践育人主体呈现出没有明确发展方向的"伪合作"样态。从实践育人工作的组织与实施过程来看,政府部门承担着实践育人的政策导向、育人评价、财政支持、资源调动、协调统筹、氛围营造等职能,其中组织、教育、人社、团委等部门是组织开展实践育人活动的责任主体部门。高校承担着实践育人活动的具体执行,是组织开展实践育人活动的核心渠道,其中学生工作部、团委、就业指导与服务中心等部门是组织开展实践育人活动的校内直接责任主体。实践育人工作通常是党委—职能部门—学院—辅导员/专业教师的线性实施体系，教务处组织并指导专业教师开展教学、见习、实习等实践活动，学生工作部、团委、就业指导与服务中心等职能部门指导各二级学院辅导员开展各类实践活动。各实践育人管理部门存在管理体系分散、学科壁垒等统筹性难题，实践育人难以形成合力。企事业单位、科研院所、社会组织、基层社区作为实践育人工作的重要利益相关者，在学生见习实习和社会实践期间，承担起了指导学生完成生产、科研和服务实践，以及开展劳动教育和职业能力教育的职责，但这类组织和部门无力对学生开展职业道德教育及思政教育功能较弱，且提供的见习实习场域相对分散，导致企业与学校实践育人主体交替施教方式的实践育人协同效果不显著。

（三）联动机制缺乏

从校外联动机制的衔接上来看，由于缺乏机制上的突破，不同实践育人主体在信息沟通、活动协调、管理协同上未形成深度合作，实践协同育人工作的具体要求及各方应当提供的资源并未明确，不同实践育人主体之间的合作意愿存在错位现象，导致合作较为浅层化。在实践育人工作的推进过程中，各实践育人主体的协同配合多停留在自发层面，实践内容与形式比较固定，实践合作时间也比较短，且缺乏规范标准和指导机制，缺乏整体性、系统性和协调性。从校内联动机制的衔接上来看，校内不同职能部门和不同岗位的实践育人主体往往有各自的目标和任务安排，存在"各自为战""被动参与"的现状，无法形成相互渗透、相互贯通并最终融为一体的实践育人共同体，因此在一定程度上影响了实践育人的成效。

（四）实践个体与实践单位双方需求存在冲突

实践个体和实践单位均是实践育人过程中关键的主体对象。双方的区别在于各自定位及出发点的差异所导致的固有功能属性差异。实践过程中，实践个体作为实践参与主体，倾向于在实践中发挥自身价值；而实践单位作为实践需求主体，更倾向于通过实践创造一定的社会价值，并丰富实践附属价值。那么在实践价值的判断和需求上，实践个体和实践单位之间就存在动机差异、需求差异和获得感差异。需求是否契合影响着实践育人能否实现高质量发展。此外，当下社会文化观念不断更新迭代，00 后逐渐成为研究生实践育人的新生主体，他们往往思想活跃，且个体差异性较大。对此，为充分了解实践个体和实践单位当下的实践需求，把脉实践育人需求冲突的内因，本文特设计双向需求调研方案（见图 1），为构建实践育人高质量发展路径提供有效参考。

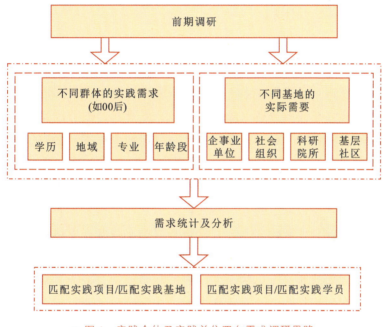

● 图 1　实践个体及实践单位双向需求调研思路

三、研究生实践育人困境原因分析

在具体实践中，研究生实践育人还存在许多现实的困境，对出现困境的深层原因进行分析有助于完善实践育人机制，构建更为体系化、全面化的实践育人机制。以华中科技大学实践育人发展为例，分析出现困境的深层次逻辑，并总结出以下四点原因。

（一）多元协同的顶层设计缺乏

实践育人工作的良性运行基于政策法规体系的完善与支持，但目前尚未建立多元协作的政策法规体系和多元协同的顶层设计来指导各子系统即实践育人主体的协同运作。各实践育人路径缺乏统一的制度接口，没有统一的实践育人制度框架居中协调，协作机制往往呈现出形式化、临时性的特点，要形成实践育人合力，就必须建立健全多层次、立体化的实践育人多元协作的政策法规体系。

（二）不同主体的利益诉求疏离

就实际而言，各实践育人主体的利益诉求呈现出多样化的特点，具体表现为实践育人主体的分散与疏离。其一，尽管我国教育法律法规中有国家鼓励企事业单位、社会团体及其他社会组织和公民等社会力量参与和支持高等教育事业的改革和发展的相关规定，但当前企事业单位、社会团体、基层社区等组织的参与动力较弱，我国的人才培养成本分担机制与利益补偿机制尚未得以完全建立，各种现实因素的阻滞使得各实践育人主体难以建构真正的合作契约关系。其二，不同的实践育人主体往往根据自身需求和利益的最大化来协调配置实践育人资源和所投入的精力。如何更有效地发挥不同实践育人主体的功能，规避利益壁垒，成为各实践育人主体要考虑的现实问题。其三，在实践工作中，由于各实践育人主体的工作体系和评价指标不同，对自身价值的认识具有局限性，加之学生知识化、专业化的实践需求和共建单位所能提供的实践岗位也无法做到完全匹配，因此各实践育人主体在价值取向上缺乏同一性，各方利益诉求也呈现出疏离的状态。

（三）学生个体的成长需求多样

由于学生个体呈现出多样化的成长需求，所以需要培养的个人技能也不尽相同。以往社会实践更多关注如学生会成员、学生骨干、获奖学生等优秀学生，更多关注实践形式与社会反响，包括实践活动是否被媒体报道、被社会关注。尽管实践教学设置了学时、学分，但除实习、实训能够覆盖大部分学生外，其他如学科竞赛、创新创业、调查研究等仍然将机会留给优秀学生，并且实习、实训等实践教学多是让学生利用课后时间自行完成，内容形式单一，实践课时不足，实践效果不理想，从而导致当前实践育人协同体系并未真正实现"以学生为中心"，未满足学生差异化、个性化的发展需求。

（四）实践育人的内容性质差异

实践育人具有教育属性和社会属性，这就决定了实践育人内容的丰富性和多样化。实践育人的内容因时代发展而不断变化，当前实践育人的职能主要集中在实践教学和思想政治教育上，不同实践育人主体开展实践育人的内容和形式差异化明显。由于缺少对实践育人经验的理性反思和对实践育人内容体系的整体设计，实践育人工作效果呈现出表层化、简单化、功利化、分散化等倾向，尚未形成实践育人共同体框架。

四、华中科技大学"喻竹计划"实践育人模式构建

（一）实践育人长效机制理论模型

从教育学角度融合杜威、陶行知等人的教育思想，以立德树人为核心，结合社会发展需要及学科特色，对高校实践育人的育人目标、实践形式、平台建设、组织保障等进行多维度融通设计，构建高校全员、全过程、全方位的实践育人长效机制理论模型（见图2）。这一模型中存在两条重要的逻辑关系：其一，高校实践教育的育人目标将始终贯穿实践育人机制的系统设计，以此为起点，来决定实践育人的具体形式和基础性建设；其二，以平台建设和组织保障为基础，配合采取多元实践形式，进而实现个体本位与社会本位的实践育人目标。由此，最终形成了高校实践育人的系统化、动态螺旋上升的长效运作机制。

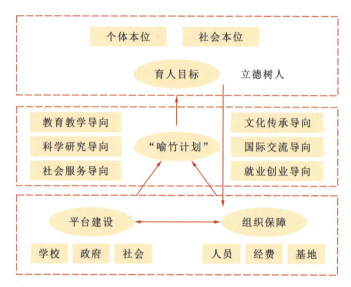

图 2　高校全员、全过程、全方位的实践育人长效机制理论模型

（二）"喻竹计划"人才培养工程

华中科技大学研究生治国理政人才培养工程，即"喻竹计划"，是学校贯彻立德树人根本任务、推动形成全方位育人格局的重要途径。"喻竹计划"通过政务见习、社会调查、企业调研、科研攻关、医疗帮扶等多种形式，将基层实践与学生专业知识相结合、与学生职业发展相契合、与基层实际需要相融合，着力提升研究生治国理政实战能力，引导学生通过社会实践参与治国理政，将"四个服务"意识贯彻到社会实践中，培养学生的家国情怀。

近年来，华中科技大学致力于探索治国理政人才培养工程，积极开拓高校实践育人的实现路径，聚焦研究生的不同需求，组建"武汉市博士生服务团""暑期政务见习百人团""洪山区社区书记助理团""科技服务团"4个专项团；召开首届大学生论治国理政——青年马克思主义者"喻竹论坛"，为探索人才工作高质量发展新路径、谋划青年参与治国理政提供交流平台；启动"喻竹基金"，产出优质成果，以此团结各界力量推动我校研究生实践育人高质量发展（见图3）。以基地为抓手，以基金为保障，以论坛为平台，构建出"党委统筹部署、政府扎实推动、社会广泛参与、高校着力实施"的实践育人协同体系。

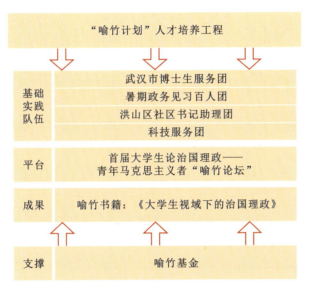

● 图3 华中科技大学"喻竹计划"项目框架图

（三）"喻竹计划"实践机制创新

始于2018年的"喻竹计划"正是高校实践育人模式在理论与应用两方面创新的典型案例。"喻竹计划"的总体架构是对高校实践育人长效机制理论模型的拓展与延伸。在综合国家政策、校地合作及学校特色的实施背景下，"喻竹计划"一方面构建学校、政府、社会"三位一体"的协同合作平台：华中科技大学作为知识和技术的汇聚体，提供人才和技术资源；地方政府通过政策倾斜、相关部门协助联系等形式提供政策支持；社会力量包括企业、公益组织、校友等，提供财力与智慧等多元支持。另一方面，在实践队伍的质量与结构、经费筹措、基地建设等方面加强组织保障力度。在此基础上，通过综合实施教育教学、科学研究和社会服务导向型实践，在校外，特别是基层平台开展政务见习、科技服务、入户调研、医疗帮扶，在校内，通过实践前培训与实践后撰著研讨等多元实践形式与路径，最终实现"喻竹计划"在个体本位和社会本位两个层面的育人目标（见图4）。

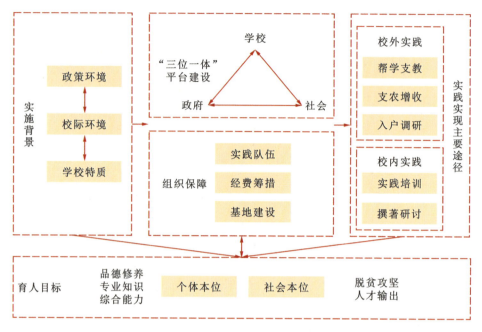

● 图4 华中科技大学"喻竹计划"实施思路

五、政策建议

华中科技大学"喻竹计划"落实"五育并举",打造涵盖理论学习、培训指导、过程管理、总结交流等环节的全链条联动培养模式,构建全员、全过程、全方位的实践育人长效机制理论模型。截至目前,"喻竹计划"已培养数百名研究生走上治国理政岗位、扎根乡村基层一线,实践团队受到《湖北教育》"五个思政"专栏刊发展示,并荣获2021年湖北省暑期"三下乡"社会实践优秀团队等荣誉。"喻竹计划"发布新闻稿及各类宣传作品共计千余篇,相关作品登上《人民日报》、人民网、新华社、《中国青年报》等中央媒体,以及10余个省份、地市的地方新闻频道,整体阅读量破百万人次。"喻竹计划"坚持"实、精、新、特"建设理念,传承求真务实作风,根植创新驱动理念,为全国思想政治工作高质量发展贡献了先行经验和创新实践。综合而言,华中科技大学"喻竹计划"的经验对其他高校实践育人工作的开展具有较强的指导意义,从理论架构到实践应用可提供以下启示(见图5)。

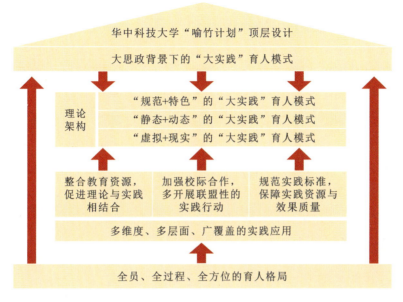

● 图5 研究生实践育人布局要求

(一)加强顶层设计,形成大思政背景下的"大实践"育人模式

1. "规范+特色"的"大实践"育人模式

构建"规范+特色"的实践育人模式,是从标准化和个性化的角度优化高校"大实践"育人模式的有效途径。规范是指标准化,即规定了"大实践"育人模式必须具备的运行机制,包括"校内导师+朋辈导师+校外导师"的全员育人机制,"知识建构+价值塑造+能力养成"的全过程育人机制,以及"学校教育+家庭浸润+社会锻造"的全方位育人机制,这是"大实践"育人模式的基本内容,也是必须具备的内容。特色是指个性化,即必须依据不同地域、不同专业、不同年龄段等学生的群体特征,开展有针对性的实践育人工作,充分发挥个体和群体的主观能动性,探索充分体现个性化和提升实效性的丰富多彩的实践育人活动。

2. "静态+动态"的"大实践"育人模式

"大实践"育人模式的持续优化必须把握静态和动态相结合的原则。静态是指实践育人工作中的不变性,主要包括"大实践"育人模式的理论基础和保障机制两个方面,理论基础是协同育人理论,保障机制则是基于协同育人理论,充分发挥政府托底、学校教育、家庭培养、社会支持和个体能动五方面的保障作用。无论育人模式和育人内容如何改变,理论基础和保障机制作为其根本支撑,具有一定的稳定性。动态是指实践育人工作中的变化性,主要包括评价指标、构成内容和运行机制的变化。实践育人工作的评价指标会随着实践活动的不断发展和育人理念的不断更新而逐步完善,其构成内容也会因时而进、因势而新,因此育人内容会呈现出时效性、时代性,从而使"大实践"育人模式能够不断摒弃过时、陈旧的育人理念,坚持创新,更符合当下时代要求的育人思维。

3. "虚拟+现实"的"大实践"育人模式

实践活动会深刻地映射出时代的特征,并随着时代的发展变化而变化。当今时代,互联网深深嵌入公众生活,尤其对年轻一代产生了深远的影响。互联网具有信息容量大、覆盖面广、传播速度快等特点,更易为新时代的研究生所接受,因此,"大实践"育人模式要适应互联网时代的特征,不断更新育人方式,通过虚拟与现实相结合的方式提升育人效果。可以采用"互联网+实践""互联网+大数据分析"等方式,来解决目前实践育人供给与学生需求不匹配的矛盾,使实践育人工作更贴近学生的实际情况,更符合学生的根本要求。未来拟创设虚拟实践、网上参观等实践方式,以更好地解决线下实践不够方便的问题。

(二)整合教育资源,促进理论与实践相结合

通过对高校思政教育实践育人模式的探索和应用,能够有效实现对于当前教育资源的整合,进一步促进理论架构与实践应用的有效结合,构建党政军企与学校互动共享融通机制。在实际建构思政教育实践育人模式的过程中,高校为保障教育模式的有效应用,需要对相应的教育资源进行重

新整合处理，确保实现素质教育、文化教育及思想教育的有机结合，减少资源浪费，充分发挥教育工作效果最大化。而且大思政视域下的高校思政教育实践育人工作的开展，需要对不同教育资源进行分析和研究，充分了解不同教育资源之间的内在联系及发展契机，进而有效推动理论教学与实践教育的科学融合，提升学生的综合素质。综上所述，大思政视域下的高校思政教育实践育人模式极大地促进了教育资源整合，提高了教育资源的使用效率和质量。

高校实践教育应聚焦学科特色与师生专业优势，寓教于实践，实现教育价值与社会价值的双向融合，发挥专业优势，献力地方发展。华中科技大学科技服务团坚持从"四个面向"出发，聚焦"五位一体"总体布局，通过线上援助、线下入驻相结合等形式为地方发展提供科技帮扶，攻关科技难点，解决实际问题。2022年，"喻竹计划"武汉市博士生服务团启动。博士生服务团参与地方党政部门有关区域发展、治理规划等方面的调查研究工作，协助企事业单位开展阶段性科研技术攻关、项目论证等科技服务工作。在武汉市委组织部的大力支持下，武汉市江岸区、江汉区、东湖新技术开发区均设立了实践基地。"喻竹计划"武汉市博士生服务团的成立已成为华中科技大学增强实践育人成效、发挥人才优势、促进科技成果转化、深化校地企合作的又一重要举措。另有科技服务团奔赴我国各省多地，秉持"敢于竞争，善于转化"的华科大精神，实现科学技术与社会发展相融合。此类结合学科特色与师生专业优势的实践主题，对高校全面发挥教育教学与社会服务功能，实现"第一课堂"与"第二课堂"的有效衔接，达成个体本位和社会本位两个层面的实践育人目标具有重要意义。

（三）加强校际合作，多开展联盟性的实践行动

加大实践辐射力度，促进实践队伍的联合互动，充分融合、汇聚不同地方院校的智慧、技术、人力与财力，形成一股覆盖面广、影响力大、凝聚力强的实践力量。此外，广泛的校际合作亦有利于各校、各实践队成员之间充分交流与深度分享实践经验，从而进一步推动高校实践育人工作的内容、方法、模式的改进与创新。

滇西科技师范学院是云南省省属公立本科院校，是教育部指定华中科

技大学对口帮扶的高校。为加强两校交流，推动人才培养，华中科技大学选派学校优秀博士研究生赴滇西科技师范学院开展博士生服务团社会实践工作，承担滇西科技师范学院本科专业课程教学、毕业论文（设计）指导、学生管理等任务，根据工作需要可承担部分综合管理岗位工作，实现了学生、高校和地方的"互利共赢、多向受益"。

（四）规范实践标准，保障实践资源与效果质量

1. 推进结构化基地合作

社会实践坚持推进"三位一体"协同融合发展，秉承"以结构化基地为主，多种实践形式并行"的原则，由研究生院和学工部牵头，协同各学院共同推进研究生社会实践基地建设。社会实践基地分为综合型基地和专业型基地两大类：前者由研究生院和学工部负责在省内外组织建立，其岗位需求面向全校多个专业；后者由各学院根据自身的学科特点，依托专业优势和学科资源，建立专业需求相对集中的实践基地，其岗位需求统一纳入学校社会实践管理体系（见图6）。

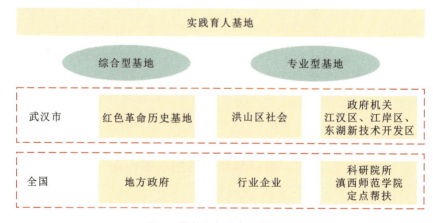

图6 研究生实践育人基地类别

社会实践形式通过常态化、项目化、定向化三种方式展开。前期由学校向各实践基地企事业单位统一征集实践项目，明确项目拟解决的问题、专业需求等，通过信息化选课综合管理平台公布，实现项目信息最大化的公开和共享，帮助研究生根据自己专业或特长有针对性地选择实践课题，

提升实践项目和专业技能的匹配程度，最大限度地发挥研究生社会实践的意义和价值。中期与实践基地指导导师联系，确定项目的详细内容，并撰写开题报告和工作计划。后期撰写个人实践总结，并提交研究报告或调研报告等，由设岗单位和指导老师根据研究生在社会实践中的综合表现进行评定。

2. 实施课程化融合建设

将社会实践纳入研究生的培养结构必然促进学校教育管理力量的融合。社会实践工作由原先团委或学生工作部的"独唱"转变为教务、培养、科学研究与社会服务等部门的"大合唱"，从而促进科学研究与教育教学职能上的有机融合、课程思政与思政课程途径上的有机融合、专业教师与思政人员指导力量上的有机融合、专业实习与社会实践形式上的有机融合，构建了学校与地方协同、工作部门与院系协同、专业学习与实践锻炼协同、思政线与教学线协同，以及研究生全面参与的社会实践工作体系（见图7）。

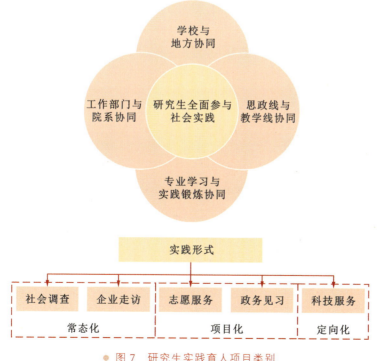

● 图7 研究生实践育人项目类别

3. 探索多维化质量评估及成果转化

构建基于研究生满意度的社会实践质量评估体系，以网络调查问卷形式，面向全体参加社会实践的研究生开展匿名调查，通过研究生对社会实践内容、实践环境和实践收获的评价，对社会实践的质量进行评估。网络调查问卷的内容包括总体评价、参与意愿、实践基地、实践项目、导师的重视程度及参与程度等，注重参与社会实践的研究生的体验和评价。同时，从三个维度促进社会实践成果转化，整体提升实践育人的大局贡献度、社会认可度、单位满意度，在社会实践过程中紧抓需求，增加社会实践的社会价值，让学生们更有参与感；发挥学校优势，赋能社区、乡村、企事业单位等一线阵地科技创新，秉承着将社会实践过程中面临的问题转化为科技创新的目标，让科学技术增进民生福祉。在社会实践完成后进行总结提炼，依托研究生的社会实践调研内容，撰写形成资政报告递交给地方行政单位，为社会治理提供青年视角。同时，依托实践队的共性特点及亮点举措，编撰社会实践成果系列书籍，成立社会实践项目基金，构建出"基金支持—实践项目—书籍成果"的全过程链条，让研究生的社会实践既能输血又能造血，既能服务社会又能育人于行（见图8）。

图8 研究生实践育人成果转化类别

关于提升研究生社会实践活动实效性的建议

21世纪以来，社会实践成为高校育人体系的重要组成部分，也是我国推进教育转型升级的重点领域。然而，通过研究各高校社会实践整体成效及后期成果评价体系，笔者发现其中仍存在诸多问题，如：社会实践存在流于形式、走过场的现象；社会实践形式和内容的针对性、实效性不够；覆盖人数有限，多数学生积极主动性不高；社会实践考核评价机制不够健全。通过对上述问题的成因进行追溯，笔者从高校层面、社会实践系统层面、个人层面三方面展开论述。为解决上述问题，笔者认为可以通过转变社会实践道路及模式、创新社会实践内容及形式、完善社会实践考核评价指标体系等路径，有效提升研究生社会实践活动的实效性、针对性及专业性。

实效性；产出；精英实践；成果评价指标体系

一、研究生社会实践现状及突出问题

当前我国高校各类社会实践项目正如火如荼地开展，不仅为我国基层社会治理和社区发展贡献了活力，也为我国的人才储备体系注入了新鲜血液。然而在社会实践为社会大环境及研究生个人带来诸多利好的同时，我们也留意到逐渐浮现出以下几点问题。

（一）社会实践存在流于形式、走过场现象

部分高校社会实践广受诟病的一点，是社会实践参与者在实践过程中走马观花，不重实效，实践项目内容陈旧、形式单一、流于表面，缺乏应有的深度、广度和高度。研究生社会实践项目由于量大面广，实践时间往往比较短，组织难度大，考核难度更大，因此容易变成走过场，具体表现在注重包装忽略内涵，注重宣传不注重效果，流于参观访问却缺少深入调研实践等。研究生社会实践在初期由于规模不大，容易做出精品，但是随着社会实践规模的扩大，逐渐产生形式化的倾向。

（二）社会实践形式和内容的针对性、实效性不够

一是社会实践形式传统单一、缺乏创新。很多院校的研究生社会实践往往局限于社会调查、政策宣传、参观访问、文艺演出等形式，并且仍停留在初级发展阶段而缺乏纵深方向的改革与创新。二是社会实践内容空泛不丰富，缺乏多样性和针对性，往往与参与实践的研究生的专业特点结合不紧密，导致其在社会实践过程中不能学以致用，没有真正达到为社会发展做贡献、为群众做实事的目的。三是社会实践注重表面效应而缺乏实效性。研究生社会实践仍然存在对外宣传得多而实际做得少、假期响应号召临时做得多而平时做得少的现象。

（三）覆盖人数有限，多数学生积极主动性不高

目前的研究生社会实践活动，各高校主要采取"点面结合，以点带面"的方式。"点"，是指由院系或者学校组织，落实经费、人员、地点、内容的若干小分队实践活动，也就是"精英实践"。由于学校和地方部门的重视，这一形式取得了较好的成效和经验，但参加人数有限。"面"，是指全校学生的社会实践活动，学校一般仅进行宏观管理调控，即由学校有关部门在放假前发文确定社会实践的主题及意义，要求全校同学按照因地

制宜的原则开展的社会实践,即"大众实践"。在大力倡导素质教育、全面成长的今天,"精英实践"模式暴露出一定的局限性,其最为突出的问题是,实践机会仅仅集中于一部分学生骨干,而忽视了广大普通同学的实践要求,忽视了普通学生的成才需要。重点轻面,重个别小分队的实践而忽视广大普通同学的实践愿望,重短期效应轻长期效应,这种"精英实践"模式不能满足社会对研究生人才质量的普遍要求。

(四)社会实践考核评价机制不够健全

部分高校没有把研究生社会实践活动纳入学校教育管理体系,没有明确实践过程各环节的时间比例和计划安排;在教学计划中没有把社会实践课程作为必修课并制定课程教学大纲规定的学时、学分及必要的考核手段;没有对参与社会实践的研究生的现实表现和取得的成果进行科学的质量分析考评并给出成绩、学分;没有建立学生社会实践成绩档案,并将其与奖学金的评定、先进个人与先进集体的评选、团员民主评议、推优入党和推荐免试研究生、推荐就业等方面挂钩。

二、社会实践问题产生的相关原因追溯

通过分析研究生社会实践活动中所出现的问题,结合目前我国高校育人体系的整体思路和布局,笔者将导致这些问题的主要原因梳理概括为以下几个方面。

(一)高校层面,多侧重亮点展示及宣传,淡化实际产出效果,即所谓"量大于质"

近年来,教育部针对高等教育改革出台了大量指导性文件,强调了社会实践在高等教育发展中所发挥的关键性作用。但从总体上看,高校对于社会实践方面的关注点和大部分精力集中在社会实践成果的宣传展示方面,而忽略了长远发展。高校的态度也在一定程度上影响着研究生的观念与行为,致使研究生社会实践不能得到很好的开展。

(二)社会实践系统方面,缺乏相应评价指标体系,高校无专业经验可循

有关研究生社会实践的政策缺乏具体细则的支撑,缺乏针对不同专业实践项目的科学细分。同时,社会实践的配套措施缺失,例如:部分高校在社会实践成果考核方面缺乏专业的评价指标体系;推优选优评优流程不够公开透明,以"教师推荐+提前内定"的形式居多,缺乏公开公正的评价及选优制度。这些都在一定程度上打消了高校开展及学生个人参与社会实践活动的积极性。

(三)学生个人层面,思想认识不高,理论准备不够,实践技能欠缺

部分学生把参与"三下乡"社会实践活动的意义价值局限于开阔视野、积累经验、提升能力、促进学习、勤工助学等层面,甚至定位为观光旅游、刷学分,从而导致其在社会实践过程中呈现出走马观花、敷衍了事的态度。部分学生对党的理论、国家政策的学习不够、研究不深,导致理论宣讲、政策宣传等实践活动的开展缺乏针对性和实效性。部分学生的专业知识不扎实,理论联系实际的能力欠缺,难以解决基层群众的实际问题,而过硬的实践技能正是研究生高质量开展社会实践活动的重要保证。

三、 CIPP 评价模型演绎

(一)评价模型构建

1. 模型构建

1967 年,美国学者斯塔弗尔比姆提出 CIPP 评价模型理论,这一评价模型是在当时美国教育改革运动中批判行为目标评价模型的基础上形成的。CIPP 评价模型又称为决策导向或改良导向评价模型,主要由背景(context)、输入(input)、过程(process)、成果(product)四个评价环

节组成。与以往单一的成果评价相比，这种评价模型更为全面、科学，因此在提出以后迅速受到教育系统的认可，特别是在实践性教学活动中得到广泛应用，这是因为实践性教学活动具有开发性，无论是教学内容、活动形式，还是实施进程，都可以因时而变。借助这一理论的四个维度，本文提出的社会实践评价模型的总体框架沿用 CIPP 评价模型，把背景、输入、过程、成果四个步骤分别本土化为实践主题、实践计划、实践表现、实践成效，并按照一定的原则设置若干分指标。由此，本研究建构了基于 CIPP 评价模型的华中科技大学社会实践评价模型，如图 1 所示。

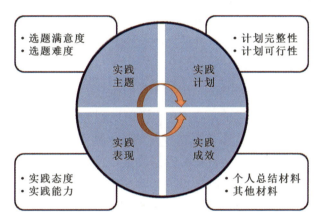

● 图 1　基于 CIPP 评价模型的社会实践评价模型

2. 模型分析

实践的前期准备对活动效果起着基础性作用，实质上是对实践项目的可行性、效用性进行评估。实践主题是社会实践项目推进的方向。实践计划是对社会实践项目工作内容的部署，是确保资源能得到有效分配和合理使用的体制机制。实践表现侧重于对社会实践活动参与者的监督、检查，以期形成动态评价，本文主要从实践态度、实践能力两个分指标进行设置。实践态度直接反映参与者的活动参与情况，实践能力主要从实践单位对参与者的评价以及参与者关于实践项目配合度的评价得到反馈。实践成效是指通过对社会实践取得的育人成效、项目成效的调查，对实践育人效果进行总评，这一指标可从各大媒体的宣传数量、实践基地和实践单位的收益情况进行衡量。

（二）评价指标体系构建

本研究遵循客观性、发展性、指导性、计划性原则，构建了华中科技大学社会实践评价指标体系。客观性要求评价者避免成见效应，即不因评价对象是学生骨干或跟评估者比较熟悉而获得更高的分数和评定等级。发展性就是要着眼于学生实践能力和综合素质的提高或学校实践育人取得的成效，是鼓励和促进的手段，而不是贴标签的工具。指导性表现为要在不同阶段揭示不同问题，并及时反馈漏洞，提出改进建议，推进社会实践活动不断前进。计划性体现为CIPP评价模型的程序性和可操作性，即在不同阶段对不同方面进行评价，以便广泛获取信息，避免评价的盲目性和随意性。

根据上述CIPP评价模型并结合研究生社会实践的特点，总结形成研究生社会实践评价指标体系。在CIPP评价模型4个一级定义体系下，共设置了8个二级维度，15个三级指标，通过采用专家调研、学生座谈等多种方式，首先赋予4个一级定义不同的权重，再根据三级指标的重要性确定不同指标的权重，具体构成如表1和表2所示。

表1 社会实践评价指标体系建立

评价阶段	一级定义	二级维度	三级指标
前期	实践主题	选题满意度	专业贴合程度
			社会需求紧密度
		选题难度	选题难度
	实践计划	计划完整性	计划全面程度
			计划详细程度
		计划可行性	计划可行性
中期	实践表现	实践态度	责任心
			主动性
		实践能力	沟通能力
			专业能力

第二部分 "实践育人"工作经验总结

续表

评价阶段	一级定义	二级维度	三级指标
后期	实践成效	个人总结材料	实践总结报告质量
			实践成果答辩情况
		其他材料	实习单位意见
			媒体报道情况
			活动有关图文

注：各项指标后的数值为其参考权重，具体视学生个人情况而定。

表2 社会实践成果评价情况（以张三同学为例，随机数填写）

一级	二级	三级	学生个人C1（30%）	校外导师C2（40%）	校内导师C3（30%）
0.2	0.5	0.5	90	95	80
		0.5	89	94	81
	0.5	1.0	88	93	82
0.2	0.5	0.5	87	92	83
		0.5	86	91	84
	0.5	1.0	85	90	85
0.2	0.6	0.6	84	89	86
		0.4	83	88	87
	0.4	0.5	82	87	88
		0.5	81	86	89
0.4	0.5	0.4	80	85	90
		0.6	79	84	91
	0.5	0.4	78	83	92
		0.3	77	82	93
		0.3	76	81	94

对该表所呈现的数据进行简单计算，可得出：

C1 = 82.752 分，C2 = 87.752 分，C3 = 87.248 分。根据张三同学的社

会实践成果评价情况一览表,可计算得出他的社会实践总分数为:$C = 30\% \times C_1 + 40\% \times C_2 + 30\% \times C_3 = 86.1008$ 分。

四、评价指标体系应用的效果与分析——以华中科技大学"喻竹计划"实践项目为例

(一)数据来源与分析方式

分别对参与"喻竹计划"实践项目的学生、实践基地、指导教师等进行跟踪调研,应用不同的评价方法,对林学专业综合实践教学进行了分析和评价,其效果如表3所示。

表3 不同评价方法的比较

年份	评价方法	学生成绩				学生费用支出(元/人)	学生满意度(%)
		平均值	最高分	最低分	区分度		
2020	实习报告	87	95	77	0.33	570	83.5
2021	实习报告+过程检查	83	91	72	0.42	570	84.3
2022	CIPP	86	93	67	0.64	280	87.1

从结果来看,不同的评价方法对学生的平均分、最高分的影响不大,但对最低分和区分度影响较大。2022年的实践教学成绩评价最低分比2020年的最低分要低10分,主要是因为在以实习报告为评价依据的前提下,实习报告完成的独立性缺乏监督,而采用"实习报告+过程检查"的方式,虽能监督一些关键环节,部分学生参与实习的积极性可以反映在考核结果中,但无法考量全过程。相反,采用CIPP评价模型的方法,可以从学生自己的期望出发,全面考查学生从实习方案选择、实习资源的选取到最终实习成果影响的全过程评价,将关键点的控制、操作线的考查及最终成果的影响评价搭建成一个完整的考核体系,虽然需要统计分析的数据增多了,但评价的客观性和公正性也提高了。

(二)"喻竹计划"研究生社会实践育人成效

从实施情况来看，运用 CIPP 评价模型进行评价也存在两个主要问题。首先是评价指标体系中权重的确定。在体系建设中，根据考查学生的能力需求，在 CIPP 评价模型规定的 4 个一级定义下，构建了二级维度、三级指标，依据三级指标的分值来决定考核结果，因此不同的三级指标确定的分值如何，直接关系到最终的考查结果。在本次研究中，我们主要采取了专家咨询和学生讨论相结合的方式，初步确定不同指标的权重，在实际应用时，根据出现的新情况再适当进行修订。其次，CIPP 评价模型是基于全过程、全方位的考查后建立起来的，因此在实际运用中需要及时收集第一手资料，做好相关信息的记录、处理工作，因此与传统评价方式相比，这种评价模型增加的考查工作量较多，今后应进一步合理优化指标、简化信息处理，才可能推动其更广泛地应用。

五、对评价指标体系科学性、合理性的认可及反思

实践教学评价是推动实践教学改革、提高实践教学质量的关键环节，CIPP 评价模型在国际上具有普遍影响力和广泛实用性，包括背景评价、输入评价、过程评价和成果评价四方面，本文以 CIPP 评价模型为基础，结合华中科技大学"喻竹计划"实践项目实际构建了具有针对性的评价指标体系，划分为前期、中期、后期三个评价阶段，覆盖实践项目全过程的各项评价指标，并以问卷形式面向往期"喻竹计划"参与者和实践单位展开了调查。

相比较常用于在实践环节结束之后进行事后评价的柯氏模型，CIPP 评价模型的全程性和反馈性特点适切于社会实践活动改良和发展的要求，在中间环节进行实时反馈，可以在了解到实践育人项目中出现的漏洞是什么的同时，通过所选评价指标直观地看出是哪个环节出现了纰漏，从而对正在进行的实践育人项目随时进行调整。同时，CIPP 评价模型所具有的灵活性和较强的可操作性的特点也适切于社会实践评价指标体系的复杂特性。对社会实践育人成效的评价是一个长期且复杂的过程，CIPP 评价模型具有较强的可操作性及较强的程序性，可以在评价过程中针对不同项目

的不同阶段选取相应的指标进行不同方面的评价，广泛地获取各方面的反馈信息，从而不断地完善实践实施方案。

但由于研究进度和研究计划等方面的原因，目前还缺少对评价主体这个问题的讨论。本文中的评价主体主要为往期"喻竹计划"的参与者和实践单位，与参与社会实践活动的主体相同，因此评价主体是否会不自觉地戴着"滤镜"评价需要反思，如何提高评价的客观性是今后有待深入研究和探讨的问题。另外，这一评价指标体系还存在评价过程较为复杂、权重分配不尽合理等问题，今后应进一步补充、完善，以取得最佳效果。

六、政策建议

（一）多主体联动推进社会实践评价体系顶层设计，形成大思政背景下的"大实践"育人模式考核量化标准

研究生社会实践经历了一个长期探索、逐步完备的过程。在新时代的历史方位下，我国要继续保持研究生社会实践的实效性和长期性，必须进一步有效回应研究生社会实践评价指标体系的一系列新挑战和新要求，不断建构完善多主体联动推进评价制度顶层设计支撑，以期在推动体制改革、成果转化、人才培养、校企资源融通共享、服务区域发展等方面取得显著成效。而伴随着国家把实践育人作为人才发展的重要战略支撑，激发人才创新活力、完善社会实践评价、创新体制机制成为当前的重要任务。社会实践作为我国人才战略创新体系的重要组成部分，作为拥有高校创新源头的重要平台，需要在新时代高质量发展中发挥更加重要的作用。要探索形成国家指导、社会评价、高校引导、学生个人成长互相协调、互为支撑的社会实践评价指标体系与格局，形成一套"行得通、真管用、有效率"的共建共治共通共享的评价制度。

（二）高校社会实践育人思维意识与行动协同推进，将"精英实践"模式与"大众实践"道路相结合，创新研究生社会实践的内容、形式和载体，突出实践活动导向的针对性和时效性

为达到"大众实践"的目的，可采取学校引导和学生自主参与相结合

的方式来确立社会实践活动项目。一方面，学校应积极与企事业单位、城市社区、乡镇街道办等保持联系，建立一批稳定的实践基地，形成以学校为中心的社会实践网络，在争取社会各界支持的同时，激发学生自身的主动性和创造性，引导学生寻找与所学专业、个人特长、兴趣偏好相契合的实践地区和实践方式。另一方面，高校社会实践活动应当适应社会需求，在教学实践、专业实习、社会调查、生产劳动、志愿服务、公益活动、科技发明和勤工助学等内容的基础上，探索新形势下社会实践的新特征，拓展创新的活动项目，丰富社会实践的时代内涵，赋予其更丰富深刻的时代特色和生机活力。

（三）社会实践以 CIPP 评价模型引入，完善研究生社会实践考核评价机制，构建切实可行的社会实践评价指标体系

评价指标体系的确立应以科学合理为价值取向，将 CIPP 评价模型引入研究生社会实践评价指标体系，以期能够为高校社会实践育人成效量化结果考评提供一定的借鉴。

建议此评价指标体系具体以实践主题、实践计划、实践表现、实践成效为基准，可向下延展建立二级指标（见附件1），针对各项目赋予的具体权重，准确测定学生社会实践的成效和产出，以提高社会实践质量。建立社会实践单位（校外导师）、所在学校（校内导师）、学生本人（个人）多主体全方位的综合评价制度（见附件2），充分吸纳各方面意见和评价，做出系统评价。

附件 1
关于"喻竹计划"整体实践成效的现状调研

为进一步深入实施高校实践育人共同体建设，探索更为高效的共同体协作模式，提高实践育人工作水平，促进高校研究生德智体美劳全面发展，更全面地了解研究生参与社会实践活动的现状情况，现向各位同学发放调查问卷。

一、个人情况及基本认知

1. 您的性别？（   ）

A. 男　　　　　　　　B. 女

2. 您的年龄？（   ）

A. 18~22 岁　　　　　B. 23~25 岁　　　　　C. 26 岁以上

3. 您的研究生类别？（   ）

A. 专硕　　　　　　　B. 学硕　　　　　　　C. 博士

4. 您的家庭所属省份？（   ）

5. 您是否参加过校内社会实践？（   ）

A. 从来没有

B. 喻竹计划（暑期政务见习团、博士生服务团、科技服务团）

C. 如有参加其他实践项目，可进行填写＿＿＿＿＿＿＿＿

6. 您对社会实践育人相关政策的了解程度？（   ）

A. 非常了解　　　　　　　　B. 比较了解

C. 听说过　　　　　　　　　D. 没听说过

7. 您认为社会实践对大学生的重要程度如何？（   ）

A. 非常重要　　　　B. 比较重要　　　　C. 不重要

8. 您认为实践育人对高校人才培养的重要程度如何？（   ）

A. 非常重要　　　　B. 比较重要　　　　C. 不重要

9. 您认为实践教育和理论教育哪个重要？（   ）

A. 实践教育　　　　B. 理论教育　　　　C. 一样重要

10. 您认为研究生参加社会实践的意义是什么？（   ）【多选题】

A. 获得经济收益，缓解经济压力

B. 了解社会，增强社交能力

C. 巩固专业知识，将理论用于实践

D. 多多历练，增强工作经验

E. 其他

11. 您参加社会实践的主要目的？（   ）【多选题】

A. 空余时间很多，想要充实自己的生活

B. 大家都在卷，我也要卷

C. 生活的迫切需要

D. 想将专业知识加以运用和实践

E. 带着赚钱与历练的双重心理，准备一举两得

F. 受长辈或师长的督促

G. 其他

二、前期需求及偏好

12. 您对于"喻竹计划"实践项目的期待是什么？（   ）【多选题】

A. 能力提升　　　　B. 了解国情　　　　C. 岗位锻炼

D. 奉献服务　　　　E. 经济收入　　　　F. 其他

13. 您对"喻竹计划"实践地点的意向？（   ）

A. 省内　　　　　　B. 省外　　　　　　C. 均可

14. 您对"喻竹计划"实践开展时间的意向？（   ）

A. 暑假　　　　　　B. 寒假　　　　　　C. 在校期间

15. 您对"喻竹计划"实践费用的看法？（   ）

A. 自行承担实践费用

B. 包食宿，无补贴

C. 不包食宿，有补贴

16. 您对"喻竹计划"实践形式的意向？（   ）【多选题】

A. 专题研究，如精准扶贫专题性调研

B. 生产实习，如进入企业实习

C. 志愿服务，如关爱留守儿童、地方生态保护

D. 服务"三农"送文化下乡，如支教，进行法律、政策宣讲

E. 政务见习，如政府机关挂职锻炼

17. 您对"喻竹计划"实践活动专业性的看法？（   ）

A. 要与专业相关

B. 可与专业无关

C. 均可

18. 您觉得在"喻竹计划"前期培训中，哪些对您最有帮助？（   ）【多选题】

A. 《喻竹故事新讲述、喻竹故事新传承》

B. 《年轻干部如何开好局、起好步》

C. 《六种工作场景下的说话之道》

D. 《在田野调查中做社会实践》

E. 《新时代的中国经济发展——如何看、怎么办？》

三、后期成效追踪

19. 您在参加"喻竹计划"后的感受？（   ）

A. 感觉很棒，有所收获

B. 还可以，虽有不足，但还值得

C. 不是很好，感觉在混时间、走形式

D. 其他

20. "喻竹计划"的成效与您的理想结果有差异吗？（   ）

A. 基本吻合，一切都在预料之中

B. 好坏参半，算是一次历练

C. 不是很好，但我坚持下来了

D. 偏差很大，以后不愿再参与此类社会实践

21. 您认为参加"喻竹计划"后哪方面能力得到了显著提升？（   ）【多选题】

A. 专业实践能力

B. 交流沟通能力

C. 理论素养能力

D. 调查研究能力

E. 其他

22. 您认为参加"喻竹计划"带给您的直接影响？（   ）【多选题】

A. 使您收获了快乐和满足

B. 让您个人生活更加充实

C. 让您体验到了成就感和价值感

D. 使您更加了解社会，能够更好地应对现实问题

E. 使您走出了校园，变得更加成熟了

F. 扩大了您的交际圈，锻炼了您的沟通合作与交际能力

G. 使您能更加积极主动地自我反思和改进

H. 提高了您的环境适应能力

I. 有利于您接受学校思想政治教育，形成正确的理想信念

J. 有利于您接受素质教育，促进自身的全面发展

K. 使您有了更加强烈的社会责任感和使命担当

L. 其他

23. 您是否愿意成为下一次"喻竹计划"实践项目的一分子？

A. 愿意　　　　　B. 不愿意　　　　　C. 无所谓

24. 您对"喻竹计划"实践项目有无可行性建议？

A. 无　　　　　　B. 有

附件2
实践基地回访提纲

1. 您觉得华科大研究生在贵单位的总体表现如何?
2. 您对华科大研究生的理论知识储备和实践能力分别做何评价?
3. 您觉得华科大研究生在贵单位实践中有什么需要改进之处?
4. 您对此次华科大研究生来渝(地点)实践印象深刻的事情有什么?
5. 您认为与其他高校相比,华科大本次实践的安排有哪些特点?
6. 您觉得华科大研究生的实践成果对当地的实际建设有无参考作用?后期能否发展长期校地合作课题研究?
7. 您对高校研工办以后开展实践活动有什么建议?

实践育人视域下社区书记助理实践的问题研究与可行性论析
——以华中科技大学社区书记助理实践为例

社区书记助理实践是深入学习贯彻习近平总书记关于研究生教育工作的重要指示精神和全面贯彻落实全国高校思想政治工作会议等大会精神的具体表现,为当代研究生开展思想政治教育、培养实践能力、了解国情社情提供现实基础。同时也深化拓展了高校区域化党建工作,鼓励更多高校学子参与基层社会治理,为基层服务奉献力量。

一、社区书记助理队伍建设背景

党的十九届六中全会审议通过的《中共中央关于党的百年奋斗重大成就和历史经验的决议》总结了中国共产党百年奋斗的历史经验,其中第一条就是"坚持党的领导",强调"充分发挥党的领导政治优势,把党的领导落实到党和国家事业各领域各方面各环节"。这昭示我们,加强和创新社会治理,就要进一步推进基层治理体系和治理能力现代化。中共中央、国务院出台的《关于加强基层治理体系和治理能力现代化建设的意见》提出:"基层治理是国家治理的基石,统筹推进乡镇(街道)和城乡社区治理,是实现国家治理体系和治理能力现代化的基础工程。"为了加强党的基层组织建设、提升基层社区组织建设能力,该意见还提出"健全基层治理党的领导机制。把抓基层、打基础作为长远之计和固本之举,把基层党组织建设成为领导基层治理的坚强战斗堡垒,使党建引领基层治理的作用得到强化和巩固",把加强社区基层工作人员建设的重要性提到组织层面上来。中国如今正处在一个百年未有之大变局、步入新时代的重大转折点中。2022年又是迈上全面建设社会主义现代化国家新征程、向第二个百年奋斗目标进军的关键时刻、中国共产党第二十次全国代表大会胜利召开之年。稳步推进社会主义现代化建设需要群众的力量,我党坚持深入群众,走好群众路线,帮助基层党建沟通左右、协调各方,这也从根本上为党的发展提供了坚实的力量。基层实践就是拉近党和群众关系的良好的沟通渠道。基层实践只有真正俯下身、沉下心,充分考虑不同群众的利益和承受能力,才能真正听民意、知民情、解民忧、排民难,从而助力基层社区组织提升引领力、组织力、服务力和大局贡献度。同时,社区基层治理社会实践也打通了了解国情社情民情的通道,搭建了培养集体意识、责任意识、大局意识、服务意识的平台,多措并举提升基层社区工作人员的综合素质。

在基层社区建设的大背景下,湖北省武汉市洪山区多所高校创新开展了社区书记助理的相关实践活动,贯彻落实建设"三化"社区工作者队伍的总体要求,深入推进区校党建合作,引领城市治理创新。因地制宜立足区情实际是推进高校区域化党建工作的根本保障,高校开展大学生社区书记助理选聘活动,拓展了区校党建合作的深度与广度,为青年学子们关注社情民意、了解基层社会治理体系提供了重要的窗口和平台。华中科技大学从2021年开始启动社区书记助理社会实践工作,选聘了30位优秀硕(博)士研究生赴洪山区各街道任社区书记助理。通过一年的工作实践,社区书记助理为基层党建工作输入了新鲜血液,提升了区域化党建的联结性,同时也深化了自身对基层的认识,涵养了为民服务的情怀。

二、社区书记助理实践开展过程中存在的问题

(一)顶层设计欠缺,实践育人成效不彰

社区书记助理社会实践活动在实施中缺乏统一的规划和培养,且在培养社区书记助理的过程中缺乏坚持目标导向性及效果导向性。除部分学校

与社区之间建立了定向的培养机制外，还存在着学生直接向社区申请参与相关工作的现象，这就导致学生担任社区书记助理的培训情况不一，工作能力也良莠不齐。在社区工作中，规范的培训是保证工作有效开展的重要一环。但部分社区书记助理在实际工作之前并没有接受过相关的培训，或培训流程不够规范等，导致很多学生在工作中并不了解自己应承担的工作内容，对于工作中可能遇到的问题没有良好的处理和应对方法，甚至不能明确工作时所需要面对的对象，造成很多学生助理在工作中存在效率低下、质量不高的问题。这种情况的出现与高校人才培养目标和学生社区志愿服务行动建设目标不符，并造成社会资源的浪费。此外，由于社区对于学生助理没有进行相关的培训，所以学生助理在社区工作中所起到的作用比较有限，育人工作成效较低，不利于建立长效机制。

（二）纵横沟通机制不畅，获取经验成本高

学生助理之间缺乏有效的沟通机制，不同社区的学生助理只处理自己所在社区的相关事务，相对闭塞的工作环境对于学生助理提升个人工作能力和维持良好的工作心态有一定的负面影响。即使经过系统培训的学生助理在真正工作中也会遇到无法独自处理的问题，工作的过程也是一个不断反思和提升的过程，因此学生在担任社区书记助理时善于自我总结和学习就显得格外重要，但如果所有的问题都要经历从发现问题到自己寻求解决办法的阶段，无疑会阻碍学生助理工作能力迅速成长。在这一前提下，完善的纵向及横向沟通机制可以实现不同社区先进经验的共享，从而有效降低学生助理处理各种问题的时间和人力成本。真正的社区工作内容与学生助理对其最初的设想存在着或多或少的差距，难免会影响学生助理在工作中的心态，在相对闭塞的交流环境下，学生助理因工作产生的负面情绪很难与没有相关经历的同学进行沟通，因此无法得到及时纾解，这对于学生助理维持积极的工作信心和饱满的工作热情有一定的负面影响。

（三）"悬浮型"实践，能力提升及获得感有限

在具体的工作过程中，学生助理并没有真正深入社区的治理过程中，

大多数时候，学生助理所承担的工作内容相对单一，并且比较简单枯燥，往往只是处理一些事务性工作，这就意味着学生很少能够获得真正锻炼自身的机会，工作内容过于简单和单一对于学生个人能力和素质的提升也非常有限。

（四）思想认识不足，工作开展流于形式

学生助理对于开展社区工作的思想认识不足，在工作中可能存在为人民群众服务的精神不够深入、工作作风不够扎实及形式主义等问题，在具体工作中可能表现为对待群众不能始终保持热情的服务态度，对于"一切为了群众，一切依靠群众，从群众中来，到群众中去"的党的群众路线的领会不够深入，为人民服务意识不强。学生助理对待工作可能存在应付了事的态度，处理问题只想寻求捷径，除了必须完成的任务外，心存"多做多错，少做少错，不做不错"的想法，由此导致工作效率低下。此外，学生助理在工作中还存在对于本职工作没有强烈的责任感、工作过程形式化等问题。

三、关于社区书记助理实践深入开展的可行性建议

为加强高校主动融入属地基层建设，丰富社区基层治理的形式，针对上述问题，结合华中科技大学与武汉市各街道、社区开展社区书记助理实践的经验，特提出以下可行性建议以供参考。

（一）建立一贯制培养机制，健全管理培训体系

在社区书记助理实践全流程中充分谋划和合理实施前期培训、中期考核、后期评价等举措，确保做到全过程培养、全要素评价、全方位管理，要突出实践人员的主体地位，充分考虑实践人员的实际情况，构建嵌入式人才培养体系，做到实践主体与培养体系的有机统一。

（二）建立长效联系机制，畅通信息沟通渠道

定期开展小组工作交流会（线上线下皆可），帮助学生助理之间就工

作问题、工作进展、工作经验等方面开展交流与反馈，发挥榜样力量，提高实践团队凝聚力和个人工作效率。同时学生助理还可以根据组织部门确定的主题制作工作周报，记录日常工作及个人感悟。

（三）建立品牌管理机制，发挥院校两级特色

社区书记助理实践活动要带有高校特征，体现各院系不同专业的特点，结合不同专业的独特性，依托院系"大后方"，使院系与社区进行合理联动，创新社区治理形式，使高校专业特色赋能社区基层治理，共同驱动社区基层治理精准高效。

（四）建立双向激励机制，焕发参与人员活力

构建社区与院校双轨并进激励机制，促使社区与院校同向发力、同时使劲，提高社区书记助理实践参与人员对于社区治理的热情，激发参与人员对于基层工作的内生动力，既要重目标激励又要重价值激励，既要重物质激励又要重精神激励，既要重正向激励又要重负向激励，既要重外部激励又要重内部激励，真正做到通过激励提升工作效率，通过激励提高工作作风。

（五）建立固定合作机制，巩固实践能效成果

实践项目需要建立健全常态化的合作机制，不能搞"一阵风"，要固定合作的街道、社区，建立长久合作的实践基地。此外，可以与相关社区党组织书记签约合作，聘任其为校外导师，让校外导师对学生助理同步跟踪培养，定期开展谈心谈话，及时了解学生助理的思想动态和工作情况，帮助其快速适应基层，提升服务基层、服务群众的能力。

（六）建立工作专班机制，完善相关流程制度

在应对专门工作时应设立工作专班，工作专班往往能够起到集思广益、统筹兼顾、协调联动的作用，大大提高工作效率和实效。对待社区书记助理这样兼顾原则性和灵活性的工作岗位，往往需要工作专班统一统筹

协调。在灵活工作的同时，要固定相关工作制度，确定有关程序流程，使工作时能够有制度依靠、按制度办事。

（七）建立人才流动机制，夯实后续储备力量

扩容社区书记助理储备人才库，在经过各项能力评估后，将合适的人才纳入后续储备力量。当街道、社区提出人才需求后，高校能够直接在人才库内按需匹配合适的实践参与人员，提高办事效率，优化筛选流程，做到响应需求快、选取人员优、办事效率高。

大学生志愿服务社区行动的时代价值和长效机制研究

——以华中科技大学研究生"社区书记助理"项目为例

一、大学生志愿服务社区行动的现状背景

（一）大学生社区志愿服务行动的现状综述

近年来，我国志愿服务事业发展蒸蒸日上。《中国志愿服务发展报告（2021—2022）》指出，截至 2021 年 10 月，我国志愿者总人数已达 2.17 亿，平均每万人中就有 1544 人注册成为志愿者，约占总人口比例的 15.4%，无论是志愿者人数，还是志愿服务团队、志愿服务活动项目、参与志愿服务的时间都已达到了相当的规模。其中很多志愿服务团队、活动项目依托于社区，以帮扶社区弱势群体、实现社区公众利益为目标，开展了一系列整合社区内外资源的公益活动。众多高校亦依据社会主义精神文明建设和德育工作的要求，规划、组建、派遣大学生组成社区志愿服务队驻扎在社区，开展服务活动。这些大学生社区志愿服务队开展的服务活动内容丰富、育人成效显著，有效助力基层社区的建设发展。

（二）大学生志愿服务社区行动的挑战与研究意义

当下大学生社区志愿服务事业一方面正焕发出蓬勃的生机，另一方

面也存在一些不足和挑战。相关研究指出，虽然大学生社区志愿服务在实践育人、丰富基层治理形式、提升社区治理水平、推动社区共治共享等方面效果突出（王贵葵等，2017；郭克楠等，2022；郝媛，2022），但部分高校对大学生志愿服务行为的管理体系建设不够完善，志愿团队培养专业化程度欠缺，项目短期化明显，且大学生志愿者与社区对接过程中存在阻滞。为了促进新时代大学生文明实践志愿服务事业的进一步发展，对大学生社区志愿服务的长效机制进行探讨、摸索，具有一定的学术意义。

社区作为城市基层治理的"最后一公里"，构建长效稳定、丰富多元、以民众为核心的大学生社区志愿服务生态圈，能够有效助力社区建设，让文明实践真正深入人心，增强群众的获得感、幸福感，对区域的和谐、稳定、发展有着重要的影响，因此本课题具有较强的现实价值。

二、高校研究生志愿服务社区行动的价值分析

（一）学术价值

目前国内已有大量社区志愿服务相关研究主要关注于大学生的短期社区志愿服务行为，然而，对于高校研究生群体的长期社区志愿服务供给则较少探讨。

本研究将探索推进大学生社区志愿服务体系的完善与长效机制建设，为高校和社区的志愿服务联动工作提供新路径。一方面，在实践中探索构建大学生社区志愿服务的管理体系、能力体系和评价体系，并通过多方需求调查，设计制定高效合理的项目规章制度，确保培训系统性、计划科学性、监督有效性和评估合理性，为我国基层治理和社区发展贡献活力，也为我国人才储备体系注入新鲜血液。另一方面，研究大学生社区志愿服务长效机制，不仅能够帮助构建更加科学化的社区志愿服务体系，而且将进一步彰显马克思主义认识论在新时代的旺盛生命力和时代价值，不断提升高校思想政治工作的科学化水平。

(二)应用价值

1. 有助于建设多维社区志愿服务平台

长久以来,志愿服务社区行动的平台建设存在不稳定、单一的特性,本课题将高校研究生引入社区志愿服务平台,充分调研不同社区的需求,结合志愿者的专业优势,通过共建志愿服务基地,搭建多维度、多渠道、多层级的志愿服务平台,从而更加合理地调配研究生志愿者资源,开展有针对性、稳定性的志愿服务。志愿服务平台类型包括线上综合管理调控平台、线下培训监督执行平台、政府政策主导平台、高校研发孵化智慧平台、社区实践锻炼平台、团委组织管理监督平台等(见图1)。

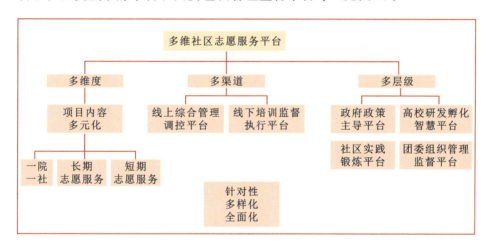

● 图1 多维社区志愿服务平台构建模式

中期调研显示,该课题开展后,社区志愿服务活动平台维度明显丰富,项目内容多元,涉及环保、科普、文艺、医疗、扶贫、学业辅导等至少六类内容。通过以上立体化平台建设,保障志愿服务稳定输出高质量成果,也利于相关主体部门从长远、中期、短期目标规划满足社区需要的活动。

2. 有助于规划全过程育人高质量路径

本课题聚焦大学生社区志愿服务机制研究,亦是提升高校人才培养质量的内在需要。中期调研发现,82.41%的受访者认为社区志愿服务能够提升社交与沟通技巧，62.96%的受访者认为能够提升自身组织领导能力，56.48%的受访者认为能够增强自身实地调查研究专业技能。大量大学生社区书记助理在领导管理、沟通协调、团队合作、专业技能等方面的能力有所提升，真正实现了"助人自助"的服务内核。

研究大学生社区志愿服务长效机制，有助于探索一条行之有效的高校研究生社区志愿服务高质量发展路径，有针对性地建立一套实践育人工作的全流程长效管理机制。努力构建育人新模式，统筹协调各方力量，实现育人机制的共商共建共享，有助于推动高校人才培养质量的有效提升。

3. 有助于形成社区志愿服务长效机制

本课题针对大学生志愿服务长期存在的平台不稳、维度单一、时间周期短等问题，意在构建一套长效机制，以促进新时代基层实践和公共服务供给，并进一步探索社区志愿服务机制的构成及运行规律，进而形成培养机制、动力机制、运行机制、监督机制、评价机制相互联系、相互作用的逻辑严密、系统完整的合力机制。

目前，经过对社区志愿服务评价机制的初步量化研究，已构建评价指标并尝试应用于实践，以期增强评价机制的科学性和规范性。以华中科技大学研究生"社区书记助理"为个案，通过归因分析，为大学生社区志愿服务机制的创新发展提供现实依据和高质量发展路径。

三、高校研究生志愿服务社区行动的困境分析

在高校研究生志愿者队伍不断壮大的背景下，高校研究生志愿服务社区行动实际开展过程中也存在诸多困难和问题。结合各高校过去研究生志愿服务社区行动的难点、痛点，本课题总结出以下几点困境，并分析高校大学生社区志愿服务工作困境产生的深层次逻辑。

（一）制度层面

缺乏规范健全的制度保障。规范健全的制度是实现社区志愿服务规范化的根本之策，是新时代社区志愿服务可持续发展的重要保障。目前各高

校缺乏规范健全的制度保障主要体现在以下三方面：政策支持保障制度不完善；项目建设管理制度不规范；奖励激励认可制度不健全。目前，各高校会对大学生志愿服务给予一定的褒奖和鼓励，但驱动力还远远不够，参与社区治理的资源投入有待增加。

缺乏正确彻底的制度执行。正确彻底执行志愿服务制度，对保证服务质量、提高服务水平意义重大。虽然在研究生志愿服务社区的实践中已形成一定的制度规范，但仅仅初具规模，尚未定型。在志愿服务制度执行落实与作用发挥方面不可避免地面临诸多困境，具体表现在以下三点：意识培训不充分导致志愿服务制度执行被淡化；监督考核不到位导致志愿服务制度执行被虚化；信息交流不透明导致志愿服务制度执行被弱化。

（二）高校层面

高校缺乏全程完善的管理体系。多数高校研究生志愿服务社区行动中，高校缺乏全程完善的管理体系主要体现在以下几个方面：项目策划与设计不足；活动执行与监督不完善；志愿者激励与支持不足；成果评估与反馈欠缺；长期规划和持续性不足。

高校资源利用不充分。部分高校在志愿服务社区行动中存在人力、信息资源利用不够充分的问题，导致志愿服务活动未形成最佳的服务效能。其原因主要在于项目启动时间较短，缺乏相关经验，以及社区需求与学校资源未形成充分链接。

高校相关宣传引导不足。部分高校学生在志愿服务社区行动的认同感及参与度较低，志愿服务动因功利性较强，缺乏正确的思想引导。部分高校的大学生社区志愿服务活动宣传渠道较为有限，且与短期常规志愿服务活动宣传未拉开区别度，缺乏线下讲座、宣讲、舞台剧等更加生动的宣传引导渠道。

（三）社区层面

缺乏个性长效的社区服务机制。高校研究生社区志愿服务实践缺乏个性化的社区志愿服务长效机制，具体体现在以下三点：缺乏深入了解和反馈；缺乏社区参与和自治；短期化和临时性。

目前短期性志愿服务活动的发展已十分成熟，但在短期志愿服务项目中，志愿者们并未深入、长期地了解基层社区工作，对社区工作的帮助也浮于浅表。

社区志愿服务供需不平衡。社区志愿服务供需不平衡也是社区层面的困境之一，存在社区的实际需求与志愿者的技能和兴趣不匹配、志愿服务岗位有限难以满足高校志愿者参与需求等问题。

关于社区志愿服务项目与学校合作的提升建议，所有受访者表示可以增强"校-地"党团共建联动，推进"校—区""院—街道""党支部—社区"三级结对，以服务人民群众。有85.71%的受访者表示可以通过提供更多具有专业特色的志愿服务宣讲团队清单，依据社区情况，为社区居民提供"订单式"志愿服务。有57.14%的受访者表示可以围绕"学校-基层社区"的共性课题，联合开展走访调研，共解难题，也可以通过组织社区工作人员能力提升工作坊，开展公文写作、新闻摄影、应急管理、办公软件运用等专项培训，加强服务项目和学校的合作。有50%的受访者认为可以增加参与者的参与度和责任感，加强管理教育。还有少数受访者认为可以提前调查并匹配社区需求。

社区志愿服务供需不平衡的原因在于：志愿服务项目设计中未考虑一些重要领域的需求，导致岗位设置不合理；志愿者岗位匹配过程中缺乏双方需求的前置充分调查；青年学生因生活阅历较少，缺少与实际工作相匹配的社会经验和社区服务经验。

四、华中科技大学研究生"社区书记助理"项目模式构建

（一）强化三级联动的社区志愿服务顶层设计

高校党委统筹领导和团委指导。高校的党委担任总体领导的角色，负责确立志愿服务活动的战略方向和整体目标。团委则负责指导志愿服务工作，协助党委推动活动的落实。这一层级的领导确保了活动的政策支持和战略指导。

分团委、各学院具体落实。分团委和各学院负责将高层次的战略目标具体化为项目和计划,以满足社区居民的实际需求。分团委和学院与社团组织、学生干部等合作,组织和管理志愿服务项目。

校内社团组织和示范班联络执行。在活动执行层面,校内的社团组织、校研究生会和校基层治理研究会,发挥了关键作用。特别是研究生青年马克思主义者培养班作为"先锋队",负责启动和推动志愿服务活动。他们充当了志愿服务的执行者和组织者,通过社团组织的力量组织志愿者,协调活动,并推广志愿服务理念。

(二)形成全流程跟踪的社区志愿服务工作推进模式

前期培训。针对通过选拔的社区书记助理成立专项培养项目组,通过加强组织建设提升培训的效率。专项培养项目组在提前联系社区、制订相应社区书记助理培养计划的基础上,对接邀请学校内外相关领域的专业老师为社区书记助理开展为期两周的系列培训。同时邀请优秀社区工作者及往届优秀社区书记助理做经验分享,通过针对性培训,明晰社区书记助理的工作定位,提高社区书记助理的专业素质和岗位匹配度。

中期跟踪。实行"双导师"培养制。所在院系党委副书记或辅导员和社区党组织书记对社区书记助理同步跟踪培养,定期开展谈心谈话,及时了解社区书记助理的思想动态和工作情况,帮助其快速适应社区工作岗位,提升服务基层、服务群众的能力。实行定期反馈制度。所有社区书记助理每月须上交一次履职情况记录(大学生社区书记助理履职情况记载簿),包括但不限于工作内容、所遇问题、心得感悟等,作为终期考核的依据。实行团队管理制度。所有社区书记助理实行团队管理制度,团队须根据每月特定主题在社区至少办1次与主题相关的活动,以图文形式记录并上交。此外,每月须开展一次社区书记助理全体成员工作交流会,就工作进展、问题及经验等方面开展交流与反馈。

后期总结。挂职锻炼结束后,按照五个"一"的要求进行总结评优。

"一份实践报告"。每位社区书记助理实习实践结束后须全面深刻总结个人任期内工作情况,围绕决策共谋、发展共建、建设共管、效果共评、成果共享的"五共"理念,形成一份不少于3000字的实践报告。

"一次总结研讨"。组织一次集体总结研讨。实习实践结束后每位社区书记助理结合自身半年的收获和感悟,针对社区的共性问题展开分享与研讨,并将最终的研讨结果进行汇编。

"一次理论宣讲"。完成一次社区基层红色理论宣讲。积极响应即将召开的党的二十大,在社区做好理论宣讲工作。

"一次返岗交流"。每位社区书记助理须在挂职锻炼结束后 1 个月内进行一次返岗交流,将自己的总结感悟及学习研讨成果与社区导师进行深入交流。

"一次收获分享"。每位社区书记助理挂职结束后须在本人所在学院党支部进行一次针对挂职锻炼期间的经验和收获分享,介绍社区治理的"五共"理念。

(三)构建科学完备的社区志愿服务管理机制

管理监督机制。为了确保社区书记助理的工作质量,学校与社区共同建立了一套严格的管理监督机制。该机制涵盖对社区书记助理日常行为、工作纪律及职责履行的持续监督与评估。由学校相关部门和社区管理层共同成立监督小组,负责对社区书记助理的工作进行定期追踪。监督小组将重点关注社区书记助理是否严格遵守工作规定,是否积极主动地参与到社区工作中,以及是否能够有效地解决社区居民的实际问题。对于发现的问题,监督小组将及时提出整改建议,并跟踪整改效果。此外,管理监督机制还包括了对社区书记助理工作的透明度要求。社区书记助理须定期向社区居民公开自己的工作计划和完成情况,接受居民的监督和评价。管理监督机制还强调了对社区书记助理工作成效的量化评估。通过设定具体的工作目标和评价标准,对社区书记助理的工作成果进行量化分析,以确保每一项工作都能够达到预期的效果。

反馈更新机制。负责监督社区书记助理的工作人员将通过电话访问社区党组织书记或线下走访社区等形式,每两个月对社区书记助理的工作情况进行回访。回访将根据两个月内社区书记助理的工作台账记录,对其出勤情况、工作态度和工作质量进行调查访问。回访记录将作为季度考核和中期评优的重要参考，社区书记助理应根据回访调查结果积极调整后续的工作方向与工作方式。

长效助力机制。社区书记助理每季度须提交至少3篇经验报告，为社区治理建言献策，或阐述自己在处理社区工作过程中的心得体会，为社区书记助理长期工作提供宝贵经验。同时，学校也会定期举办交流座谈会，邀请往期优秀社区书记助理分享社区治理经验（见图2）。

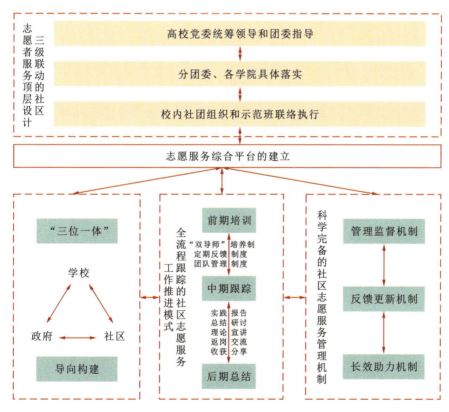

● 图2 华中科技大学研究生"社区书记助理"项目模式构建

（四）优化提质扩面的社区志愿服务思政教育路径

在推进学生思政课堂进社区的过程中，有三个关键方面需要特别关注。

第一,促进志愿服务与专业研究相结合。可通过制订志愿服务专业课程体系、促进"一院一社"实践基地挂牌、强化社区实地调研筹备程序等,促进志愿者成为社区发展的关键力量。将志愿服务与专业研究相结合,着力提高志愿者的专业能力。

第二,促进实践育人与就业导向相结合。通过实现学生对实践的需求和社区对学生服务的需求相匹配,从而提升学生的服务热情,构建社区人员能力提升平台,提升学生能力,并且激发学生的责任感,增强学生就业竞争力。

第三,激发社区志愿服务的成果转化。为提高社区志愿服务的知名度,可采取以下措施:制订多媒体宣传计划,包括制作宣传视频、海报、宣传册等,广泛传播多媒体材料;举办成果展览与分享会,提高社区居民的认知度和认同感;建立志愿者经验分享平台,激发更多学生积极参与志愿服务,增强志愿者社群凝聚力(见图3)。

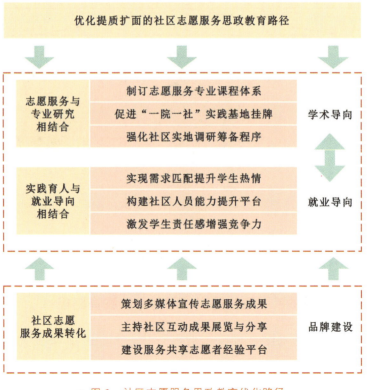

● 图3 社区志愿服务思政教育优化路径

（五）华中科技大学研究生"社区书记助理"项目机制创新点

第一，形成了高校党委统筹领导与团委指导、分团委和各学院具体落实、校内社团组织和示范班联络执行的志愿服务组织架构，借助社会资源帮助周边社区，鼓励学生干部传承个人志愿服务经验，促进志愿活动的长期化和多元化。

第二，构建规范志愿服务体系，完善项目管理机制，强化志愿服务培训，加强激励机制，争取政策资金和社会资源支持，提高项目管理效能。

第三，将社区志愿服务整合为思政素材，融入高校思政课程和科研项目，构建高校思政课与社区有机联动，用理论贯穿志愿服务，展现专业特色，促进学生思政教育与志愿服务的有机结合。

第四，创新"学院定菜单、社区下菜单"的服务机制，借助"订单式"的服务形式，创建学院与社区间灵活的服务关系，及时有效地满足社区部门的工作需求（见图4）。

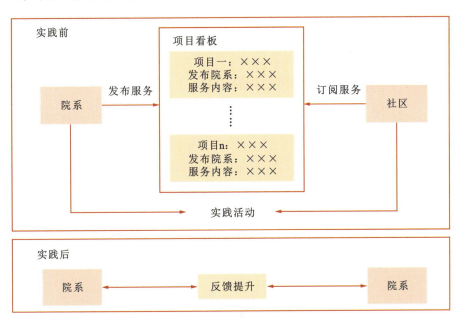

● 图4 "学院定菜单、社区下菜单"的服务机制流程示意图

五、政策建议

（一）构建长效性的服务机制体系化

第一，完善组织机构。设置综合协调机构，常态化开展社区书记助理交流会，共享服务经验，实现共同提升。第二，健全选拔制度。充分结合当前社区需要，制订选拔计划，制订岗位说明书，明确工作职责和工作内容。第三，健全奖励制度。不断完善奖励制度，明确考核标准及表彰机制。第四，完善保障机制。根据实际需要开设社区工作的培训课程，并将社区书记助理的学习表现纳入考核体系。

（二）促进培养监督管理制度规范化

完善志愿者培训体系，建设分层次、多元化的培训体系。区别新志愿者、有一定经验的志愿者及骨干志愿者（各志愿服务队、志愿服务组织的先锋带头志愿者），针对性地开展基础培训、专项能力提升培训和组织管理培训。

（三）实现个体社区需求匹配精准化

以居民需求为导向，建立一般性评估和重点性评估相结合的多轮评估机制，解决供给与需求错位问题，推动社区志愿服务由松散型向组织化、由阶段性向常态化转变，实现志愿服务资源有效整合、志愿服务规范有序。

（四）加强校地共建资源链接深入化

第一，社区要充分利用社区资源。依托社区党群服务中心、新时代文明实践站等实体阵地场所，联合高校开展各类便民利民志愿服务。第二，高校要鼓励各学院发挥学科优势，将社会实践和专业理论相结合，全方位、多元化开展社区实践活动。

(五) 推动成果转化宣传推广品牌化

第一, 打造高校志愿服务品牌项目, 增加校园志愿服务的影响力和公信力, 促进志愿服务的长效性和示范性。第二, 在志愿服务工作实践中广泛普及志愿服务理念, 充分利用新闻报道、微信公众号等多种媒体, 宣传志愿服务活动和志愿者的感人故事。第三, 挖掘志愿服务先进团队典型和个人典型, 开设特色团课、特色班会、特色党课, 打造志愿服务教育专题。

(六) 加强校际学习交流合作常态化

加强高校志愿服务校际交流学习, 通过"喻竹论坛"等校际交流平台, 加强高校志愿服务交流学习, 推广高校志愿服务的优秀经验, 探索社区志愿服务在大学生思想政治教育、社区进步发展等方面发挥的作用 (见图5)。

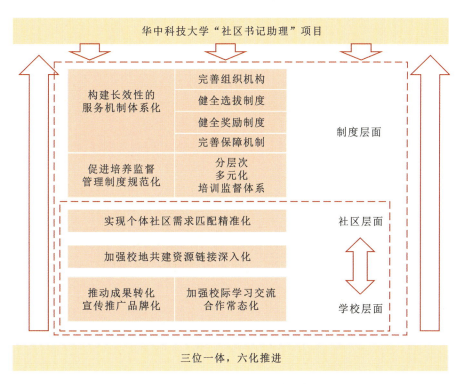

图5 研究生志愿服务社区行动的布局要求

附录

老师访谈

附录 老师访谈

一、郑名扬老师

Q：请问老师当时创办"喻竹计划"的初衷是什么？

A：自 2018 年以来，我们注意到越来越多的研究生在毕业后选择前往基层工作，走上治国理政的道路，但当时各高校的实践育人环节还不够完善，缺乏顶层设计，实践育人的合力不足，没有形成一个实践育人的完整框架。

为了更好地服务于研究生的职业发展需求，我们开始着手创建"喻竹计划"实践项目，希望通过政务见习、社会调研、企业走访等多种形式，把基层实践和学生的专业知识结合起来，使实践需要和学生的职业发展相契合，以实践锻炼培养学生的家国情怀，培养学生全方位的综合能力，推动我校研究生实践育人的高质量发展。借助"喻竹计划"实践项目的实施，我们期待看到更多优秀的研究生能够在未来的工作中有所贡献、有所成就，为国家和社会的发展注入更多智慧。

Q：请问老师对"喻竹计划"的总体框架是如何设计的？

A：当时在国家政策、校地合作和学校特色的共同推动下，我们致力于搭建一个学校、政府和社会三方协同合作的平台。其中，华中科技大学作为知识和技术的聚集地，主要为"喻竹计划"提供人才和技术资源。地方政府通过政策倾斜和相关部门的联系协助，为"喻竹计划"提供政策支持。企业、公益组织、校友等社会各界力量，则为参与"喻竹计划"的学生提供多方面的指导。

同时，为了更好地支撑"喻竹计划"，我们在实践队伍质量与结构、校地共建基地等方面加强了组织保障。在这个基础上，我们通过综合开展教育教学、科学研究和社会服务导向型实践，包括在校外基层平台进行政务见习、科技服务、入户调研、医疗帮扶，在校内通过实践前的培训与实践后的总结、研讨等多元化实践形式，最终促进个人的成长进步，引导个人为社会发展做出贡献。

Q：请问老师您是如何看待"喻竹计划"的育人成效的呢？

A：立志明德勇毅前行，实践笃志熔铸才干。参与"喻竹计划"的同学们是华科大研究生群体中的骨干力量，肩负着实现国家富强、民族复兴的时代重任。作为"喻竹计划"的指导老师，在指导实践开展的过程中，我惊喜地看到参与实习锻炼的同学们不仅出色地完成了实践任务，还能将所学的专业知识应用到实际工作当中，为实习单位解决现实问题，充分展现了华科大研究生过硬的专业本领、出色的创新意识和团队协作能力，这也让我备感骄傲。

长期以来，我也一直关心着同学们的成长，关注着"喻竹计划"的发展，全力以赴为党育人、为国育才，甘做"铺路石"，愿当"凌云梯"，为青年的成长成才保驾护航。

二、梁媛媛老师

Q："喻竹计划"已有阶段性成果，您可以具体阐述一下为此做出的思考吗？

A：我参与"喻竹计划"时，恰逢发展的关键期，在原有运行体制的基础上，我们考虑将"喻竹计划"的实践品牌继续特色化，考虑去做"提档升级"。

于是，我们组建了"五大专项团"，以便更好地开展"喻竹计划"实践育人的工作。我们打造了主题型、区块化的暑期政务见习团，用青年人的视角去解决基层的困境。我们构建了专业型、精细化的博士生服务团，包括武汉市博士生服务团和滇西博士生服务团，用青年人的力量适应国家当下的需求。我们也创建了自主型、创新化的科技服务团，用青年人的智慧去寻找新时期的发展路径。除此之外，我们还创办了社区书记助理团，为提升学生社会实践能力、学习基层治理经验，引领华科大学子将"小我"融入"大我"。

在"五大专项团"的共同努力下，我们构建了全过程链条，也在进一步丰富成果转化的形式。为了引导青年参与治国理政新发展，我们从理论、政策和实践等方面着眼，采用线上和线下相结合的方式，召开了全国

附录 老师访谈

首届"大学生论治国理政——青年马克思主义者'喻竹论坛'",以此来共享实践育人项目创新成果,共商人才高质量发展新路径,共谋青年参与治国理政新思路。"喻竹计划"也组织开展了基层组织宣讲,用百姓乐意听、记得住的方式推动"喻竹计划"的实践故事向更广阔的地域传播,用青春话语讲出华科大人的时代担当。

今年,在我们的共同努力下,华中科技大学"喻竹计划"实践项目获评中国青年报社2023年第九届全国大学生暑期实践项目TOP100,这是对"喻竹计划"团队所有人6年来辛勤汗水的回应,对我们来说也是一种极大的肯定和鼓励。

Q:"喻竹计划"是联结学校、政府和社会的一个实践平台,那么您参与的这段时间是如何进一步推进三方协同发展的?

A:在这一方面,我们坚持推进"三位一体"的实践基地建设,以"结构化基地为主,多种实践形式并行"为原则,由研究生院和党委学生工作部领导,以及各学院共同推进研究生社会实践基地建设。我们与湖北襄阳、广东韶关、福建福州等地的地方政府签订了实践育人基地协议。今年,我们向云南临沧临翔区实践基地授牌,搭建协同育人的桥梁。党委学生工作部的钱星老师还被聘为"扬州市引才大使",进一步助力了校地协同发展。

我们还以"榜样引领""协同育人"和"共享发展"为核心理念,搭建起校友资源与社会实践的"双融合"平台。在此平台下,2023年暑期走访了54位优秀校友,开展了30余场校友座谈会,形成了访谈报告30余篇。在实践中了解基层实际、感悟基层治理,掌握选调及人才引进政策,引导更多同学扎根基层、服务社会,进一步提升就业能力,明确就业方向。

Q:您对"喻竹计划"培养的青年群体有什么新的期望吗?

A:我们总会说"领进门、扶上马、送一程","喻竹计划"更期待与同学们"长相望"。首先,"喻竹计划"从政府体系出发,从学科专业背景着手,我们已经初步探索出一条前期精准对接地方需求、中期科学规划配岗、后期党建带动实践、长期跟踪培养的全生涯周期发展路径。其次,我们按照"选、育、管、送"四阶段为治国理政输送了专业人才队伍,打造了全生涯周期的系统培养体系。除此之外，我们还建立起人才库，按 5 年周期长期跟踪，构建完整的反馈机制，真正做到吸引人、凝聚人、成就人。

作为"喻竹计划"的指导老师，我与各团队的学生们交流了很多，也从彼此的身上汲取到更多的能量。6 年来，"喻竹计划"在这方面已经给了我们一些答案。令人欣慰的是，参与"喻竹计划"的同学们能够奔赴全国多地的基层一线中去摸爬滚打、强筋健骨，交上了一份又一份优秀的报告，将论文写在祖国大地上。

相信每一位参与"喻竹计划"的同学都能坚定理想信念，传承红色基因，扎根基层一线，在社会实践的大课堂做勤学生、做实干者。同时，也希望他们能通过"喻竹计划"的实践，找准自己人生中的"天与地"，坚定不移，行稳致远。预祝各位青年能够借此机会，与兄弟院校、社会各界人士加强沟通交流，收获一次次势如破竹的成长，真正地做到"褪去书卷气，沐浴泥土香"。

三、闫超老师

Q：闫老师您好，您今年加入了"喻竹计划"实践项目的工作，可以谈谈您对"喻竹计划"的看法和感受吗？

A：我很高兴今年能加入"喻竹计划"这个大家庭，和大家一同参与到这项意义非凡的实践项目中去。习近平总书记在庆祝中国共产主义青年团成立 100 周年大会上深情寄语："奋斗是青春最亮丽的底色，行动是青年最有效的磨砺。有责任有担当，青春才会闪光。"这些年来，"喻竹计划"实践项目引导了一批又一批华科大学子到基层中学真知、悟真谛、长才干，在实践中向下扎根、锤炼本领。

今年这个暑假我和各位指导老师们共同参与了各个团队实践项目的指导，这个经历让我印象深刻。在这个过程中，我也切实感受到了"喻竹计划"实践项目的火热，例如：我们有团队前往邓小平同志故居，追寻红色足迹；有团队调研科创产业，结合自身所学，振兴中药产业；还有队伍前往广西乡村深入群众，思考乡村振兴和基层治理，或者走进少数民族村落

附录 老师访谈

领略民族风情,播撒石榴籽精神;更有团队行走祖国边境,感受"一带一路"背景下的伊犁河谷,做边境发展的推动者。我看到了各个团队的同学们在实践中"将青春之小我融入祖国大我",将书本上的理论和行走中的实践紧密结合,为暑期社会实践交上了一份完美的答卷。

Q:请闫老师谈一谈您对"喻竹计划"之后的发展有什么思考?

A:作为"喻竹计划"的指导老师,我备感责任重大。对于"喻竹计划"未来的发展,我有以下几个方面的思考:首先我们要充分调动教师资源,在学生实践的过程中加强指导。一方面我们将集聚优质教师资源,提供全方位培训,提升"喻竹计划"成员的实践本领。另一方面,我们计划邀请社会调查、产业经济等方面的专业教师指导"喻竹计划"实践期间的调研工作,提升调研实效。其次,我们将在促进校地合作、拓展实践资源方面下功夫,加大对"喻竹计划"实践项目的宣传力度,推进优质实践育人基地的建设,构建科学的基地评价体系。再次,我们要不断提档升级,发挥科技的优势。在"喻竹计划"的未来发展中,我们会继续加强研究生社会实践的专业导向,推动"实践学分"的实施,与基地的科创资源建立密切联系,鼓励以实验室和课题组为单位将科研工作融入地方发展,真正做到"写好两篇文章"。最后,我们还要总结工作经验,促进成果转化。我们将继续举办"喻竹计划"论坛,打造"喻竹"品牌,扩大实践育人效果的影响力,激励更多学生积极参与到实践中来,并让学生的实践成果得到更好的认可和回报。

在未来可以预见的是,"喻竹计划"将继续扩大其影响力和覆盖范围,进一步提高学生的实践能力和解决问题的能力。我相信"喻竹计划"能继续坚持把开展国情调研与科技服务作为研究生实践育人的关键环节,让硕博研究生成为有理想、敢担当、能吃苦、肯奋斗的新时代好青年,在各领域争当排头兵和生力军,充分展现青春的朝气锐气和担当作为。

后记
POSTSCRIPT

习近平总书记曾深刻地指出："国势之强由于人，人材之成出于学。"培养社会主义建设者和接班人，是我们党的教育方针，是我国各级各类学校的共同使命。国势之强在于育人，育人之要在于实践。实践育人是扎根中国大地、坚持高质量育人体系的内在要求，是实现新时代"为党育人、为国育才"的必由之路。因此，如何落实立德树人根本任务，引导当代青年将基层实践与专业知识相结合、与自身职业发展相契合、与基层实际需要相融合，不断提升研究生治国理政实战能力，是我们一直在思考并探索的内容，也是我们试图通过实践去回答的问题。

"喻竹计划"自2018年开展以来，已经走过了6年光阴。6年来默默探索，6年来精益求精。在过去的6年间，"喻竹计划"深耕于国家治理的各个层面，以始终如一的坚持，砥砺前行。通过实践报告、调研报告等多类实践成果，为祖国的建设献上了一份份青春的答卷。在学有所得的同时，我们也深切感受到社会实践带给我们的思考和启示。

从云南普洱到新疆哈密，从乡村振兴到城市建设，2023年，"喻竹计划"实践团队走过了24个城市，华科大学子用心倾注在每一个项目中，感受着"喻竹"的生命力在不断延伸。从这个视野来看，"喻竹计划"为我国高校新时代研究生实践育人高质量发展提供了可供借鉴的经验。为了进一步总结喻竹经验机制，延长实践链条，输出优质成果，并为全国思想政治工作高质量发展贡献"先行经验"和"创新实践"，我们特编写此书，以飨读者。

本书以"扎根大地，拔节而生"为主题，在编写本书的过程中，我们

后记

团队始终坚持高标准、严要求，通过梳理丰富的资料，从数百篇"喻竹计划"系列调查报告、资政报告当中择优遴选了17篇，并专题采访3位"喻竹计划"优秀指导老师，聆听"喻竹计划"的由来、本来和未来，力求将书中的每一个细节都打磨得尽善尽美。本书借助青年视角为地方发展建言献策，以亲身实践激励朋辈扎根基层、奉献社会，充分展现了华科大学子在新时代躬身实践、知行合一的精神风貌。在未来，"喻竹计划"将进一步围绕国家战略需求，面向国家科技前沿，聚焦国家发展大势，为全校学生提供多样化、多领域的实践机会，教育引导广大学生在亲身参与中增强实践能力，在实践中检验所学。

我们坚信，这本书的出版不仅是对"喻竹计划"的总结，更是对所有参与人员的致敬。书中的每一字每一句，都凝聚了参与人员对"喻竹计划"的热爱与敬意。在此，也真诚地感谢所有为这本书付出辛勤努力的编写人员、校对人员以及各位指导老师和华中科技大学出版社等，没有你们的支持和帮助，这本书无法如期与读者见面。此外，我们还要感谢读者对我们的信任与支持，我们将努力为大家提供高品质的阅读体验。

在推进国家治理体系和治理能力现代化的历史进程中，我们深知自己的责任和使命，也更加坚定了继续前行的信心。我们期待通过这本书的出版，让更多的华科大青年了解并参与到"喻竹计划"中来，共同为我国的发展贡献青年力量。

"向下扎根，向阳生长，锵锵喻竹，生生不息。"2023年6月26日，习近平总书记在同团中央新一届领导班子成员集体谈话时强调："青年人有理想、敢担当、能吃苦、肯奋斗，中国青年才会有力量，党和国家事业发展才能充满希望。"在新时代的征程上，让我们牢记总书记的殷切教导，与"喻竹计划"一道，共同聚焦高校实践育人主干道，让青年在为中华民族伟大复兴而不懈奋斗的过程中确立正确的人生目标，为一生的奋斗奠定基石！

本书编者

2024年5月